RESEARCH METHODS FOR ECONOMIC HISTORY AND BUSINESS HISTORY

経済史・経営史研究入門

基本文献，理論的枠組みと史料調査・データ分析の方法

岡崎哲二 編

中林真幸
城山智子
山本浩司
松島 斉
青木浩介
市村英彦
粕谷 誠
谷本雅之
小島庸平
小野塚知二
中村尚史 著

有斐閣

はしがき

東京大学の大学院経済学研究科では，隔年で「経済史・経営史研究入門」という授業を開講しています。主に修士課程の大学院生を念頭に置いて，経済史・経営史を研究するために必要となる基本的な知識，考え方，技法等を理解してもらうことを主な目的としています。夏学期に週 1 回，合計十数回分のテーマを各回，別々の教員が担当するオムニバス形式の授業です。担当するのは主に経済史・経営史分野の教員ですが，ミクロ経済学，マクロ経済学，計量経済学の教員にも担当してもらっています。これらの分野の知見が経済史・経営史を研究するうえで有効であり，またそのために広く研究に用いられているからです。本書は，この授業をもとにして編集されています。各章の著者は主に 2017 年度に授業を担当した教員です。

経済史・経営史という分野には，経済学・経営学関係の他分野とは異なる特徴があると私は考えています。一つは，大学院教育の内容を標準化するのが難しいという点です。たとえばミクロ経済学，マクロ経済学，計量経済学に関しては，国際的に確立された，大学院レベルの標準的教科書があり，大学院の 1，2 年生は，その内容を徹底的に理解し，自分で自由に使いこなせるようになることが求められます。他方，経済史・経営史についてはこれに対応する標準的教科書はありません。今は昔のことになりますが，1980 年代に東京大学の大学院生だった私は，先生方や諸先輩の研究への取り組み方を文字通り「見習い」，また自分の論文草稿に対して先生方から個別にコメントをいただくことを通じて，研究者としての技能を身につけていきました。こうした教育方法の有効性は経済史・経営史では今日でも変わらないと考えますが，一方でこれは東京大学のように経済史・経営史分野に多くの教員と大学院生を擁する大学でなければ難しい部分があります。本書のもとになった授業は，経済史・経営史分野の研究者に必要な基本的な技能をある程度標準化して広く伝えることを目的としており，本書もその目的を共有しています。

上の一点目と関係する経済史・経営史分野の二つ目の特徴は，私個人の見解ですが，研究の面白さのうち，自分で研究に取り組んで初めてわかる部分の比率が他の分野よりも大きいという点です。理論的な分野では先端的研究を理解すること自体が難しく，むしろそのことが優秀な学部学生たちの知的好奇心を刺激し，彼女・彼等をその分野に惹きつけているように思います。一方，経済史・経営史については，もちろん研究成果自体も面白いのですが，その成果を生み出す過程により以上の面白さがあります。読者に経済史・経営史の研究過程の面白さを伝えること，それが本書のもう一つの目的です。その意味で，本書は大学院生だけでなく，学部学生の皆さんにも読んでいただき，経済史・経営史研究の醍醐味を知り，将来のキャリアパスを考える際の参考にしてもらえればと思っています。

2021 年初秋

岡崎 哲二

著者紹介（執筆順）

岡崎 哲二（おかざき・てつじ）　　編者，はしがき，第12章
東京大学大学院経済学研究科教授
担当科目：現代日本経済史
主要著作：『コア・テキスト　経済史（増補版）』新世社，2016年。"Disentangling the Effects of Technological and Organizational Changes During the Rise of the Factory: The Case of the Japanese Weaving Industry, 1905–14," *Economic History Review*, 74（4）, 2021, pp. 976–1005.

中林 真幸（なかばやし・まさき）　　第1章
東京大学社会科学研究所教授
担当科目：Institutional Analysis of Japanese Economy I, II，日本経済史
主要著作：『近代資本主義の組織――製糸業の発展における取引の統治と生産の構造』東京大学出版会，2003年。『岩波講座　日本経済の歴史』（共編）全6巻，岩波書店，2017–18年。

城山 智子（しろやま・ともこ）　　第2章
東京大学大学院経済学研究科教授
担当科目：中国経済史，アジア社会経済史
主要著作：『大恐慌下の中国――市場・国家・世界経済』名古屋大学出版会，2011年。*Chinese and Indian Marchants in Modern Asia: Networking Business and Formation of Resional Economy*（co-edited）, Leiden: Brill, 2019.

山本 浩司（やまもと・こうじ）　　第3章
東京大学大学院経済学研究科准教授
担当科目：西洋経営史，近世イギリス史
主要著作：*Taming Capitalism Before Its Triumph: Public Service, Distrust, and 'Projecting' in Early Modern England*, Oxford: Oxford University Press, 2018. *Stereotypes and Stereotyping in Early Modern England: Puritans, Papists and Projectors*（ed.）, Manchester: Manchester University Press, 2022, forthcoming.

松 島　斉（まつしま・ひとし）　　第4章
東京大学大学院経済学研究科教授
担当科目：ミクロ経済学
主要著作：『ゲーム理論はアート――社会のしくみを思いつくための繊細な哲学』日本評論社，2018年。"Partial Ex-Post Verifiability and Unique Implementation of Social Choice Functions," *Social Choice and Welfare*, 56（3）, 2021, pp. 549–567.

青木 浩介（あおき・こうすけ）　　第5章
東京大学大学院経済学研究科教授
担当科目：マクロ経済学
主要著作："Optimal Monetary Policy Responses to Relative-Price Changes," *Journal of Monetary Economics*, 48（1）, 2001, pp. 55–80. "Bubbles, Banks and Financial Stability,"（with Kalin Nikolov）, *Journal of Monetary Economics*, 74（C）, 2015, pp. 33–51.

市村 英彦（いちむら・ひでひこ）　第6章
アリゾナ大学経済学部・東京大学大学院経済学研究科教授
担当科目：計量経済学
主要著作："Implementing Nonparametric and Semiparametric Estimators,"（with Petra Todd), in E. E. Leamer and J. J. Heckman, eds., *Handbook of Econometrics*, Vol. 6B, Amsterdam: Elsevier, 2007, pp. 5369–5468. "The Influence Function of Semiparametric Estimators,"（with Whitney K. Newey), *Quantitative Economics*, 13（1), 2022, pp. 29–61.

粕 谷　誠（かすや・まこと）　第7章
東京大学大学院経済学研究科教授
担当科目：日本経営史，経営史入門，金融史
主要著作：『リサーチ・マインド　経営学研究法』（共著）有斐閣，2005年。『戦前日本のユニバーサルバンク――財閥系銀行と金融市場』名古屋大学出版会，2020年。

谷本 雅之（たにもと・まさゆき）　第8章
東京大学大学院経済学研究科教授
担当科目：近代日本経済史，経済史
主要著作：『日本経済史――近世から現代まで』（共著）有斐閣，2016年。*Public Goods Provision in the Early Modern Economy: Comparative Perspectives from Japan, China, and Europe*（co-edited), Oakland: University of California Press, 2019.

小島 庸平（こじま・ようへい）　第9章
東京大学大学院経済学研究科准教授
担当科目：日本経済史
主要著作：『大恐慌期における日本農村社会の再編成――労働・金融・土地とセイフティネット』ナカニシヤ出版，2020年。『サラ金の歴史――消費者金融と日本社会』中央公論新社，2021年。

小野塚 知二（おのづか・ともじ）　第10章
東京大学大学院経済学研究科教授，東京大学特命教授
担当科目：経済史，現代西洋経済史，経済思想史，欧州統合史
主要著作：『第一次世界大戦開戦原因の再検討――国際分業と民衆心理』（編著）岩波書店，2014年。『経済史――いまを知り，未来を生きるために』有斐閣，2018年。

中村 尚史（なかむら・なおふみ）　第11章
東京大学社会科学研究所教授
担当科目：日本経済史，経営史
主要著作：『地方からの産業革命――日本における企業勃興の原動力』名古屋大学出版会，2010年。『海をわたる機関車――近代日本の鉄道発展とグローバル化』吉川弘文館，2016年。

目　次

第Ⅰ部　経済史・経営史研究の現在

第Ⅱ部　経済史と経済学とのかかわり方

第Ⅲ部　史料とデータの使い方・考え方

本書のコピー，スキャン，デジタル化等の無断複製は著作権法上での例外を除き禁じられています。本書を代行業者等の第三者に依頼してスキャンやデジタル化することは，たとえ個人や家庭内での利用でも著作権法違反です。

第Ⅰ部

経済史・経営史研究の現在

第 1 章

【日本】家父長制と福祉国家

社会保障の法的経路依存

中林 真幸

キーワード
家長的家族制度，リスク・シェアリング，二重構造，二部門成長モデル

研究史全体に対する感想は『岩波講座　日本経済の歴史』(2017-2018）に譲り，本章では対照的に，山田盛太郎（1934）のただ一つの論点を手がかりに，新たな歴史的視角を得ることを試みます。山田は，日本経済の資源配分を，非市場的な伝統部門と市場機構による近代部門の二部門から成るととらえます。本章は，前者の核心である家長的家族制度によるリスク・シェアリングを二部門成長モデルに挿入し，福祉国家が家長的家族制度に置き換わるとき，その置換えが経済成長に及ぼす影響を考えます。

1 はじめに

1.1 本章の目的

筆者と深尾京司氏，中村尚史氏が日本経済史の研究史全体に対して抱いている感想は『岩波講座　日本経済の歴史』全6巻（深尾・中村・中林編 2017a, 2017b, 2017c, 2017d, 2018a, 2018b）の「刊行にあたって」（v-vii 頁）に記しましたので，そちらを参照してください。また，筆者と深尾氏，中村氏が，各時代，各部門のこれまでの研究蓄積に対して抱いている印象は，同じく『岩波講座　日本経済の歴史』全6巻各章の扉に簡潔にまとめてありますので，そちらを参照してください。

本章では，対照的に，山田（1934）ただ一冊のただ一つの論点を手がかり

に，新たな歴史的視角を得ることを試みます。山田（1934）は，『岩波講座日本経済の歴史』全6巻刊行の85年前に，岩波書店から初めての経済史講座として刊行された『日本資本主義発達史講座』（1932–1933）に収録された3編の論文（山田 1932, 1933a, 1933b）を編み直した書物です。山田（1934）は，日本経済を，非市場的な資源配分機構が支配する伝統部門と市場機構による資源配分が支配的な近代部門の二部門から成る経済として描いており，Lewis（1954）に20年先んじて，静学的な途上国二部門モデルを提起したと評価されています（Yasuba 1975; 安場 1980）。

また，同時代的には，山田（1934）をはじめ，『日本資本主義発達史講座』（1932–1933）に集った論客が提起した問題が，マルクス主義活動家の革命構想に直接にかかわることから，「日本資本主義論争」と呼ばれる論争を引き起こしました。

カール・マルクス（Karl Marx）の歴史観は，ゲオルク・ヴィルヘルム・フリードリッヒ・ヘーゲル（Georg Wilhelm Friedrich Hegel）がとらえた人間の理性の発達過程を，生産力の側からとらえ返したものです。ヘーゲルは，人間の理性の体現として国家をはじめとする制度をとらえ，この制度の出来具合が経済発展を規定すると考えました（Hegel 2019 [1821], Vorrede §1–34, pp. 11–91）[1]。「合理的なものは現実的であり，そして現実的なものは合理的である（Was vernünftig ist, das ist wirklich; und was wirklich ist, das ist vernünftig）」（Hegel 2019 [1821], p. 24）という表現に象徴されるように，その歴史観は，制度間競争を経て，より合理的な制度が現実の制度として生き残っており，ゆえに，現存する現実の制度は現在までにおいて最高のそれであると考える強烈な進歩史観によって特徴づけられます。マルクスは，この強烈な進歩史観を継承しつつ，制度変化と技術変化の因果関係については，経済発展の段階，すなわち生産技術の進歩が，その生産力に相応しい経済制度を決めるのだと考えました（Marx 1990 [1859], pp. 7–10）[2]。これに対して，再び，経済制度が経済発展を左右する因果関係に着目したのがダグラス・C. ノース（Douglass C. North）らの新制度学派経済史学です（North 2005）。

すなわち，技術変化と制度変化についていずれの因果方向を重視するかに

1）項番号 § は日本語訳書にも記されていますので照合することができます。

2）日本語訳書には原書との照合のために原書の頁が記されています。

ついて，ヘーゲルやノースと，マルクスとは正反対の立場を採りますが，マルクスの強烈な進歩史観はヘーゲルから受け継いでいます。ですので，まず，ヘーゲルの考え方を確認しておきましょう。ヘーゲルは，人間の理性の発達段階を以下のように考えます。生まれたばかりの人間は他者を認識せず，したがって自身の自由も自覚しませんが，やがて他者を認識します。互いに認識し合う自我は互いに競合しますが，やがて互いの自由を認め合い，統合できる相手を見つけ，結婚し，家族を作って統合を回復します。もちろん，家族を作った後も家長は引き続き個人として市場経済にとどまって働かなければなりません。自宅では統合を回復している彼らも，市場では，価格機構という疎遠な関係を通じて他の家長とかかわっているに過ぎないのです。しかし，やがて家長たちは，互いの自由に対して上位互換な制度，すなわち国家を構想し，統合を回復します。異なる国家同士が接触すると，戦争を含む競合関係が生じますが，制度として卓越し，したがって上位互換性を持つ側が，劣る側をその一部として統合します。赤子として生まれた理性は，その発達の過程において，家族を作り，国民国家を建設し，さらには普遍的な帝国を志向するのです（Hegel 2019［1821］，§3-81, pp. 34-172, §34-208, pp. 292-360, §257-360, pp. 398-512）。ローマ帝国やナポレオンの帝国，そしておそらくは欧州連合は，自由な理性の発展の必然として説明されるのです。

もとより，生身の人間はいずれ死にますので，育児論がないとこの話は完結しません。家族を作ったら，子を儲け，育てます。親が育児に当たって気をつけるべきことは，子を叱る際に，理由を説明してはいけない，ということです。ただ自らの信ずるところを押し付け，実践させなければなりません。一人前の理性ではない子に理由を説明したところで，子がその理由を真に理解することはありませんし，さらには，自分がすでに親と対等な理性に成熟していると勘違いさせ，むしろ自由な理性の発達を阻害するからです。親の理性を押し付けられた子は，親の理性を押し付けられたことによって自身の理性に覚醒し，成長し，そしてその理性の成長の結果として，いつの日か，親に反逆し，家を出る自由を身に着けることになるのです。そのとき，親は，それを，子の自由な理性の発展の結果であると喜ばなければなりません（Hegel 2019［1821］，§174-175, pp. 326-329）。自らの理性を押し付け，そのことによって子が反逆する理性とそれに支えられた自由を身に着けたならば，子が自分たちを踏み倒して家を出て行くことを喜ぶのが理性的な親のあるべき姿なのです。親の理性を乗り越える理性を身に着けて家を出た子は，家族を作り，国民国家の担い手となり，帝国を支えます。

もちろん，ヘーゲル自身は欧州連合を知らないのですが，欧州連合は「歓喜の歌（Ode to Joy）」（ベートーベン交響曲九番最終楽章）を国歌（Anthem of Europe）に指定しています。九番はベートーベンがヘーゲル哲学を体現すべく書いた曲の一つで，最終楽章はまさに最終的な統合を歌い上げます（Chua 2016）。合唱部分に使われるシラーの詩は，より直截に「再び結び付ける（binden wieder）」と歌いあげます。一方，2003年，当時のアメリカ大統領ジョージ・W. ブッシュは，2004年5月に控えた欧州連合の拡大を説明する欧州委員会委員長ロマーノ・プロディに対して，「まるでローマ帝国じゃないか（Sounds like the Roman empire）」と皮肉りました[3]。その15年後，2019年7月2日，欧州議会（European Parliament）開会にあたり，議場において「歓喜の歌」の演奏が始まると，イギリス選出の離脱党（Brexit Party）所属議員29名は起立して演奏者に背を向ける演出を披露しました[4]。アメリカの保守派は，伝統的に，自らの国民国家である合衆国連邦政府への権限集中すら嫌悪してきました。たとえば，中央銀行であるFederal Reserve Systemの設立がようやく決まったのは1913年です（Mishkin and Eakins 2012, p. 74）。まして，国民国家を超越する超国家に至っては，それを愛する大陸欧州人には，それは自由な理性の必然的発展と映る一方，英米人には，ローマ帝国と同様に，民族自決の自由に対する抑圧に聞こえるのです。

もうひとつ，ヘーゲルは現代の大陸ヨーロッパと日本の刑事司法にも大きな影響を残しています。ヘーゲル以前の刑法哲学は，犯罪によって得られる便益を上回る損失を刑罰として課すことにより犯罪を抑止する因果応報を主眼としていました。これをヘーゲルは，人間を獣同様に扱うものとして排します。むしろ，共有されている国家理性に対する個々人の理性の反逆として

3）“The history of an idea,” *Economist*, Jan 3, 2004, pp. 24–26. http://tinyurl.galegroup.com/tinyurl/9ySxw9（2019年5月9日閲覧）。

4）Jennifer Rankin, “Brexit party MEPs turn backs on Ode to Joy at European parliament,” *The Guardian*, July 2. https://www.theguardian.com/politics/2019/jul/02/brexit-party-meps-turn-their-backs-european-anthem-ode-to-joy（2019年7月25日閲覧）。

現象する犯罪を，ヘーゲルは，子の親に対する反逆と同様，自由な理性の発展の一段階ととらえました。したがって，刑罰の主眼は，犯罪者に損失を与えることにではなく，犯罪者本人の理性を，他者と上位互換な方向へと導くことにあるとします（Hegel 2019［1821］, pp. §94-103, pp. 181-198）。

この思想に基づく刑法学は，古典派（旧派）に対して新派刑法学と呼ばれ，19世紀末にドイツ，イタリア，そして日本に普及しました。日本は因果応報原則に基づく1880年刑法を公布，施行していましたが，1897年に刑罰による更生に重点を置くとともに，量刑に関する裁判官の裁量性を広げた草案が作成されました。これをもとに修正が重ねられ，1907年に現在の刑法が公布され，1908年に施行されました（川口 2018，456-464頁）。厳格な当事者主義を採用し，また，犯罪の重さに応じて，事実上，無限に量刑を積み重ねるアメリカの刑事司法に対して，検察官と裁判官の裁量性が大きく，犯罪者の更生の可能性を探って量刑の上限を決定する現代日本の刑事司法は，歳末の第九と同様，私たちの生活に染み込んでいるヘーゲル哲学の遺産のひとつです。実際，検察官と裁判官に大きな裁量を認める日本の司法制度が国際的に批判されるとき，その焦点の一つは，日本の司法制度が，ドイツ帝国に倣った大日本帝国のそれを基本的に改めていない点に置かれています[5)]。

さて，ヘーゲル哲学を実体経済の発展段階に転写したカール・マルクスは，実体経済の発展段階として，資本主義経済に先行する共同体における非市場的な資源配分，資本主義経済における市場を介した疎遠な関係による資源配分，そして計画経済による疎遠な関係の克服を構想しました（Marx 1985, pp. 531-567）。山田（1934）等が考える通り，当時の日本経済において，依然として非市場的な資源配分機構が強固に残っているならば，マルクス主義者がまず目指すべきは，非市場的な資源配分機構を解体する構造改革による透明な資本主義経済の実現であって，社会主義革命はその先の課題ということになります。山田盛太郎や平野義太郎等，『日本資本主義発達史講座』（1932-1933）に集った論客はこの立場を採り，「講座派」と呼ばれました。一方，明治維新後の近代化の結果として，すでに非市場的な資源配分機構が無視し

5）　Robin Harding, "Carlos Ghosn arrest shines light on Japan's justice system," *Financial Times*, December 18, 2018. https://www.ft.com/content/efcffac4-f609-11e8-af46-2022a0b02a6c（2019年5月14日閲覧）。

てよい程に小さくなっているならば，マルクス主義者が構想すべきは，社会主義革命そのものということになります。雑誌『労農』に集う向坂逸郎や櫛田民蔵といった論客がこちらの立場を採り，「労農派」と呼ばれました。社会主義革命を起こすか否かの政治的決断が明治維新後の歴史理解に依存するわけですから，マルクス主義者の間の論争は白熱しました。この論争を日本資本主義論争と呼びます（長岡 1984）。講座派的な立場は戦後，日本共産党に引き継がれ，労農派的な立場は日本社会党に引き継がれました。

その後の社会主義体制の歴史は，ソビエト社会主義共和国連邦による超国家建設の実験と失敗によって終わりました。その理由の吟味は措くとして[6)]，一つ，強調されてよいことは，ソビエト連邦の崩壊は，「歴史の終わり」（Fukuyama 1992）ではなかった，ということです。英米が時として同調を拒んできた相手は，ロシアによる大陸欧州の模倣作品であるソビエト連邦だけでなく，大陸欧州そのものでもありました。2000年代以降における欧米間，欧英間の軋轢を，アメリカやイギリスの気紛れに帰することは，おそらく正しくないのです。国民国家に，そして国民国家をも凌駕する超国家にどのような役割を委ねるのかは，むしろ，今なお，先進諸国を分かつ論点の一つといってよいでしょう。

「講座派」と「労農派」の論争が熱を帯びた主たる理由は，上に述べたように，政治にありましたが，学問的にも一定の遺産を残しました。山田（1934）を典型として，講座派は，日本経済の後進性を描くために，当時の標準的な経済学，すなわち古典派経済学によっては説明しにくいと考えられた歴史的，制度的な記述の充実に注力しました。Marx（1988［1867］）が，古典派経済学の論理に依拠しつつ，主としてイギリスの経験の歴史的，制度

6）しかし，一応，大急ぎで述べておきましょう。現在までのところ，非民主的なシンガポールや中華人民共和国が，民主的な日本や台湾を超える，もしくはそれらに迫る経済的成功を示している以上，非民主的であったことがソビエト連邦の経済的失敗の主因であると考えることには無理がありそうです。筆者は，超長期的には，思想の自由市場を保護する民主主義国のほうが持続的な研究開発において有利であると信じますが，中華人民共和国やシンガポールの成功は，少なくとも，民主主義がキャッチアップの必要条件とはいえないことを示唆しています。おそらく，ソビエト連邦が残余制御権と残余請求権（伊藤 2010）を分離する制度を作ったことと，それと表裏を成す仕組みとして，価格機構を否定したことに，その主たる経済的敗因はあったと考えるべきでしょう（Milgrom and Roberts 1992, pp. 77, 297）。

的な記述によって新たな知見を提出しようとした作品であったとすれば，講座派は，Marx（1988［1867］）における，制度と歴史を重視する立場を日本経済に応用した接近といえます。日本経済の歴史的，制度的な特徴を分析する立場は第二次世界大戦後も一定の影響力を持ちましたが，Aoki（1988, 2001）をはじめとして，最善解を達成してはいない現実の経済を，ゲーム理論の応用によって比較分析する制度と組織の経済学が発展するとともに，その歴史的な使命を終えました（青木 2010; 伊藤 2010; 岡崎 2010; 中林・石黒 2014）。

一方，労農派は，日本経済の後進性にかかわり得る制度と歴史の記述を取り除いた議論に磨きをかけました。その代表的な継承者が宇野弘蔵でした（Walker 2013; Walker 2016, pp. 28–74）。宇野（2016）は，宇野によるMarx（1988［1867］）の解釈ですが，Marx（1988［1867］）よりも紙幅においてはるかに少ないうえに，読みやすく書かれています。その読みやすさの多くが，Marx（1988［1867］）の歴史的，制度的な叙述の省略に依っています[7]。宇野（2016）はMarx（1988［1867］）と同様に古典派経済学に依拠していましたが，1960年代以降，置塩信雄や吉原直毅らが確立した，Marx（1988［1867］）が提起した論点を新古典派成長理論の枠組みにおいてとらえ直す接近が，分析的なマルクス経済学の主流となって今日に至っています（Okishio 1966, 1977, 2001; Yoshihara 1998a, 1998b, 2010）。

そのような予備知識を持って山田（1934）に戻りましょう。政治的な立ち位置ゆえの論難は措くとして，労農派から山田（1934）に投げかけられた学問的な批判の一つは，その二部門モデルが静学的で，「歴史的な発展がなく，いわんや段階的な変質がない」（大内 1962, 59頁），というものでした。しかし，大内（1962, 1963）を含めて，労農派や宇野派が独自の動学モデルを構築したわけでも，動学的説話（narrative）を提起したわけでもありません。さらに，マルクス的な制度と歴史の経済学を置き換えたゲーム理論的な制度と組織の経済学においても，制度変化の説明は歴史的，記述的です（Aoki 2011, pp. 16–17, 85–90, 239–244）。すなわち，現状として，山田（1934）が提起

7） 杉浦（1993）は，宇野派から出発した著者が，ヘーゲル的な制度観に戻り，コミュニケーションの「かたち」の積み重なりとして経済活動をとらえ直す試みですが，それは同時に，宇野派的な制度捨象を放棄する試みでもあったといえるでしょう。

した論点の動学的な含意を探るには，それを新古典派成長理論の文脈に移植するほかに手立てがありません。

そこで，本章は，山田（1934）が日本経済における非市場的な資源配分の核心としてとらえている「家長的家族制度」（山田 1977［1934］，170頁）によるリスク・シェアリングを二部門成長モデルに挿入すると，どのような成長軌道が予測されるかを愚直に考えてみようと思います。山田（1934）は，たとえば，Coase（1937）よりもさらに古い古典です。そのように昔の作品を取り巻く文脈を網羅的に調べ，それぞれの意義を考え抜くことは，長くても数十年しかない研究者人生においては，ほぼ不可能に近い所業です。同時に，そこまで古いならば，物故して久しい著者が発言した文脈を網羅的に押さえなくとも非礼には当たらないでしょう。たとえば，日本資本主義論争における革命戦略の議論に無知であっても，誰かに叱られることもありません。十分に昔の古典ならば，極端に狭い論点を極端に深掘りする読み方も許されるでしょうし，新たな着想を得るには，おそらくそのほうが効率がよいと思われます。本章においては，そのような「読み方」の一例を示したいと考えています。まずは，そのような読み方から得られる着想がかかわりうる現代の論点，具体的には，大陸法諸国と英米法諸国における国家の役割の違いを概観しておきましょう。

1.2　日独は反省したのか

私たち大日本帝国とドイツ・ライヒ（ワイマール共和国）は第二次世界大戦に敗北し，アメリカを中心とする連合国が要求する改革の多くを受け入れ，外交上は平和的な先進国として再建されました。しかし，日本について交戦権の制限を定めた日本国憲法9条1項は，1929年，田中義一立憲政友会内閣が調印し，帝国議会が批准した不戦条約と同じ内容です。国際連盟常任理事国として自らも責任を負ったにもかかわらず破った不戦の誓いに立ち戻ることは，あまりにも当然に過ぎて，学問的に深掘りの余地がありません。

したがって，外交政策は措くとして，日独が，その内部において，真に英米の批判を受け入れ，反省したのか否かを振り返ってみましょう。まず，国家と市場の関係においては，戦後，日独が，長きにわたってまったく反省せず，反自由主義的な資本主義を維持したことがよく知られています（岡崎・

奥野編 1993; Streeck and Yamamura eds. 2001）。それでは，国家と個人との関係においてはどうでしょうか。ここでは，大日本帝国を，おそらくは深く愛しながらも，これに根源的に批判的な分析を与えようとした山田盛太郎と，ドイツ帝国を，おそらくは深く憎みつつ，同じく根源的に批判しようとしたフリードリッヒ・フォン・ハイエク（Friedrich August von Hayek）の指摘に注目しましょう。

1.3 日独の何が問題だったのか

山田（1934）は，その議論に同意する者にもしない者にも，日本の社会経済構造を批判的に考察しようとした作品であると理解されています。しかし，その文章を実際に読まないと，山田（1934）が日本の何を問題視していたのか，誤解しかねません。たとえば，山田（1934）は，日本の軍国主義を敵視しているわけではありません。軍事技術への政府投資が資本財生産部門の成長を促したことを強調してはいますが，それをどう評価していたのかは明瞭ではありません。むしろ，その修辞は，日本の軍事技術の欧米からの独立への歩みを肯定的に描いているようにも見えます。

そしてそれは，社会主義者を含めて，当時の日本人にとって特別なことではありませんでした。そもそも，山田盛太郎の属した日本共産党は，大日本帝国憲法改正案（日本国憲法案）を審議した第90回帝国議会において，自衛戦争すら放棄させられかねないことへの懸念から9条に反対し，自衛権の留保を明確にすべく，9条の文言を「戦争一般抛棄」ではなく，より限定的な「侵略戦争の抛棄」に改めることを求めました[8]。これに対して，日本自由党の吉田茂内閣総理大臣は，当初，「正当防衛戦争」すら「抛棄」すべきと答弁しましたが[9]，第7回国会衆議院施政方針演説において，「戦争放棄」が「自衛権」放棄を意味するものではないことを確認し，自衛権の維持を受け入れる答弁変更を行いました[10]。答弁変更後の解釈の方が，陸海軍事力

8）「第90回帝国議会衆議院本会議 8号」1946年6月28日。帝国議会議事録システム http://teikokugikai-i.ndl.go.jp/（2019年5月21日閲覧）。

9）「第90回帝国議会衆議院本会議 8号」1946年6月28日。帝国議会議事録システム http://teikokugikai-i.ndl.go.jp/（2019年5月21日閲覧）。

10）「第7回国会衆議院本会議 11号」1950年1月23日。国会議事録検索システム http://kokkai.ndl.go.jp/（2019年5月21日閲覧）。

維持を自明の前提としつつ，日米英間において協議による紛争解決を定めた1921年四カ国条約，海軍力の透明性を担保する1922年ワシントン海軍軍縮条約，そして1929年不戦条約に調印した立憲政友会の立場と整合的であり，立憲政友会を継承する日本自由党代議士大多数の本音であったはずです。自由党より保守的な日本進歩党についてはいうまでもないでしょう。すなわち，敗戦直後においては，日本自由党，日本進歩党から日本共産党まで，帝国議会代議士の大多数の本音としては，自衛のための防衛力維持を望んでいたと思われます。軍事的自立に対する否定的な印象や感情は，おそらく，戦後，しばらく経ってから形成されたものであり，戦時中以前においては，政治的立場の左右を問わず，一般的ではなかったと見てよいでしょう。

山田（1934）が近代日本の社会経済構造の中核と見なしたのは，「家長的家族制度」，要するに，家族の生産物を家長が配分する家族関係内部におけるリスク・シェアリングと，家長が自身の家業の成立[11]を保護する大日本帝国に忠誠を誓う「二層穹窿（きゅうりゅう）」（山田 1977［1934］，170頁），すなわち，垂直的かつ互酬的なリスク・シェアリングの関係です。

ハイエクの場合には，この論点がより明確に打ち出されています。ナチスの台頭を許したドイツ特殊的な問題の本質は軍国主義ではなく，国家から個人までを貫く垂直的な社会関係に，とりわけ，「理想的な保障の勝利を，個人の独立の勝利に優越させる」垂直的なリスク・シェアリングにあるといい切ります（Hayek 2007［1944］, p. 155）。自由と保障のトレードオフにおいて後者を優先する社会関係こそが，ドイツ帝国の自由主義を短命に終わらせ，社会主義と，その同類としてのナチスの台頭を許したというわけです（Hayek 1960, p. 234）。

もちろん，ハイエクは，国家が家族内のリスク・シェアリングを代替する発想も否定します（Hayek 1976, pp. 8–11）。そうしたハイエクの家族観と国家観が，個人の権利を守る最小単位としての家族を定義し，その家族の拡張として国家機構をとらえるHegel（2019［1821］）の対極にあることはいうま

11）近代国語としては「せいりつ」と読みますが，明治維新以前においては，たとえば，百姓成立（ひゃくしょうなりたち）と読みました。本百姓の土地所有権と経営を保護し，小農経済を安定させることは幕府と大名の義務であると考えられ，実際に自作農を維持するために法制度を整備していました（Mandai and Nakabayashi 2018）。

でもありません。さらに，ハイエクは，社会権，すなわち，国家からの福祉受給を人権と考える立場を明確に否定し（Hayek 1976, pp. 101–106），それにつながる皆保険の社会保障制にも強硬に反対しました（Hayek 1960, pp. 285–305）。

要するに，山田（1934）が喝破し，Hayek（2007［1944］）が憎悪した日独的な社会構造の本質とは，私的世界における垂直的かつ互酬的なリスク・シェアリングの関係が，国家と個人の間における垂直的かつ互酬的なリスク・シェアリングに転化される傾向なのです。国家と個人のもたれ合いといってもよいかもしれません。

1.4 日独に反省の色無し

それでは，第二次世界大戦に敗れた日独は，その本質を改めたのでしょうか。まったく改めていません。社会保障費の対GDP比を見ると，日独伊にフランスを加えた大陸法諸国のそれは，米英加のそれよりも，隔絶して高く（図1），日独の福祉国家は米英のそれと比べて，圧倒的に大規模なのです。

しかも，日独における国家の私的領域への侵食はなおもとどまるところを知りません。ドイツは1994年に，日本は1997年に，強制加入の皆保険として介護保険を導入しました（Cuellar and Wiener 2000, Campbell and Ikegami 2000, Campbell, Ikegami, and Gibson 2010）。対して，アメリカの場合，アメリカの政権としては例外的に左傾的であったオバマ政権が，2010年，任意加入の公的保険として介護保険を導入したものの，日独を基準とすれば取るに足らないこの脆弱な制度すら，オバマ政権自ら，2013年に廃止しました（Stevenson, et al. 2010, Ng, Harrington, and Kitchener 2010, Favreault, Gleckman, and Johnson 2015）。

山田（1934）やHayek（2007［1944］）が描いた国家と個人のもたれ合いは，日独において改められるどころか，戦後一貫して深まっているのです。日独は，敗戦を経てもなお，なぜ，かくも頑なに，アングロ・サクソン的な小さな政府を拒否し続けるのでしょうか。

図 1　主要 7 先進国における社会保障費の対国内総生産比率

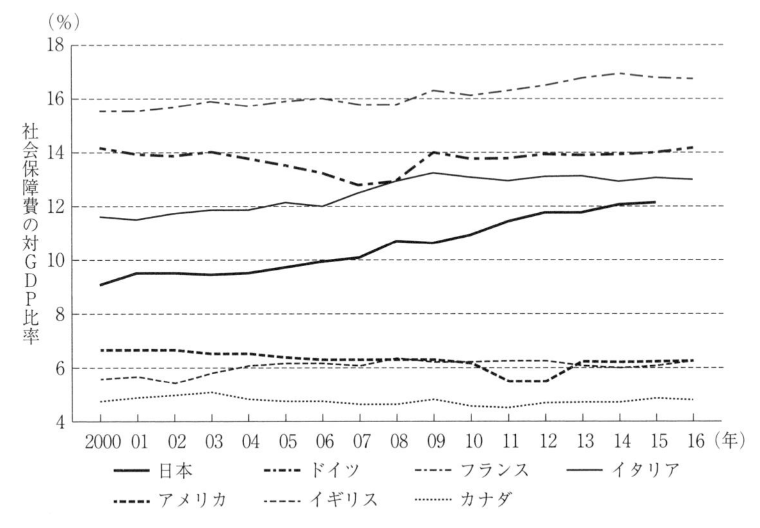

（出所） Social security contributions, The Organization for Economic Co-operation and Development. https://doi.org/10.1787/3ebfe901-en（2021 年 5 月 8 日閲覧）。

2　法的起源

2.1　私法上の断絶

実は，大陸法先進国，すなわち，日独仏伊の家族法と，英米法先進国の家族法には，扶養義務の規定に大きな違いがあります。国別に細部の相違があることはもちろんですが，一般的な傾向として，大陸法諸国の扶養義務の方が，プログラムとしても，そして，裁判所によって強制され得るという執行可能性においても，重いのです。

最も顕著な違いは，若年世代による老年世代の扶養義務，有り体にいえば，老親扶養（filial support）の義務にあります。大陸法諸国の家族法は，扶養する側の義務と扶養される側の「権利」を明示的に定め，扶養義務を負う者がそれを履行しない場合，裁判所が強制すると定めます。対して，英米法は一般に老親扶養の義務を定めません（Twigg and Grand 1998）。アメリカにおいては，州によって植民地時代の法として残っている場合もありますが，それが実際に執行されることはありません（DeBona 2014）。

夫婦間の扶養義務の考え方も異なります。1980年代まで，日本を含む大陸法諸国の多くは，離婚訴訟において事実破綻主義を認めず，有責主義を維持していました（Isono and Minamikata 1994）。家長である男性が，男女としての関係の破綻を口実に妻を扶養する義務を放棄する余地を封じ，専業主婦が「妻の座」に基づいて家長に対して有する請求権を保護することにより，専業主婦に対して，家族特殊的な人的資本投資の誘因を与えようとしたのです（Tsaoussis 2004）。この制度が妻に促そうとした人的資本投資の対象には，当然，老親を介護する技能も含まれるでしょう。

2.2 公法上の断絶

そして，20世紀前半，大陸法諸国と英米法諸国とは，公法領域においても，決定的に分岐してゆきます。1919年ドイツ・ライヒ憲法（Die Verfassung des Deutschen Reichs，ワイマール憲法）は，国家による福祉の受給資格を社会権と規定しました。そして，1946年に招集された第90回帝国議会は，GHQの起草を受け，昭和天皇が起案（帝国憲法73条）した大日本帝国憲法改正案を議論する過程において，GHQ草案には含まれていなかった1条，すなわち，1919年ドイツ・ライヒ憲法に倣って社会権を規定する25条を挿入する修正を改正案に加え，協賛しました。大日本帝国は1938年国民健康保険法，1941年労働者年金保険法によって福祉国家建設を本格的に始めましたが，その決意は，壊滅的敗戦を経てもなお挫かれることなく，帝国議会はドイツに範をとって福祉国家建設に邁進することを決めたのです。他の大陸法諸国もドイツに追随します。1946年フランス共和国憲法も，1947年イタリア共和国憲法も，同じく社会権規定を採用しました。

一方，英米においては，福祉受給資格は，依然として，人権ではなく特権，すなわち，立法府による裁量的な伸縮が許される権益です[12]。ハイエクが

12） アメリカにおいても，憲法からは直接に導けない福祉受給権を，立法府，行政府の裁量を立憲主義的に制限する迂回路を通じて保護しようとする立場があります（中林 2007）。しかし，オバマ政権の脆弱な介護保険すら，専門家の強い擁護にもかかわらず短命のうちに放棄されたことに見られるように（Feder, Komisar, and Niefeld 2000; Stevenson et al. 2010; Ng, Harrington, and Kitchener 2010; Favreault et al. 2015），福祉受給を人権としてとらえる意識は，現代アメリカにおいて，依然として日独に比べてきわめて希薄というべきでしょう。

嫌悪したドイツ的特質は，第二次世界大戦における英米の勝利にもかかわらず，戦後，枢軸国はもとより，大陸法先進諸国のすべてに波及したのです。

2.3　福祉国家能力の法的経路依存

そのように，日独仏伊の福祉国家は，英米の福祉国家とは異なり，憲法上の裏付けを持っています。それは，それら大陸法諸国に巨大な福祉国家が生まれた理由の一部を説明するかもしれません。しかし，日本はともかく，他の大陸法諸国は頻繁に憲法を改正しています。日本人には，帝国憲法以来，憲法を不磨の大典としてその条文を改めることに躊躇する傾向があります。しかし，その日本においても，帝国憲法も日本国憲法も，条文の改正ではなく解釈の拡大によって時代の変化に対応してきました。すなわち，長期的な傾向としての福祉国家拡大の原因を憲法の明文規定に求めることには無理があります。むしろ，憲法に新たな人権を追加してまで福祉国家を建設しようとした，その強い意思の出所こそが説明されるべきでしょう。

民法の大部分は，その条文を見ればわかるように，刑法と異なり，調整ゲームのルールに過ぎません。殺人は悪，といった人類普遍の真理ではなく，皆の行動を揃えれば，揃わない場合よりも取引が効率化されるように設計された約束の体系です。たとえば，英米法の家族法のように，子が隠居した親の扶養義務を負わないならば，親はそれを織り込んで子の養育費を節約し，淡白に子を育てればよいでしょう。子が隠居した親の扶養義務を負うならば，それを織り込んで，親は子への人的資本投資を増やすでしょう。事前に社会構成員に調整ゲームのルールが共有されており，そのルールが課す債務の履行を裁判所が強制するならば，いずれの場合にも，誰かが直接に損をするような資源配分の歪みは生じないでしょう。子への人的資本投資，すなわち，育児が，親以上に優れた子の理性を生み出すならば[13]，子への人的資本投資の強い誘因を与える大陸法の方が望ましいことになりますが，所詮，蛙の子は蛙であるとすれば，子への人的資本投資は世代間の所得移転に過ぎず，その大小は厚生に対して中立です。人によってどちらの親子関係を良しとするか，好悪ははっきりと分かれそうですが，どちらが正しいかを見極めるこ

13）Hegel（2019［1821］，§174–176, pp. 326–329）はそう想定していたでしょう。

とは容易ではありません。言い換えると，私法領域，家族法の範囲においては，大陸法と英米法の経済学的な優劣は自明ではありません。しかし，行政による新たな介入が求められるのは，多くの場合，私法が統治する私人間関係の機能が失われたときです。このとき，行政に期待される役割の大きさは，行政が置換する以前の私人間関係の役割に依存するでしょう。すなわち，私法領域における，経済成果への影響の自明ではなかった違いが，私人間関係を置き換える，公法領域における立法政策，たとえば福祉国家の役割を大きく左右することはあるかもしれません。

こうした観察から本章が導く仮説は直截的です。産業化以前に直系家族が農業の基幹を担った日本と大陸ヨーロッパにおいては，直系家族内の資源再配分におけるリスク・シェアリングが発達し（Saito 1998），家族法もそれに合わせて体系化されていきました。日本の場合，幕府法のもとにおいて，法人としての直系家族に財産の処分権を与える法制度が近世期に形成され（萬代 2021），明治維新後，それにより近い制度として大陸ヨーロッパ法の家族法が採択されました。

かくして，日本と大陸ヨーロッパの直系家族は，扶養家族のリスクを引き受ける，より重い債務を背負うことになりました。伝統社会の家族が家族内資源配分によってリスクを分け合うとは，家庭内生産の一部を市場に販売せずに，保険のために留保することを意味します。この仕組みが大きな外生的な衝撃，たとえば，第一次世界大戦におけるドイツの敗北や，1930年代における世界恐慌のような衝撃によって瓦解すると，家族の絆に守られることに慣れてきた日本人や大陸ヨーロッパ人は，壊れた家族の絆に代えて，国家との絆，帝国との絆によって守られることを強く求めることでしょう。

しかも，リスク引き受けの財源を，伝統部門の家族内中間生産物の留保に依存する家族内保障と比べて，近代部門への課税によってまかなう福祉国家は，経済全体の生産フロンティアを利用し尽くすので，潜在経済成長率をむしろ引き上げる可能性があります。次節に述べるように，福祉国家への移行以前の家族内保障の程度の強さを横軸に，経済成長と両立可能な社会保障比率を縦軸にとるならば，その関係は，準凹関数として描くことができます。福祉国家に先行する家族の絆の強さが，それを置き換える福祉国家の強さを決める歴史的経路依存が予測されるのです（後掲，図2）。

3　理論的考察の概要

3.1　二重構造

山田（1934）は，近代日本経済を，垂直的かつ互酬的な家父長制が資源を配分する伝統部門と，市場の価格機構が資源を配分する近代部門とが截然と分かたれた構造によって理解します。この二重構造把握は，Lewis（1954）に先んじた，最も早い二部門構造論の一つでした（Yasuba 1975）。しかし，静学的に二重構造を剔抉して見せる山田（1934）やLewis（1954）は，短期における資源配分の歪みの可能性を示唆するものの，その構造の存在が長期的な成長軌道に与える含意を動学的に予測するものではありません。したがって，山田（1934）の視角を，長期的な変化を分析する歴史的な実証研究の仮説に展開するには，もう一手間かける必要があります。

すでに述べたように，山田（1934）は，「家長的家族制度」内部におるリスク・シェアリングと，家長が自身の権益を保護する大日本帝国に忠誠を誓う「二層穹窿」（山田 1977［1934］，170頁）が近代日本の社会経済構造を形作っていると考えました。ちなみに，「家長的家族制度」とともに二段のアーチを構成する上段，すなわち帝国と家長を結びつける関係は，「ナポレオン的観念」と形容され，フランス国民軍兵士やプロイセン将校と国家との関係に相当するととらえられています（山田 1977［1934］，57–58，170頁）。つまり，小農家長を束ねる帝国陸海軍の構造は，特殊日本的な何かではなく，フランス革命によって確立された大陸ヨーロッパ型の軍に等しいと考えられています[14]。

14）「ナポレオン的観念（idées napoléoniennes）」という語そのものは，マルクスによるナポレオンⅢ世の著書名（Bonaparte 1839）の引用からの孫引きであり（Marx 1982［1852］, p. 151），マルクス自身は冷笑的に引用したとされています（Marx 1982［1852］, p. 621）。しかし，山田（1977［1934］）は，これを，「フランス大革命における精鋭なナポレオン〔Ⅰ世〕の軍隊の基礎」を表す語として用い，また，他国においてこれに対応する例として，イギリスのピューリタン革命時におけるクロムウェル軍の兵士，そして，普仏戦争においてナポレオンⅢ世軍を粉砕し，ドイツ帝国を建国したプロイセンのユンケルの精神を挙げています（山田 1977［1934］，57–58頁）。要するに自国軍旗に忠誠を誓う近代国民軍兵士の精神を形容しており，そこに皮肉の意図は読めません。

江戸幕府が地上軍の近代化に当たって範を求めたのはフランス軍であり，福澤諭吉が「一身独立して一国独立す」と説いたとき，個人の独立が精強な国軍を作る例として引いたのもフランス軍でした（福澤 2008［1872］，29–32頁）。明治維新後，帝国陸軍の建設に当たっても，当初はフランス軍が参照され，続いてドイツ軍も参照されるようになりました。第二次世界大戦後，アメリカ軍の影響下に改革された陸上自衛隊を持つ現在の私たちには，独仏型の帝国陸軍を陸上自衛隊と比べて後進的な組織であったと考える傾向があります。それは客観的には間違っていないかもしれないのですが，明治維新から1930年代に至るまでの日本人にとっては，ドイツ陸軍やフランス陸軍は，アメリカ陸軍やイギリス陸軍のそれと等しく近代的な軍隊であり，前者が後者に劣ると考えられてはいませんでした。つまり，1930年代，「ナポレオン的観念」は，近代地上軍として遅れた何か，劣った何かを形容する表現ではありえないのです。

さらに，帝国憲法は，その名の通り，帝国臣民を民族によっては差別していません。朝鮮人や台湾人も帝国臣民ですので，憲法施行地域である本土に転居すれば，選挙権も被選挙権も得られました。また，1926年には，京城帝国大学法文学部が，東北帝国大学や九州帝国大学に並ぶ法科系教官数を擁して設置されました。その後，着実な成果を上げ，1934年度の高等文官試験（いわゆる「キャリア官僚」採用試験）において，京城帝国大学出身者は58名が受験し，10名が合格しています。この合格者数は，東京帝国大学（合格者165名），京都帝国大学（29名），日本大学（17名），九州帝国大学（14名），中央大学（12名）に続く6位でした（通堂 2008）。合格率は東京帝大に次いで高かったのですが，これについて，通堂（2008）は，朝鮮人学生自身の意欲に加えて，実践的な知識に長けた若い俊英が赴任したことも理由として挙げています。たとえば，憲法・行政法の担当教官として赴任した，美濃部達吉門下で内務官僚出身の清宮四郎助教授も，学生の求めに応じて受験指導に尽力しました（通堂 2008，71–72頁）。清宮は1941年に東北帝国大学教授に転じ，戦後，帝国憲法下の天皇制の立憲主義的発展として象徴天皇制を積極的に位置づける通説を確立しました[15]。すなわち，1935年天皇機関説

15）帝国憲法の解釈に準じるならば，日本国憲法1条の主眼は，帝国憲法が定めていた象徴性以外の権能を否定することにあるのであって，「明治憲法下で天皇に与えら

事件，1936年二・二六事件の直前まで，大日本帝国は「理性国家としての帝国」（石川 2019，282頁）を志向しており，山田（1934）はその時代に書かれました。

二段のアーチのうち，上段の国家と家長個人との関係は，ひとまず，透明で近代的なそれとしてとらえられていたと見なしてよいでしょう。山田（1934）が，近代日本の経済活動を伝統部門と近代部門に分けて分析した先駆的な仕事であることは上に述べた通りです。これに合わせて，山田（1934）は，社会制度も二層のアーチ，すなわち，上段の近代的な帝国と，下段の伝統的な家族制度に分けて考察しました。言い換えれば，特殊日本伝統的な何物かは，経済制度の近代と伝統，社会制度の近代と伝統からなる行列のうち，伝統的経済制度と伝統的社会制度が重なる農業部門の「家長的家族制度」内のリスク・シェアリングに見出されていたことになります。ここに焦点を合わせましょう。

れていなかった新しい役割が天皇に与えられたと見るべきではな」いことになります（宮沢 1952，196-197頁）。具体的には，天皇の象徴的行為は憲法に列挙された国事行為に限られ，象徴天皇としての能動的な行為を改めて求めてはいないことになります。これに対して，清宮は，日本国憲法が，天皇に対して，その象徴的行為において帝国憲法体制下よりも能動的であることを求めていると解釈しました。加えて，摂政には「天皇の一身の存在によって果される，国家の象徴としての役割は認められない」としました（清宮 1957，113-115，144頁）。即位に当たり国民に向けて憲法遵守を宣誓し，精力的に「象徴としての天皇の行為」を果たし，それが難しくなると，摂政を置くことなく生前に退位した，象徴的行為においてきわめて能動的であった明仁上皇の進退の一連は清宮説に基づいています（蟻川 2005; 石川 2016; 清水 2018，383-384頁；石川 2019，296-297頁）。帝国憲法制定に当たり，伊藤博文は，統治権を総覧する天皇の地位の政治利用を防ぐために，1889年皇室典範において終身在位を定めました（川口 2018，279頁）。一方，日本国憲法の定める国民主権は，現実には「多数決原理」，「数の政治」として具体化されざるを得ず，「国民の意志の分岐・対立」の可能性を高めます。それゆえ，「国民統合の象徴」には「夾雑物のない純粋性」の発揮がより強く求められます。日本国憲法下における天皇が象徴的行為において帝国憲法下の天皇以上に能動的に位置づけられるのは，日本国憲法が国民主権を明示したことと補完的でした（尾高 2019［1954］，157-185頁）。それは，天皇が政治意思を持つことを否定しないがゆえに天皇を強く制約せざるを得なかった帝国憲法体制の建て付けとは微妙な齟齬を来します。そのように，統治機構の運用には帝国憲法体制の慣行が随所に残っており，2017年天皇退位特例法も，帝国憲法体制下の運用と日本国憲法とのねじれを繕う法律の一つでした。

3.2 モデル分析

ここでは，Acemoglu, Aghion, and Zilibotti (2006)，Ishiguro (2012, 2016) といった研究に倣い，成長モデルに契約理論的な要素を挿入し，それが経済全体の成長軌道に与える含意を考察します。具体的には，中間財生産部門と最終消費財生産部門の二部門成長モデルである Acemoglu, Aghion, and Zilibotti (2006) の中間財部門の生産主体を自営業家族として，これに「家長的家族制度」的なリスク・シェアリング，すなわち，自給生産物留保による家族内社会保障を組み込みます。この枠組みによって，中間財を生産する伝統部門の家族内資源再配分によるリスクの引き受けと，最終消費財を生産する近代部門の所得に課税して得られる資源によるリスクの引き受けが，それぞれ成長に与える含意を比較検討してみましょう。

技術的には，中間生産物からコブ・ダグラス型生産関数によって最終消費財を生産することを仮定します。また，家族の絆が強すぎて成長率が負になるほどに資源が家族内弱者の救済に使われてしまうことはない，とする持続可能性条件も仮定します。そのうえで，家族がすべての保障を引き受ける場合と，国家がすべての保障を引き受ける場合との，二つの極端な筋書きを比較します。

3.3 福祉国家能力

こうした分析によって直ちに得られる理論的予測は，福祉国家への移行前において，家族内再分配による保障の強度が高いほど，福祉国家への移行後における成長促進的な社会保障費の上限は高くなる，というものです。さらに，生産関数における労働と資本の乗数について，いくつかの数値例を試してみると，その関係の形状は線形ではなく，家族内保障の強度がある閾値を超えると，成長促進的な社会保障費が，家族内保障の強度について逓増的となる区間が生じる準凹形であることがわかります。先行する家族内保障が弱い社会においては，ささやかな福祉国家でさえも成長率を引き下げてしまうのに対し，先行する家族内保障が強い社会においては，大きな福祉国家と成長率の上昇が両立する余地が大きいという現象が予測されるのです。図2は，福祉国家能力，すなわち，経済成長促進的な社会保障税率の上限の一例です。もとより，労働と資本の乗数に当てはめる数字によって形状は異なりますが，

図 2　家族内保障から福祉国家への経路依存

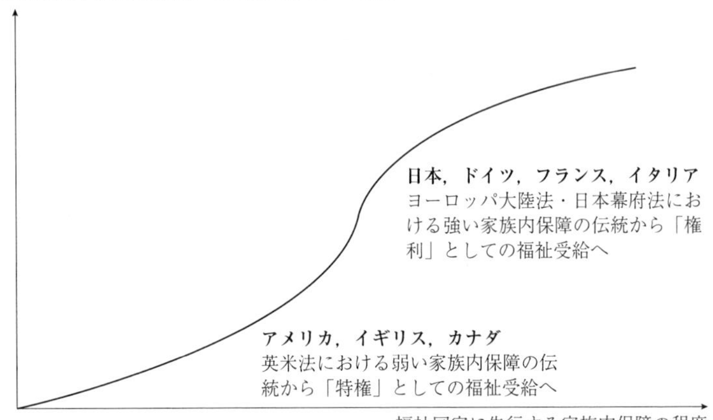

ある点で曲線が逓増的に屈曲するという，定性的に重要な結果は変わりません。

日本人，大陸ヨーロッパ人，英米人のいずれにとっても家族は大切でしょう。しかし，大切にする度合い，大切にする行為を履行させる法制度は異なります。この私的領域におけるわずかな違いが，福祉国家に移行するに当たって，成長と両立可能な福祉国家の能力（welfare state capacity）を大きく変えてしまうかもしれないのです。

4　日本の歴史的経験

4.1　幕藩体制と小農経済と明治維新

豊臣政権は，人身売買を禁止する一方，耕作農民の土地所有権を確定する検地（けんち）事業に着手しました。江戸幕府は，幕府領内において，1670 年代に検地事業を完了しました。これによって，微少地片を含む幕府領全土の地籍について，それを耕作する直系家族が特定され，この直系家族に所有権が保障されました（中林・森口 2017; Nakabayashi, Fukao, Takashima, and Nakamura 2020; Nakabayashi 2021）。

さらに，幕府は，農地市場と農地担保金融市場を規制し，とくに都市部の金融業者による土地の大規模所有を阻止しようとしました（Mandai and

Nakabayashi 2018; Nakabayashi 2020)。この結果，近世期を通じて，土地所有の集積は緩慢であり，とくに，都市商人への農地集積は起こりませんでした。たとえば，長州藩の場合，19世紀半ばにおける武士層の平均所得：町人層の平均所得：農民層の平均所得の相対比は，1.2対1.1対1.0であり，社会階級間の所得格差は軽微でした（Saito 2015）。

幕府諸藩の人身売買禁止を背景に，市場から強制労働を調達する道を絶たれた農家は，直系家族労働力に頼ることになります。そうした直系自作農経営は，近世期を通じて，概して安定的に維持されたと考えてよいでしょう。その必然的な結果として，小農直系家族は，資源配分とリスク・シェアリングの中核的な主体となりました（Saito 1998, 2000）。

このように，直系家族内における強固なリスク・シェアリングの仕組みを構築してきた日本社会が，近代民法を制定するに当たり，日本と同様に家父長制的な傾向が強く，ゆえに家族の責任をより重く定めるフランス法を継受することはほとんど必然でした。もっとも，幕府法から民法への移行は，家長（戸主）の責任について，技術的には両義的な面を持っていました。

幕府法が保障する土地所有権は，あくまでも，法人としての小農家族に帰属し，当代家長はその時点において経営に従事しているに過ぎません。経営者としての適性を欠くと親族会が判断すれば，家長を解任し（強制隠居させ），妻や息子や養子に農地を承継させることは広く行われました（萬代 2021）。明治維新後においても，この戸主解任制は廃戸主制度としてしばらく維持されましたが，1890年民法は，廃戸主制度を認めず，民法典論争の大きな論点となりました。結局，1898年に公布施行された民法においても，廃戸主制度は排除されました。明治維新前には法人としての家に属していた家産が，当代家長個人の自由な処分に服する当代家長個人の所有物となってしまったのです（川口 2018，155–156，418–419頁）。この点は，家長に対する統治を弛緩し得たでしょう。

しかし，同時に，民法は，家族が扶養を受ける権利と，家族に扶養を与える義務を裁判所による執行可能な債権債務として明示的に定めました。所有権を家長個人に割り当てる一方，所有権の属する者の扶養義務を明文化し，強制可能なものとしたのです（川口 2018，343–345，417–418頁）。この点は，家長に対する統治を改善したことでしょう。

両方向に働き得るこれらの要素のいずれが勝ったか，慎重な判断が必要ですが，一つの指標として離婚率を見ると，民法施行後に急落し，その後も低落傾向が継続することがわかります（Fuess 2004, pp. 1–8, 57–59, 119–143）。戦前日本は，性差別の大きい社会でしたから，夫側の不貞率の方が高かったと仮定しましょう。その際，裁判所が事実破綻主義ではなく有責主義を取るならば，離婚は，不貞を被った妻が，離婚による精神的便益と，扶養を受ける権利を離婚によって失うことの費用を比較衡量し，前者が後者を凌駕する場合のみ，妻によって申し立てられ，裁判所に認められることになるでしょう。であるとすれば，離婚率は，法によって守られる「妻の座」から発生する請求権の価値の減少関数となるはずです。離婚が減少しているとすれば，それは，民法の施行が，家長の扶養義務を厳格化することにより，扶養を受ける権利の価値を高めた，すなわち，家族内再分配によるリスク・シェアリングの強度を上げた可能性を示唆していることになるでしょう。

4.2　世界恐慌と福祉国家建設

日本の産業革命は，製糸業と綿紡績業が主導しました。とくに，アメリカ市場において圧倒的な競争力を獲得した製糸業の成長は劇的でした（中林 2003; Nakabayashi 2006, 2014; 中林 2017）。この製糸業に原料である繭を供給したのが農家の養蚕です。すなわち，明治大正期の小農家長は，米作と養蚕によって妻子を市場のリスク，たとえば，性産業に売り飛ばされるリスクから守っていました。

その家長のリスク引き受け機能を破壊した異次元の衝撃が世界恐慌でした。とくに養蚕への依存度が大きかった東日本においては，経営破綻した農家の家長による娘の身売りが社会問題とりました。人身売買の禁止と自作農経営の保護を柱とする直系家族内保障は瓦解したのです。

保障機能の麻痺に激昂した人々の熱量の一部は，1931 年満州事変，1937 年日中戦争，そして 1941 年太平洋戦争へと向かいました。しかし，瓦解した家族内保障を福祉国家によって置き換える制度変化もこの時期に始まりました。1938 年国民健康保険法は，従来，医療保険から排除されてきた一次産業部門も対象としました。さらに，1941 年労働者年金保険法は，従来，公務員の恩給や企業年金から排除されていた人々に年金制度を提供し，皆年金制度への第一歩となりました。

これらの改革を，単に戦時動員の交換条件とのみ見なすのは誤りです。京城帝国大学において清宮の天皇制理解に影響を与えた尾高朝雄も戦時中に福祉国家構想を形成しつつあり（石川 2019，281-283頁），福祉国家の建設は開明的な帝国主義者にとって，それ自体，目的となりつつありました。

実際，敗戦後も福祉国家の建設は着々と進み，1946年改正憲法25条に社会権が定められ，1950年には生活保護法が制定されました。そして，岸信介内閣提出の1959年国民年金法によって皆年金制度が確立しました。さらに，同じく岸内閣提出の1958年国民健康保険法によって，皆保険かつ同一診療同一価格の，世界的にも最も頑健な公的医療保険制度が確立しました。

4.3 経済成果

その間の経済成長の推移を見ておきましょう。図3は購買力平価表示の一人当たり国内総生産（右軸）と製造業の実質賃金（左軸）を重ねたものです。

伝統部門の家族内保障にリスク・シェアリングを委ねていた1880年代から1910年代までの期間，生産性の伸びは着実ではあるものの，緩慢でした。その成長が加速し，戦時期の破壊による落ち込みとそこからの復興を除いた，1970年代に至る長期の成長軌道に乗るのが1930年代です。先行して上昇する男子製造業実質賃金の推移が示すように，この間の生産性上昇を担ったのは重工業でした。

比較の対象として，アメリカや北欧諸国は卓越に過ぎるので，身の丈にあった比較対象としてイギリスを挙げましょう。日本の一人当たり国内総生産は1970年代初めにイギリスに追いつき，その後は抜きつ抜かれつしつつも，およそ，似たような経路をたどってきています。

この軌跡を見る限り，福祉国家の急速な拡大が成長を押し下げたということはなさそうです。少なくとも選挙民は，社会保障費の増加や消費税の賦課を通じた，国家の保障による家族内保障の代替を選択しました。直近の福祉国家の拡大，すなわち介護保険の導入についていえば，家長が専業主婦と老親を扶養し，前者に後者の介護を担わせる家族内保障よりも，近代部門の労働市場への女性参加を増やし，現役世代の夫婦共々，皆保険制度に社会保障費を支払う方が，国家も経済も家族も，よりうまくいくだろうと，直観的に

図 3　国内総生産と賃金の推移（1882–2003 年）

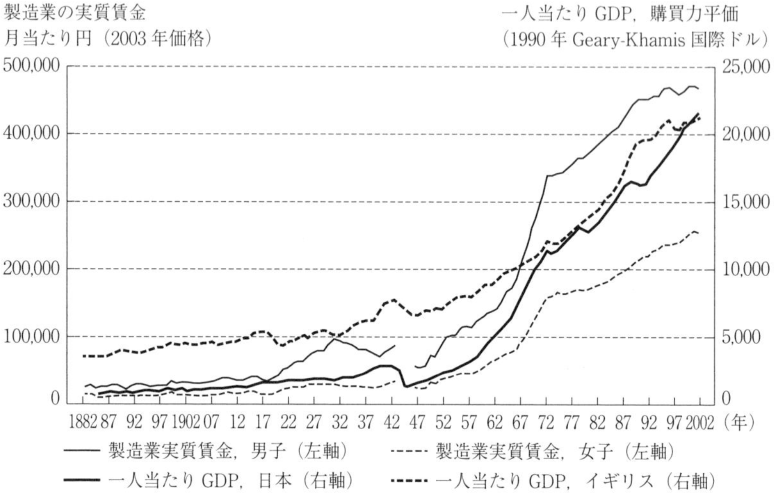

製造業の実質賃金
月当たり円（2003 年価格）

一人当たり GDP，購買力平価
（1990 年 Geary-Khamis 国際ドル）

—— 製造業実質賃金，男子（左軸）　---- 製造業実質賃金，女子（左軸）
━━ 一人当たり GDP，日本（右軸）　━ ━ 一人当たり GDP，イギリス（右軸）

（出所）　一人当たり国内総生産，日本：深尾・攝津・中林（2017）；深尾・攝津（2017）；深尾・攝津（2018）；深尾（2018）。一人当たり国内総生産，イギリス：Angus Maddison（http://www.ggdc.net/maddison/oriindex.htm 最終閲覧日：2018 年 4 月 24 日）。賃金：大川ほか（1967）243, 246 頁；日本統計協会編（2006）150，152 頁。消費者物価指数：大川ほか（1967）135–136 頁；日本統計協会編（1988）348–351 頁；日本統計協会編（2006）501 頁。

判断していることになります。もちろん，その直観の妥当性も実証的に検証されるべき論点です。ここでは，私たち選挙民の直観的な判断が，本章が導いた論理的な可能性と整合的であることを指摘するにとどめておきます。

5　おわりに

ロバート・ロレンツ監督のアメリカ映画 “Trouble with the Curve（人生の特等席）” は，クリント・イーストウッド演ずる，認知症の初期症状が現れている独居の父親を見捨てない孝行娘を描きます。それが美談であり得るのは，アメリカ法が子の親に対する扶養義務を定めず，したがって老親の介護は子の義務ではなく美徳だからです。対して，日本や大陸ヨーロッパの家族法は，老親介護を，必要とあれば裁判所が強制し得る義務と定めています。義務を履行したところで美談にはなりませんので，「人生の特等席」的な話は映画の脚本になりようがありません。

日独とアメリカの介護保険を巡る正反対の立法政策は，まさにこの点にかかわります。アメリカにおいて，国家が老人を見捨てれば，その見捨てられた人々を助ける法的義務は誰も負いません。アメリカ経済全体として，福祉の負担は軽減され，経済成長率は上向きます。オバマ政権が自ら介護保険を葬り去り，そして，オバマ大統領退陣後，彼の政権が導入した医療保険拡大政策の縮小が議論されたことも，政治的には無理もないのです。

対して，日独において国家の職責の軽減は，家族の義務の増大と同値です。幕府臣民であれ，大日本帝国臣民であれ，そしてドイツ帝国臣民であれ，隠居した親を見殺しにする選択肢はありませんでした。家族が刀折れ矢尽きるまで闘い，なおも背負いきれない義務がそこにあるのならば，いかに財政が膨張しようとも，それを国家が肩代わりする道が，英米と比較した場合における，日独特殊の道なのです。そして，国家福祉の水準が相当に高くても，福祉を家族に担わせるよりも，近代部門に傾斜して課税する国家が肩代わりする方が，経済成長にとっても望ましい可能性があるのです。その点，足許の福祉制度を巡る我が国の議論において，消費税への依存の程度や，消費税引き上げの程度を巡る活発な議論がありつつも，福祉国家の負担増大を受けて立つ姿勢が共通の前提となっていることは，知的に健全といえるかもしれません。

一人当たりGDPによって経済成果を測ると，アメリカはなお，日独のはるかに先を行っています。日独において構造改革が議論されるとき，アメリカが参照基準とされるのは，その意味において妥当でしょう。しかし，福祉国家のあり方に関しては，そもそも家族による老親の扶養義務を定めないアメリカやイギリスを参考にすることはほとんど無意味です。歴史的経路を共有する日本と大陸ヨーロッパは，米英ではなく，互いの経験の学習からより良い福祉制度の設計を模索すべきでしょう。

もとより，ここまで述べてきたことは，簡単なモデル分析から導かれる一つの論理的な可能性に過ぎず，経済史学の論点としては，これから実証されるべき命題です。しかし，それが実証されれば，その政策的な含意は小さくありません。たとえば，私たちの経験は，同じく老親を見捨てない伝統を持つ中国にも参考になるはずです。中国の家族内保障負担はすでに経済成長を押し下げかねない水準に達しつつあり（Hsu, Liao, and Zhao 2018），かつての日本と同様，福祉国家の拡大が喫緊の課題となっています。日本経済史の研究は，我が国の立法政策に超長期的な相場観を与えるのみならず，似た歴史的経路を持つ新進諸国の立法政策に示唆を与える点においても，現代的な意義を持つかもしれません。

ところで，上に，筆者は，山田が大日本帝国をおそらくは深く愛していた，と書きました。その読みは，政府の思想統制との緊張感を強調する原（2016）のそれと矛盾するように聞こえるかもしれません。山田自身が大日本帝国を好きとも嫌いとも書いていない以上，その何如を詮索しても仕方ないのですが，戦後民主主義に浸かって育ってきた筆者には，やはり，山田（1934）の帝国と帝国陸海軍を描写する修辞は，対象を愛している者のそれに感じられるのです。そして，論理的には山田（1934）に通じる視角を持ちつつも，一切の共感なしにドイツ帝国を断罪する Hayek（2007［1944］）と並べてみると，この感想はほとんど確信に変わります。

もっとも，同じく帝国を愛した尾高朝雄が福祉国家構想へと進んでいったのに対して（石川 2019，280–283 頁），山田（1934）に福祉国家への展望はありません。本章の分析は，山田（1934）が切り取った明治日本の静止画像を狭く深く読み込んだ場合に得られる視点から演繹される，一つの理論的な展望ではありますが，山田自身が語った何かではありません。

マルクス主義者は，時に，社会主義革命を願うあまり，労働者や農民の利益を守る福祉政策の実現よりも，追い詰められた人々による階級闘争を期待することがありました。たとえば，エネルギー転換が進みつつあった時代，炭鉱業にもはや将来性がないにもかかわらず，三井三池争議を煽った向坂逸郎もその一例です（吉川 1997，168–172 頁）[16]。山田（1934）の叙述にも，労働争議の頻発に現れる日本資本主義の「一般的危機」を歓迎するかのような

16）もっとも，エネルギー転換政策にともなう政府の手厚い再就職支援にもかかわらず，炭鉱労働者の異業種への再就職は容易ではなかったので（上島・猪木 2018，100–106 頁），向坂の政治的野心はともかくとして，炭鉱業にこだわりたい労働者の思いそのものが的外れであったとも言い切れません。高度成長期のように，技術変化にともなう雇用創出が雇用破壊を上回る場合においてすら，破壊される職に就いている者が創出される職に就けるとは限らず，したがって，その変化がパレート改善的ではない可能性を無視できないことは，技術変化に対応する構造改革と，それにともなう雇用の流動化を議論する際に忘れてはならない論点です。

修辞が散見されます（山田 1977［1934］，181-182頁）。その意味では，資本主義体制の打破を，労働者と農民自身の利益に優越させるマルクス主義者特有の倫理的倒錯から，山田もまた自由ではなかったのかもしれません。一方，尾高の福祉国家構想がその後の日本の歩みの予測にもなっていることは，尾高が反マルクス主義者であったこと（尾高 2019［1954］，166頁；石川 2019，283頁）と無縁ではないでしょう。そうであるとすれば，山田（1934）がその後の日本を予測する動態的な叙述を欠いていたことは，偶然ではなく，講座派と労農派とを問わず，マルクス主義者が共通して囚われていた偏向によるのかもしれません。そして，彼らが理想とする国家の建設を，労働者や農民ら自身の福祉よりも優先するマルクス主義者の偏向は，戦後民主主義の基準に照らすならば，「左翼的」でもなければ「リベラル」でもない残酷さを含んでいました。

しかし，そのことと，山田（1934）が切り取った近代日本の静止画像を読み込むことに意味があるか否かは，また，別の話です。古典を読む際に，私たちは，著者の政治的偏向に共感する必要はありませんし，おそらくは理解する必要もありません。それが許されるのが，著者がすでに物故した古典です。そして，むしろ，そのように距離を持って気楽に読むほうが，新しい着想を得やすいかもしれません。

＊ 本章は Nakabayashi（2019）の論旨をやや柔らかく書き直し，歴史的挿話を補ったものです。議論の詳細については Nakabayashi（2019）を参照してください。

Nakabayashi（2019）をまとめるにあたっては，石黒真吾氏，Douglas Hanley 氏，齋藤哲志氏，加藤晋氏，石瀬寛和氏，Midwest Macroeconomics Meetings Fall 2017，North American Summer Meeting of the Econometric Society 2018，The Osaka Workshop on Economics of Institutions and Organizations の参加者諸兄姉の助言，そして *Economic Modelling* 担当編集委員 Angus Chu 氏の激励に助けられました。

参考文献

青木昌彦（2010）「制度とは何か――制度変化を考えるために」中林真幸・石黒真吾編『比較制度分析・入門』有斐閣，3-14頁。
蟻川恒正（2005）「立憲主義のゲーム」『ジュリスト』第1289号，74-79頁。
石川健治（2016）「【法律時評】天皇の生前退位」『法律時報』第88巻13号，1-4頁。
石川健治（2019）「解説 Nomos Basileus――『国民主権と天皇制』に対する一つの評注」尾高朝雄『国民主権と天皇制』講談社，257-306頁。
伊藤秀史（2010）「組織の経済学」中林真幸・石黒真吾編『比較制度分析・入門』有斐

閣，15-36 頁。
上島康弘・猪木武徳（2018）「戦後の労働経済――1945-1973」深尾京司・中村尚史・中林真幸編『岩波講座 日本経済の歴史　第 5 巻　現代 1　日中戦争期から高度成長期（1937-1972）』岩波書店，87-115，126-128 頁。
宇野弘蔵（2016）『経済原論』岩波書店。
大内力（1962）『日本経済論　上』東京大学出版会。
大内力（1963）『日本経済論　下』東京大学出版会。
大川一司・野田孜・高松信清・山田三郎・熊崎実・塩野谷祐一・南亮進（1967）『長期経済統計 8　物価』東洋経済新報社。
岡崎哲二（2010）「制度の歴史分析」中林真幸・石黒真吾編『比較制度分析・入門』有斐閣，37-51 頁。
岡崎哲二・奥野正寛編（1993）『現代日本経済システムの源流』日本経済新聞社。
尾高朝雄（2019［1954］）『国民主権と天皇制』講談社。
川口由彦（2018）『日本近代法制史　第 2 版』新世社。
清宮四郎（1957）『憲法Ⅰ』有斐閣。
清水真人（2018）『平成デモクラシー史』筑摩書房。
杉浦克己（1993）『コミュニケーションの共同世界――相関社会科学序説』東京大学出版会。
通堂あゆみ（2008）「京城帝国大学法文学部の再検討――法科系学科の組織・人事・学生動向を中心に」『史学雑誌』第 117 編 2 号，216-242 頁。https://doi.org/10.24471/shigaku.117.2_216
長岡新吉（1984）『日本資本主義論争の群像』ミネルヴァ書房。
中林暁生（2007）「給付と人権」西原博史編『岩波講座 憲法 2　人権論の新展開』岩波書店，263-282 頁。
中林真幸（2003）『近代資本主義の組織――製糸業の発展における取引の統治と生産の構造』東京大学出版会。
中林真幸（2017）「資本主義的な生産組織の形成――工業」深尾京司・中村尚史・中林真幸編『岩波講座 日本経済の歴史　第 3 巻　近代 1　19 世紀後半から第一次世界大戦前（1913）』岩波書店，192-212 頁。
中林真幸・石黒真吾（2014）「企業の経済学」中林真幸・石黒真吾編『企業の経済学――構造と成長』有斐閣，1-22 頁。
中林真幸・森口千晶（2017）「序章第 2 節政府の役割」深尾京司・中村尚史・中林真幸編『岩波講座 日本経済の歴史　第 2 巻　近世　16 世紀末から 19 世紀前半』岩波書店，22-33 頁。
日本資本主義発達史講座（1932-1933）『日本資本主義発達史講座』岩波書店。
日本統計協会編（1988）『日本長期統計総覧　第 4 巻』日本統計協会。
日本統計協会編（2006）『日本長期統計総覧　新版　第 4 巻』日本統計協会。
原朗（2016）「『日本資本主義分析』原稿の一考察――山田盛太郎関係資料の検討」『歴史と経済』第 58 巻 2 号，1-18 頁。https://doi.org/10.20633/rekishitokeizai.58.2_1
深尾京司（2018）「生産・物価・所得の推定」深尾京司・中村尚史・中林真幸編『岩波講座 日本経済の歴史　第 6 巻　現代 2　安定成長期から構造改革期（1973-2010）』

岩波書店，289–311 頁。
深尾京司・攝津斉彦（2017）「生産・物価・所得の推定」深尾京司・中村尚史・中林真幸編『岩波講座 日本経済の歴史　第4巻　近代2　第一次世界大戦期から日中戦争前（1914–1936)』岩波書店，279–292 頁。
深尾京司・攝津斉彦（2018）「生産・物価・所得の推定」深尾京司・中村尚史・中林真幸編『岩波講座 日本経済の歴史　第5巻　現代1　日中戦争期から高度成長期（1937–1972)』岩波書店，281–300 頁。
深尾京司・攝津斉彦・中林真幸（2017）「生産・物価・所得の推定」深尾京司・中村尚史・中林真幸編『岩波講座 日本経済の歴史　第3巻　近代1　19 世紀後半から第一次世界大戦前（1913)』岩波書店，273–288 頁。
深尾京司・中村尚史・中林真幸編（2017a）『岩波講座 日本経済の歴史　第1巻　中世 11 世紀から 16 世紀後半』岩波書店。
深尾京司・中村尚史・中林真幸編（2017b）『岩波講座 日本経済の歴史　第2巻　近世 16 世紀末から 19 世紀前半』岩波書店。
深尾京司・中村尚史・中林真幸編（2017c）『岩波講座 日本経済の歴史　第3巻　近代1　19 世紀後半から第一次世界大戦前（1913)』岩波書店。
深尾京司・中村尚史・中林真幸編（2017d）『岩波講座 日本経済の歴史　第4巻　近代2　第一次世界大戦期から日中戦争前（1914–1936)』岩波書店。
深尾京司・中村尚史・中林真幸編（2018a）『岩波講座 日本経済の歴史　第5巻　現代1　日中戦争期から高度成長期（1937–1972)』岩波書店。
深尾京司・中村尚史・中林真幸編（2018b）『岩波講座 日本経済の歴史　第6巻　現代2　安定成長期から構造改革期（1973–2010)』岩波書店。
福澤諭吉（2008［1872]）『学問のすゝめ』岩波書店。
萬代悠（2021）「畿内豪農の『家』経営と政治的役割」『歴史学研究』第 1007 号，72–84 頁。
宮沢俊義（1952）『憲法　第4版（改訂増補)』有斐閣。
安場保吉（1980）『経済成長論』筑摩書房。
山田盛太郎（1932）『工業における資本主義の端初的諸形態，マニュファクチュア・家内工業』（日本資本主義発達史講座）岩波書店。
山田盛太郎（1933a）『工場工業の発達』（日本資本主義発達史講座）岩波書店。
山田盛太郎（1933b）『明治維新に於ける農業上の諸変革』（日本資本主義発達史講座）岩波書店。
山田盛太郎（1977［1934])『日本資本主義分析』岩波書店。
吉川洋（1997）『高度成長――日本を変えた 6000 日』読売新聞社。
Acemoglu, Daron, Philippe Aghion, and Fabrizio Zilibotti (2006) "Distance to Frontier, Selection, and Economic Growth," *Journal of the European Economic Association*, 4 (1), pp. 37–74. https://doi.org/10.1162/jeea.2006.4.1.37
Aoki, Masahiko (1988) *Information, Incentives, and Bargaining in the Japanese Economy*, Cambridge: Cambridge University Press.（永易浩一訳『日本経済の制度分析――情報・インセンティブ・交渉ゲーム』筑摩書房，1992 年。）
Aoki, Masahiko (2001) *Toward a Comparative Institutional Analysis*, Cambridge, MA:

MIT Press.（瀧澤弘和・谷口和弘訳『比較制度分析に向けて』NTT 出版，2001 年。）

Aoki, Masahiko（2011）“Institutions as Cognitive Media Between Strategic Interactions and Individual Beliefs,” *Journal of Economic Behavior & Organization*, 79（1–2）, pp. 20–34. https://doi.org/10.1016/j.jebo.2011.01.025

Bonaparte, Louis-Napoléon（1839）*Des Idées Napoléoniennes*, Paris: Paulin.

Campbell, John Creighton and Naoki Ikegami（2000）“Long-Term Care Insurance Comes To Japan,” *Health Affairs*, 19（3）, pp. 26–39. https://doi.org/10.1377/hlthaff.19.3.26

Campbell, John Creighton, Naoki Ikegami, and Mary Jo Gibson（2010）“Lessons from Public Long-Term Care Insurance in Germany and Japan,” *Health Affairs*, 29（1）, pp. 87–95. https://doi.org/10.1377/hlthaff.2009.0548

Chua, Daniel K. L.（2016）“Adorno's Symphonic Space-time and Beethoven's Time Travel in Space,” *New German Critique*, 43（3）, pp. 113–137. https://doi.org/10.1215/0094033X-3625397

Coase, Ronald H.（1937）“The Nature of the Firm,” *Economica*, 4（16）, pp. 386–405. https://doi.org/10.1111/j.1468-0335.1937.tb00002.x

Cuellar, Alison Evans and Joshua M. Wiener（2000）“Can Social Insurance for Long-term Care Work? The Experience of Germany,” *Health Affairs*, 19（3）, pp. 8–25. https://doi.org/10.1377/hlthaff.19.3.8

DeBona, Jared M.（2014）“Mom, Dad, Here's Your Allowance: The Impending Re-emergence of Pennsylvania's Filial Support Statute and an appeal for its amendment,” *Temple Law Review*, 86（4）, pp. 849–880. https://www.templelawreview.org/lawreview/assets/uploads/2014/11/DeBona_FINAL.pdf

Favreault, Melissa M., Howard Gleckman, and Richard W. Johnson（2015）“Financing Long-term Services and Supports: Options Reflect Trade-offs for Older Americans and Federal Spending,” *Health Affairs*, 34（12）, pp. 2181–2191. https://doi.org/10.1377/hlthaff.2015.1226, PMID: 26572919

Feder, Judith, Harriet L. Komisar, and Marlene Niefeld（2000）“Long-term Care in the United States: An Overview,” *Health Affairs*, 19（3）, pp. 40–56. https://doi.org/10.1377/hlthaff.19.3.40, PMID: 10812780

Fuess, Harald（2004）*Divorce in Japan: Family, Gender, and the State, 1600–2000*, Stanford: Stanford University Press.

Fukuyama, Francis（1992）*The End of History and the Last Man*, New York: Free Press.

Hayek, Friedrich August von（1960）*The Constitution of Liberty*, Chicago: University of Chicago Press.

Hayek, Friedrich August von（1976）*Law, Legislation and Liberty: A New Statement of the Liberal Principles of Justice and Political Economy, Volume 2: The Mirage of Social Justice*, London: Routledge.

Hayek, Friedrich August von（2007［1944］）*The Road to Serfdom*, Chicago: University of Chicago Press.

Hegel, Georg Wilhelm Friedrich（2019［1821］）*Grundlinien der Philosophie des Rechts, oder, Naturrecht und Staatswissenschaft im Grundrisse: mit Hegels Eigenhändigen Notizen und den Mündlichen Zusätzen*, Frankfurt am Main: Suhrkamp.（岩崎武雄責任編集，藤野渡・赤澤正敏訳『世界の名著 ヘーゲル 法の哲学』中央公論社，1967 年。）

Hsu, Minchung, Pei-Ju Liao, and Min Zhao（2018）“Demographic Change and Long-Term Growth in China: Past Developments and the Future Challenge of Aging,” *Review of Development Economics*, 22（3）, pp. 928–952. https://doi.org/10.1111/rode.12405

Ishiguro, Shingo（2012）“Organizational Dynamics,” May. http://www.geocities.jp/spcnp726/OrgDynamics2012April.pdf, mimeo.

Ishiguro, Shingo（2016）“Relationships and Growth: On the Dynamic Interplay Between Relational Contracts and Competitive Markets in Economic Development,” *The Review of Economic Studies*, 83（2）, pp. 629–657. https://doi.org/10.1093/restud/rdv041

Isono, Fujiko and Satoshi Minamikata（1994）“Family Law Reform and In-court Mediation in the Japanese Family Court,” *International Survey of Family Law*, 1994, pp. 303–320. https://heinonline.org/HOL/P?h=hein.journals/intsfal1&i=323

Lewis, W. Arthur（1954）“Economic Development with Unlimited Supplies of Labour,” *The Manchester School*, 22（2）, pp. 139–191. https://doi.org/10.1111/j.1467-9957.1954.tb00021.x

Mandai, Yu and Masaki Nakabayashi（2018）“Stabilize the Peasant Economy: Governance of Foreclosure by the Shogunate,” *Journal of Policy Modeling*, 40（2）, pp. 305–327. https://doi.org/10.1016/j.jpolmod.2018.01.007

Marx, Karl（1982［1852］）“Der Achtzehnte Brumaire des Louis Napoleon,” in Institut für Marxismus-Leninismus beim ZK der SED ed. *Karl Marx Friedrich Engels Werke Band 8*, Berlin: Dietz Verlag, pp. 111–207, 618–624.（石堂清倫・岡崎次郎・鎌田武治・杉本俊朗・土屋保男・長洲一二・平木恭三郎・村田陽一・山辺健太郎訳，大内兵衛・細川嘉六監訳『マルクス＝エンゲルス全集 第 8 巻』大月書店，1962 年。）

Marx, Karl（1985）“Ökonomisch-Philosophische Manuskripte aus dem Jahre 1844,” in Institut für Marxismus-Leninismus beim ZK der SED ed. *Karl Marx Friedrich Engels Werke Band 40*, pp. 465–588, Berlin: Dietz Verlag.（岩崎允胤・太田秀通・土屋保男・中野和朗・服部文夫・細見英・真下信一訳，大内兵衛・細川嘉六監訳『マルクス＝エンゲルス全集 第 40 巻』大月書店，1975 年。）

Marx, Karl（1988［1867］）*Karl Marx Friedrich Engels Werke Band 23, Das Kapital*, Berlin: Dietz Verlag.（岡崎次郎訳，大内兵衛・細川嘉六監訳『マルクス＝エンゲルス全集 第 23 巻』大月書店，1965 年，初版 1867 年。）

Marx, Karl（1990［1859］）*Zur Kritik der Politischen Ökonomie* in Institüt für Arbeiterbewegung ed. *Karl Marx Friedrich Engels Werke Band 13*, Berlin: Dietz Verlag, pp. 3–160.（秋山憲夫・岡崎次郎・杉本俊朗・土屋保男・正木引一・武藤一羊・山内一男・渡辺寛訳，大内兵衛・細川嘉六監訳『マルクス＝エンゲルス全集 第 13 巻』

大月書店，1964 年，初版 1859 年。）

Milgrom, Paul and John Roberts（1992）*Economics, Organization and Management*, Englewood Cliffs, NJ: Prentice Hall.（奥野正寛・伊藤秀史・今井晴雄・西村理・八木甫訳『組織の経済学』NTT 出版，1997 年。）

Mishkin, Frederic S. and Stanley G. Eakins（2012）*Financial Markets and Institutions*, 7th edition, Boston: Prentice Hall.

Nakabayashi, Masaki（2006）"The Rise of a Factory Industry: Silk reeling in Suwa, Nagano District," in Tanimoto, Masayuki ed. *The Role of Traditional Factors in Japanese Industrialization: 1880–1920*, Oxford: Oxford University Press, pp. 183–216.

Nakabayashi, Masaki（2014）"Imposed Efficiency of Treaty Ports: Japanese Industrialization and Western Imperialist Institutions," *Review of Development Economics*, 18（2）, pp. 254–271. https://doi.org/10.1111/rode.12082

Nakabayashi, Masaki（2019）"From Family Security to the Welfare State: Path Dependency of Social Security on the Difference in Legal Origins," *Economic Modelling*, 82, pp. 280–293. https://doi.org/10.1016/j.econmod.2019.01.011

Nakabayashi, Masaki（2020）"The Thin Line Between Economic Dynamism and Social Stability: Regulation and Deregulation in Japan（Twelfth to Nineteenth Century）," in Kaveh Yazdani and Dilip M. Menon eds., *Capitalisms: Towards a Global History*, New Delhi: Oxford University Press, pp. 277–305.

Nakabayashi, Masaki（2021）"Tokugawa Japan and the Foundations of Modern Economic Growth in Asia," in Stephen Broadberry and Kyoji Fukao eds., *The Cambridge Economic History of the Modern World, Volume 1: 1700 to 1870*, pp. 67–96. https://doi.org/10.1017/9781316671566.005

Nakabayashi, Masaki, Kyoji Fukao, Masanori Takashima, and Naofumi Nakamura（2020）"Property Systems and Economic Growth in Japan, 730–1874," *Social Science Japan Journal*, 23（2）, pp. 147–184. https://doi.org/10.1093/ssjj/jyaa023

Ng, Terence, Charlene Harrington, and Martin Kitchener（2010）"Medicare and Medicaid in Long-Term Care," *Health Affairs*, 29（1）, pp. 22–28. https://doi.org/10.1377/hlthaff.2009.0494, PMID: 20048356.

North, Douglass C.（2005）*Understanding the Process of Economic Change*, Princeton: Princeton University Press.（瀧澤弘和・中林真幸監訳，水野孝之・川嶋稔哉・高槻泰郎・結城武延訳『ダグラス・ノース制度原論』東洋経済新報社，2016 年。）

Okishio, Nobuo（1966）"Technical Choice Under Full Employment in a Socialistic Economy," *The Economic Journal*, 76（303）, pp. 585–592. https://doi.org/10.2307/2229523

Okishio, Nobuo（1977）"Notes on Technical Progress and Capitalist Society," *Cambridge Journal of Economics*, 1（1）, pp. 93–100. https://www.jstor.org/stable/23596461

Okishio, Nobuo（2001）"Competition and Production Prices," *Cambridge Journal of Economics*, 25（4）, pp. 493–501. https://www.jstor.org/stable/23599681

Saito, Osamu（1998）"Two Kinds of Stem-Family System? Traditional Japan and Europe Compared," *Continuity and Change*, 13 (1), pp. 167–186. https://doi.org/10.1017/S0268416098003087

Saito, Osamu (2000) "Marriage, Family Labour and the Stem Family Household: Traditional Japan in a Comparative Perspective," *Continuity and Change*, 15 (1), pp. 17–45. https://doi.org/10.1017/S026841609900346X

Saito, Osamu (2015) "Growth and Inequality in the Great and Little Divergence Debate: a Japanese Perspective," *The Economic History Review*, 68 (2), pp. 399–419. https://doi.org/10.1111/ehr.12071

Stevenson, David G., Marc A. Cohen, Eileen J. Tell, and Brian Burwell (2010) "The Complementarity of Public and Private Long-Term Care Coverage," *Health Affairs*, 29 (1), pp. 96–101. https://doi.org/10.1377/hlthaff.2009.0920, PMID: 20048366.

Streeck, Wolfgang and Kozo Yamamura eds. (2001) *The Origins of Nonliberal Capitalism: Germany and Japan in Comparison*, Ithaca, NY: Cornell University Press.

Tsaoussis, Aspasia (2004) "Protecting Homemakers' Marriage-Specific Investment under No-Fault Divorce: A Model for Restructuring Alimony in Civil Law Countries," *American Law and Economics Review*, 6 (1), pp. 217–247. https://doi.org/10.1093/aler/ahh005

Twigg, Julia and Alain Grand (1998) "Contrasting Legal Conceptions of Family Obligation and Financial Reciprocity in the Support of Older People: France and England," *Ageing and Society*, 18 (2), pp. 131–146. https://doi.org/10.1017/S0144686X98006886

Walker, Gavin (2013) "The Absent Body of Labour Power: Uno Kōzō's Logic of Capital," *Historical Materialism*, 21 (4), pp. 201–234. https://brill.com/view/journals/hima/21/4/article-p201_9.xml

Walker, Gavin (2016) *The Sublime Perversion of Capital: Marxist Theory and the Politics of History in Modern Japan*, Durham: Duke University Press.

Yasuba, Yasukichi (1975) "Anatomy of the Debate on Japanese Capitalism," *The Journal of Japanese Studies*, 2 (1), pp. 63–82. https://doi.org/10.2307/132039

Yoshihara, Naoki (1998a) "Wealth, Exploitation and Labor Discipline in the Contemporary Capitalist Economy," *Metroeconomica*, 49 (1), pp. 23–61. https://doi.org/10.1111/1467-999X.00039

Yoshihara, Naoki (1998b) "Characterizations of the Public and Private Ownership Solutions," *Mathematical Social Sciences*, 35 (2), pp. 165–184. https://doi.org/10.1016/S0165-4896 (97) 00040-1

Yoshihara, Naoki (2010) "Class and Exploitation in General Convex Cone Economies," *Journal of Economic Behavior & Organization*, 75 (2), pp. 281–296. https://doi.org/10.1016/j.jebo.2010.03.007

第2章

【アジア】「まとまり」としてのアジア経済史

城山 智子

キーワード
アジア交易圏論，銀流通，長期の19世紀，アジア間貿易，アジア商人ネットワーク，域内経済比較

多様な地域社会から成るアジアの経済史を研究しようとするとき，どのようなアプローチが考えられるでしょうか。従来の一国単位の分析を離れて，本章では，域内経済の連関の解明と，各地の事例の比較を柱として構想される「まとまり」としてのアジア経済史について，四つの節に分けて，研究の背景，概要，課題を見ていきます。

1 はじめに

アジアは，ヨーロッパ以東のユーラシア大陸（島嶼部を含む）を占め，そこには世界人口の60% 余りが居住するとされています。北緯76度のシベリアから南緯11度のロテ島（インドネシア）に至る域内の気候は，内陸部のヒマラヤ山脈をはじめとする大山脈や高原地帯と，それらを水源として中国を流れる黄河や長江，インドシナ半島を流れるメコン川，インド半島の北部を流れるガンジス川などの流域に広がるデルタ地帯から成る地形と相俟って，多様な自然環境を形成しています。そこに生きる人々のエスニシティや宗教といった属性や意識も，複雑に関係しながら多岐にわたります。こうした，つとに広く認識されている域内の多様性を踏まえたうえで，アジア経済史とは何を指すのでしょうか。

中国経済史やインド経済史といった，域内に位置する国家の経済史は，そ

れぞれ，アジア経済史の一部を成していると考えられるかもしれません。しかし，本章は，アジア各国の経済史を網羅的に紹介したり，あるいはいくつかを選んで例示したりするものではありません[1]。その理由として，一つには，1980年代以降，日本の研究者達が，アジア域内経済の相互連関の歴史的展開を明らかにしてきたということが挙げられます。同時に，そうした連関への関心とも深くかかわって，アジア各地を対象とする研究は，経済発展の経路，生活水準，制度や組織のあり方，といった問題を共有し対話を深めてきました。本章は，域内経済の連関の解明と，各地の事例の比較を柱として構想される，「まとまり」としてのアジア経済史について，「近世アジア交易圏」，「『長期の19世紀』のアジア経済」，「生活水準・発展経路の比較をめぐる諸問題」という，時代とテーマに沿った三つの節に分けて，研究の背景，概要，課題を見ていきます。

2　近世アジア交易と銀流通

2.1　アジア交易圏論

1980年代半ばからの域内経済連関の歴史への関心の高まりは，「アジア四小龍」と呼ばれる台湾，韓国，香港，シンガポールの1970年代以降の急速な経済発展や，1978年に始まる中国の改革開放政策といった，現代アジア経済の動向と大きく関係していました。世界経済の中心として，日本のみならず他の諸国を加えたアジアが，地域としての重要性を高めるのに伴って，その発展のダイナミズムに関する学術的・社会的な関心の高まりが見られたのです。

それまでのアジア地域を対象とした経済史研究には，18世紀末から西欧諸国によって南アジアや東南アジアで進められた植民地化や，19世紀半ばの日本や中国の欧米に対する開港＝対外貿易開放を画期と見なし，そこから

1）　研究を行うに当たって，一つの国や地域を選ぶことを否定するものではありません。逆に，アジア経済史を研究するに当たって，自分の分析の起点・議論の基礎を成す地域を設定し，関係する先行研究と史料・データに精通することは必須です。そのための詳細な文献紹介として，水島司・加藤博・久保亨・島田竜登編（2015）『アジア経済史研究入門』が役立ちます。

現代に至る近代化や経済発展の成否を検討したり，遡って19世紀以前の経済の停滞を想定したりするといった，課題設定や研究視角のバイアスが見られました。一方，1980年代には，アジア経済の変容を内的に検討する試みとして，従来の，「西欧の衝撃（ウエスタン・インパクト）」へのアジアの対応という図式から導き出される，イギリス対インド，フランス対仏領インドシナ，アメリカやイギリス対日本あるいは中国，といった一国単位の対欧米史を離れて，長期にわたって形成されてきたアジア域内経済の紐帯を明らかにし，そのなかに欧米との関係も位置づけることが目指されたのでした。

また，1990年代に入って世界経済の相互依存の深化，すなわち経済のグローバリゼーションが加速すると，各国史の総和としてではない世界各地の結びつきへの歴史的展開の解明が，グローバル・ヒストリーあるいはグローバル経済史といった視角から，国際的に進められます。そうしたなかで，「欧米」に対する「非欧米」といった見方を超えて，アジアの地域史を構想することは，重要な意義を持つものと考えられたのです。

16世紀以降のアジア諸地域の相互連関のあり方を，交易をめぐる諸相（交易品，商人，銀，国家や在地権力による規制など）を中心に明らかにし，それを踏まえて19世紀以降のアジア経済を再考するという問題意識を共有して行われた一連の研究は，アジア交易圏論としてまとめることができます。貿易ではなく交易という用語が使われたのは，近代国民国家を前提とした国境を越えるモノの取引だけではなく，時期を16世紀まで遡って，朝貢貿易のような国家間の儀礼に伴う物品のやり取りや，倭寇と呼ばれる東シナ海の武装勢力の活動まで，多様な形式・主体による交換を分析対象に含めているためです。アジア交易圏論については，社会経済史学会の共通論題「近代アジア貿易圏の形成と構造」（1984年5月）で，中心的な論者である，川勝平太，濱（浜）下武志，杉原薫らが，アジア地域の消費特性と域内での分業，中国を中心とする銀流通，対欧米貿易にも比肩するアジア間貿易の発展，といった前提となる議論を学界に提示しました（川勝 1985；浜下 1985；杉原 1985)。それを発展させる形で，1989年に同学会全国大会で「アジア域内交易と日本の工業化」をテーマとするパネル・ディスカッションが組織され，そこでの報告とコメントは，関連する論文を加えて，浜下武志・川勝平太編『アジア交易圏と日本工業化――1500-1900』として刊行されています（浜下・川勝編 1991)。

2.2 近世アジア交易

アジア交易圏論の問題提起を受けて，16 世紀から 18 世紀にかけての近世アジア交易に関する研究が大きな進展を遂げることとなりました。日本の学界では，すでに戦前から，岩生成一や小葉田淳らをはじめとする研究者によって，日本と明朝・清朝との貿易や，銀流通や銅銭取引，東南アジアにおける日本商人の活動といった事象について，検討が進められていました（岩生 1966, 1985；小葉田 1939, 1976)。アジア交易圏論以降，地域経済の連関への関心が研究者の間で共有されることで，そうした個別の事例研究を踏まえて，モノの取引，銀の流れ，担い手である商人，各地の交易拠点と在地の政治権力に関する分析が組み合わされ，アジア地域の交易システムと地域経済圏の構造が明らかにされていきます。

モノの交易を分析するに当たって，川勝平太は「物産複合」という概念を提示します（川勝 1991, 158-169 頁)。物産複合は，地域的な消費特性に着目して，社会生活に欠かせない物産全体を一つのセットとしてとらえる概念です。川勝は，中世以来，木綿，砂糖，生糸，茶といった，中国をはじめとするアジアの他地域で生産される物産が，必需品として日本へ流入し，他方，日本から銀・銅といった貨幣素材が流出することにより形成される，アジア域内の分業関係を指摘します。さらに，こうしたアジア物品の輸入を，銀を中心とする貴金属で決済するというパターンは，同時代のヨーロッパにも当てはまるものでした。しかし，17 世紀以降，日本が鎖国という厳しい貿易管理を行い，アジア物品の流入と貴金属の流出を抑えると同時に，それらの産品の自国での生産＝輸入代替を進めたのに対して，西欧諸国は自国では対価となるような産品を生産していなかったため，中南米産の銀を持ち込むことによって，アジア産品の買い付けを続けたのでした。

2.3 銀流通と通貨圏

モノの交易と表裏をなす銀流通は，濱下武志がアジア交易圏の重要な特徴として注視する事象であり，またアジア交易圏論がグローバル経済史研究と交差する論点でもあります。濱下は，とくに中国への銀流入を重視し，中国を中心とするアジアの銀遣い通貨圏の存在を論じます。グローバル経済史の研究者達は，そうした近世アジア交易と銀流通が，南北アメリカ大陸とヨーロッパを含む世界経済の連関の一環節であることを重視しています。論者の一人であるデニス・フリンは，スペインが，中南米からの銀とアジア産品との交易拠点として，フィリピンにマニラを建設した1571年こそが，太平洋と大西洋を介して南北アメリカ大陸と旧大陸が結びつき，地球規模での交易と継続的な交流が始まったという意味で，現代につながるグローバル化の起点であると論じているのです（フリン 2010，37–38頁）。

銀を媒介とする取引が，アジア域内の交易拠点間を取り結んでいただけではなく，結果としての銀の流出入は，各地の通貨制度や政府財政を通じて，人々の生活に大きな影響を与えていたと考えられます。たとえば，岸本美緒は，清朝統治下の中国経済について，分業が一国内で完結しない開放体制をとる市場システムと，海外との銀流出入と直接結びついている通貨システムからなるモデルを用いて考察を加えています。そこでは，国内各地の市場は，上級の貯水池から下級の貯水池に枝分かれした水路で結ばれた連鎖型モデルとしてとらえられます。岸本は，モデルから引き出される，国内外での交易と銀流通，それらの経済的インパクトについて，「上級の貯水池から刻々と供給される水（貨幣）のフローは，貯水池にとって非常に重要である。全体としてみるとき，この貯水池群にとって最大の水源は外国貿易である。東南沿岸の港から流れ込む水は，貯水池を次々と経由しながら全国を潤す。……このような連鎖を想定すれば，生糸が海外に売れている（すなわち銀が順調に流入する）場合は良いが，そうでない場合，商品に対する有効需要は連鎖的に収縮してしまう。」と説明したうえで，康熙不況（1650年代後半～1680年代）について検討を加えています（岸本 2012，59–61頁）。一方，黒田明伸は，中華帝国は，海外からの供給に依存する銀が，地域間の決済に用いられたときに国内各地の経済を攪乱させ得る過剰流動性を，農産物買い付けに用いられる銅銭と銀との兌換性を切り離すことによって，制御しようとしたと論じます（黒田 1994，1–142頁）。世界的な銀流通と各地の通貨システムおよび市場構造は，相互に連関しており，その実態を解明することが課題として提示されているのです。

2.4 商人と海域

近世アジア交易の担い手は民間の商人であり，とくに海運が大きな割合を占めました。アジアの海域を舞台に活動するさまざまなエスニシティや宗教（華人，日本，ブギス，ムスリム等）をバックグラウンドとするアジア商人達と，後に参入した欧米商人に着目することで，国家をはじめとする陸上の領域を単位とした経済とは異なる角度から，交易に分析を加えることができます[2]。

東アジア・東南アジア海域について見ると，中国の明朝は建国初期の1380年代から海禁政策を採り，外国との海上交易を禁止していました。しかし，1540年頃から，中国沿海部の浙江，福建，広東省の商人達が，禁を破って，九州沿岸で中国の特産品と日本の銀との交易を行い始めたのです。この，中国と日本との間の密貿易には，すでに，15世紀前半から香辛料を求めてアジア地域で活動していたポルトガル商人や，後には，オランダ商人も参入しました。厳格な貿易統制のもとで，逆に，密輸の横行や倭寇による略奪など負の作用が大きくなったことから，1567年，明朝は海禁政策を緩和し，中国南部からベトナム・マラッカ方面に向かう西洋航路と，中国から台湾・フィリピンを経てブルネイ方面に向かう東洋航路について，対外交易を認めました。しかし，日本との交易は依然として厳禁されたままであったため，日本と中国との交易は，従来からの両国を直接結ぶ密貿易に加えて，「商業の時代」（1450～1680年頃）と称される貿易ブームの渦中にあった（Reid 1988, 1993），東南アジアのフィリピンやベトナムの港市を迂回した貿易ルートを通じて行われました。

明朝初期の厳しい統制は，16世紀以降，民間商人の活動の活発化の衝撃

2）本章でも取り上げている，交易や商人ネットワーク，沿海都市に関する研究を含む海域史研究は，アジア史のなかでの重要な研究領域となり，可動性の高い近世アジア沿海部の社会経済に関する，多くの成果が発表されています。桃木至朗編（2008）『海域アジア史研究入門』は，詳細な解説と文献紹介を行っています。また，アジアにおける海域史という分析視角は，フェルナン・ブローデルの地中海研究から大きな影響を受けています（Braudel 1949）。代表的な研究として，本章でも挙げたReid（1988, 1993）やインド洋に関するChaudhuri, K. N., *Trade and Civilisation in the Indian Ocean: An Economic History from the Rise of Islam to 1750* があります。Chaudhuriは社会経済史学会の共通論題「近代アジア貿易圏の形成と構造」（1984年）で報告を行っています（チャウドゥリ 1985）。

を受けて崩壊することとなりました。これに対して，明朝に続く清朝の統治は，「柔らかい」ものであったとされます。16世紀末から急速に勢力を拡大し，ついに中国を征服して清朝を建てた女真勢力が，中国東北部の遼東地方における交易と，そこから得られる軍費の調達をバックグラウンドとしていたことから，すでにその出自において親和的であったことも指摘されています（岸本 1998，44-45頁）。ゆえに，1683年に台湾を拠点に抵抗を続けていた鄭成功の一派を制圧すると，17世紀末以降，清朝は，貿易統制を緩め始めます。すでに認められていた，入貢・回賜という公式の朝貢行為に附帯する物品の，北京の会堂館または朝貢使節の入港地での交易に加えて，マカオに限っては，朝貢船ではない船舶の来航も事実上，認められるようになりました。そして，最終的には，寧波，福州，廈門，広東の沿海の4カ所に海関が設けられ，朝貢およびその附帯貿易，民間の輸出入貿易が許されるようになったのです。

岩井茂樹は，拡大する民間の貿易に対しては，朝貢貿易とは異なる仕組みである「互市」が適用されたことを強調します（岩井 2020）。互市貿易では，各海港の海関のもとに組織された，相手の商人の出自に対応する（琉球を相手にする福州の琉商，欧米人を対象とする広東十三行など）商人と取引を行い，彼らを介して貿易を行うならば，清朝は，貿易の数量や品目を統制することはありませんでした。1980年代のアジア交易圏論のなかで，濱下武志は，中国を中心とする交易関係を朝貢貿易システムととらえ，民間の商人による交易とそれに伴う中国への銀流入も，皇帝への進貢に付随したものであるとしていました。これに対して，岩井は，康熙帝以降，内陸部での対ロシアとの関係に倣って，交易は北京から離れた辺境までできるだけ遠ざけ，また，使節の来朝も必要としない状況を作り出すことによって，交易と外交を分離するという方針が，沿海部の交易都市でも採られたことを明らかにしています。

朝貢が東アジア海域での交易にとって重要であったのは，儀礼を伴う中華の理念を共有することにより，18世紀以降，目立った戦乱や緊張の回避を可能にした，安全保障装置としての役割であったとも考えられます（茂木 2017，81-82頁）。そうした条件のもとで，華人海商や東インド会社をはじめとするヨーロッパ商船が盛んに往来し，基本的にオープンであった清朝から，渡航の全面禁止と来航の厳しい制限を課した江戸幕府まで，域内各地の陸の政権は，それぞれの裁量で彼らに対峙していました（羽田編 2013，185-249頁）。

東アジア海域に対して，南シナ海以西の東南アジア・南アジア海域は，在地の政治権力の規制が緩やかで，商人にとってより自由度の高い取引空間となっていました。「商業の時代」以来，内陸部からの香辛料をはじめとする農作物の積み出しと域内交易の中継を通じて経済力をつけた港市は，国家としての統治体制を整えると同時に，外来商人への優遇を進めたのです。東南アジア・南アジア海域に関する代表的な研究の一つである家島彦一『海が創る文明――インド洋海域世界の歴史』は，インド洋における海域ネットワークの成立，展開，変容を，ムスリム商人と彼らが用いたダウ船と呼ばれる木造帆船に着目して，明らかにしています（家島 1993）。

16世紀から18世紀にかけて，アジア地域には，アジア産品をめぐる交易と銀流通が組み合わさった交易圏が形成されていました。交易を担ったアジア商人達は，現地の陸の権力と関係を持ちながら，基本的には自由に東アジア・東南アジア・南アジアの海域を結んで活動を繰り広げます。アジア産品を求めて中南米産の銀を持ち込む西欧商人達は，アジア交易圏への外部からの参画者ととらえることができます。こうした近世アジア交易の構造と展開からは，当時の世界経済のなかでのアジア経済の中心性を看取することができます。

3　「長期の19世紀」のアジア経済

19世紀以降，最初に産業革命を達成したイギリスは，世界的に自由貿易体制の構築を主導しつつありました。国際貿易秩序と表裏の関係にあって，金本位制を紐帯として世界各国を結びつける国際通貨システムが形成されます。同時期に進行した蒸気船の就航や鉄道の敷設といった交通技術の革新＝交通革命により，長距離貨物輸送の費用は大幅に引き下げられました。より速く，大量に，遠くまで，従前に比べて低いコストでモノを運ぶことを可能にする制度的・技術的変革にさらされ，世界経済とより緊密に結びつけられることは，アジア各地の経済に大きなインパクトを与えました。しかし，そうした外部からの衝撃は，既存のアジア経済のあり方を短期間にすべて変えてしまったわけではなく，変化は18世紀末から第一次世界大戦前までの「長期の19世紀」にわたる漸進的なものでした。また，衝撃波の伝わり方も，必ずしも欧米からアジアへという一方向ではなく，双方向であったととらえられます。以下，16世紀から18世紀にかけての，モノ，銀，商人をめぐる域内経済の相互連関を踏まえて，「長期の19世紀」のアジア経済について見ていきます。

3.1 銀とアヘン戦争

清朝にとって，イギリスとの間で戦ったアヘン戦争（1840～42年）は，銀をめぐる戦争でした。それまで，中国産品の対価として銀が流入していたところ，1808年ごろから，海外へ大量の銀が流出し始めました。インドから大量のアヘンが輸入されたことが主な原因ですが，当時，中国の主要産品である茶と生糸の輸出は不振であり，輸入超過を銀で決済する必要に迫られたのでした。さらに，1810年代から1830年代にかけて，南アメリカで独立運動が相継いだため，銀の供給が落ち込み，その価値が高騰したことも，中国からの銀流出の一因でした。銀の流出が国内経済に深刻な不況をもたらすメカニズムについては，当時の市場構造や銀塊・銀貨・銅銭から成る貨幣システムなどさまざまな角度からの分析と議論が続いています（豊岡・大橋編 2019，第1部）。重要な点は，当時の官僚や知識人達が，銀の銅に対する比価の高騰による，銀建てでの納税や債務の負担増と社会不安の広がりをはじめとして，銀流出に伴う経済の失調に大きな危機感を抱いていたことです。しかし，特権商人に徴税を請け負わせる清朝の伝統的な貿易管理によって，中国側の民間商人とカントリー・トレーダー（東インド会社船の船倉を借りて私貿易を行ったイギリス商人）との間のアヘン取引を制限することは不可能でした（村上 2013，第1章）。結局，清朝は，アヘン輸入増，対外輸出不振，世界的な銀供給減少という，銀流出の背景を成す三つの原因のうち，唯一対応できる可能性があった外来アヘンの取り締まりに着手します。イギリスのインド政庁はアヘン専売から莫大な利益を得ており，アヘン貿易の危機に際して，イギリス政府は武力行使に踏み切ります。周知のように，戦争は清朝の敗戦に終わりました。

アヘン戦争の終結は，清朝が抱えていた銀流出の問題を解決したわけではなく，1850年代に入ってからの世界的な銀供給の増加を待つことになります。一方，中国と銀を媒介とする交易圏をめぐる世界的な状況は，大きく変化しつつありました。カリフォルニアとオーストラリアで金鉱が発見され，金の生産量が増加したことから，1860年代から70年代にかけて，ヨーロッパ諸国でそれまでの金銀複本位制から，金本位制への移行が進みました。続いて，アメリカや日本も金本位制を採るようになり，また，欧米の宗主国と深い経済関係を有する世界各地の植民地も，本国の幣制に倣って貨幣制度を改変します[3)]。金を媒介とした国際通貨システムが形成されていくなかで，中国は，1911年の清朝終焉後，中華民国期も，銀を貨幣価値の基準とし，銀地金の価値に基づいてさまざまな形状の銀塊・銀貨が流通するシステムを採り続けました（城山 2011，21–52頁）。中国が，国際金本位制のなかで銀本位制にとどまったことは，中国経済のみならず，中国と貿易関係を有する各国および中国との取引を媒介する金融業者に大きな影響を及ぼしました。西村・鈴木・赤川編著（2014）に所収された各論文は，アジアに進出した西欧の国際銀行が，対中国取引・投資に際して，銀本位建ての中国通貨の為替リスクに直面していたことを，権上康男は，本国フランスが金本位制を採ったにもかかわらず，仏領インドシナが1931年まで銀本位制にあったのは，対中国関係を考慮したものであったことを明らかにしています（権上 1985）。

3.2 「強制された自由貿易」とアジア商人ネットワーク

アヘン戦争後に締結された南京条約と付帯協定は，沿海部五港（広州，厦門，福州，寧波，上海）の対外開放，特権商人（公行）の貿易独占廃止，協定による関税率を，最恵国待遇や領事裁判権とあわせて定めていました。清朝中国は，新しく近代国家関係を前提とした貿易秩序に組み込まれることとなったのです。条約によって新たな秩序に参画することも，条約の内容も，敗戦の結果受け入れたものであり，中国の意図を汲んだものではないという点で，中国の経験は，植民地化または不平等条約によって欧米諸国との交易を

3)　西村（2014）は，インド，海峡植民地，蘭領東インド，シャム，仏領インドシナの通貨政策と制度改革について概観しています。フィリピンについては，永野（2003）の第2章が分析を加えています。

強いられた，他のアジア諸国と同じく，「強制された自由貿易（forced free trade）」とされるものです。しかし，杉原薫が強調するのは，そうした欧米への開国が，アジアへの開放でもあったという側面です（杉原 1996，13-22頁）。従来の研究では，開国以降のアジアの対欧米貿易の成長に注目が集まっていましたが，杉原の推計によれば，1913年のアジアの対欧米貿易は輸出2億1506万ポンドに対し，アジア間貿易（インド，東南アジア，中国，日本の主要地域間の貿易，および4主要地域とその他のアジア地域［セイロン，フィリピン，ペルシャ，朝鮮，台湾など］との貿易の合計）の総額は1億6739万ポンドに上り，1883～1913年のアジア間貿易の成長率である年平均5.5%は，アジアの対欧米貿易のそれをはるかに上回ったとされます。

こうしたアジア間貿易の成長を支えていたのは，華人やインド人商人のネットワークでした（濱下 2003）。前節で見たように，19世紀以前からアジア商人達は，海域を横断して活動してきました。19世紀の対欧米への開港に伴い，国外への移動が自由になると，より多くの人々が海外を目指すこととなります。19世紀の半ば以降，多くのインド人・中国人が東南アジアのプランテーションや錫鉱での労働者として出稼ぎや移住をしました。そのなかから蓄財して起業する人や，現地の労働者向けの物資の販売やサービスを提供する業者も現れました。彼らは，血縁や地縁，宗教に基づく絆によって結びつき，そうした関係性の連鎖＝ネットワークが域内各地間の交易，送金，労働力移動を支えていました（濱下 2013）。古田和子が分析を加えている上海とアジア域内を結ぶ商人ネットワーク（古田 2000）や，石川亮太が取り上げた朝鮮に進出した華僑などは，その一例です（石川 2016）。重要なのは，古田が指摘しているように，華人商人は必ずしも中国産品だけを扱っていたわけではなかったことです。籠谷直人が日本産綿布の東南アジア・南アジアへの販路拡大における華僑・印僑が果たした重要な役割を明らかにしているように，華人系・インド系商人ネットワークは，多国籍に開かれていました（籠谷 2000）。また，国境を越えて展開する商人ネットワークは，同じく国境を跨ぐ政治権力である帝国とも共生していたことは，イギリス帝国内の中継港として建設されたシンガポール（小林 2012）や香港（久末 2012）が，華人系・インド系商人ネットワークのハブとなることによって，アジア域内経済を結びつける拠点として発展を遂げたことからもうかがえます。

19 世紀に入って自由貿易レジームや交通革命が，貿易量や移動速度を大きく変える制度的，技術的なインフラストラクチャーを提供したとき，アジア商人ネットワークはそれらを使って，物品や資金，労働力を移動させ，また生産や消費に関する情報を収集・伝播させるソフトウェアとして機能していたともとらえられるのです。

3.3 アジア綿業基軸体制

1880 年代前半には，アジア間貿易の主要な項目は，インドから中国へのアヘンでした。しかし，20 世紀に入る頃になると，アジア間貿易の主要環節のかなりの部分が，綿花生産―機械制綿糸紡績―手織綿布生産を中心とする綿業関係によって占められるようになりました。杉原薫は，こうした綿業に関する貿易を軸とする分業を，綿業基軸体制と呼びます（杉原 1996，22-29 頁）。川勝平太は，アジアにおける綿業を介した分業について，消費類型から分析を加えています（川勝 1985）。綿製品は，イギリス産業革命における主要な産品の一つでした。それにもかかわらず，「インドならびに東アジア綿業地域（日本・中国・朝鮮）の在来織物業がいずれも 19 世紀後半期に，イギリス綿布の浸透にもかかわらず，在来綿布の生産量を伸ばしていた。この歴史事象を，インド在来綿業の「破滅」「壊滅」「絶滅」というもう一方の観察事実と，どのように整合的に説明すればよいのか。」，「一旦イギリスに市場を制圧されたかに見えたインドにおいて，19 世紀後半に勃然と近代的装いをもった紡績業が台頭し，20 世紀の初めには綿糸輸出量においてイギリスと肩をならべるまでになり，さらには日本，中国にも世紀末葉から近代紡績業が急速に発展した。いったいこれをどう説明するのか。」（川勝 1985，92 頁），という自らの問いかけに対して，川勝は，アジアには「長繊維綿花―細糸―薄地布」という品質連関を持つ，イギリスが生産するような綿糸・綿布市場のほかに，「短繊維綿花―太糸―厚地布」という品質連関を持つ市場が存在し，アジアの一般消費者が選好したのは後者であったと論じたのです。

1870 年代から，インド産の機械製綿糸が，中国に輸入され始めました。1860 年代，アメリカ綿花の供給が南北戦争のために落ち込むと，世界的な綿花価格の高騰を受けて，イギリス政府は植民地であるインドからの綿花輸入を奨励しました。インドの綿花生産は急激に増加し，また，そこから得られた利益を綿紡績工場に投資したのです。アヘン貿易を通じて中国への輸出ルートをすでに形成していた，在地の商人達は，インド綿糸の中国への輸出に進出していきました。イギリス綿紡績業とは異なり，太くて頑丈なインドの機械製綿糸は，中国農民に広く受け入れられ，巨大な需要を中国市場に見出しました。

中国の機械制綿紡績業は，急速に輸入を伸ばしたインド綿糸への対抗策として政府が開始した，洋務運動と呼ばれる輸入代替工業化政策として1890年に始まり，日清戦争後の1895年以降，多数の民間企業が参画することで本格化します。中国市場には，日本の綿紡績業，綿織物業も輸出を伸ばしました（森 2001，3-62頁)。インドおよび中国の綿花を利用して太糸を生産する印中日3国の綿紡績業の中国国内市場でのシェアをめぐる競争は，アジアの綿業基軸体制の一角を成すものでした。

伝統的な風俗や嗜好，習慣に根差した消費選好と，大量生産や機械化に必要な技術的なノウハウを組み合わせて，一般市民向け市場を開拓したことは，綿製品のみならず，マッチや洋傘などの雑貨の生産と輸出においても，大きな意義を有しました。こうした生産・流通戦略に，華人系・インド系商人が重要な役割を果たしたことは，上述の通りです。日本や中国をはじめとするアジアの工業化は，各国国内経済のみならずアジア地域経済と深く関係していたと考えられます[4)]。また，従来，19世紀のアジアの対外開放は，対欧米との工業品輸入と一次産品輸出との双方向の関係に関心が集中していたのに対して，一次産品輸出による購買力の向上が，アジア域内で生産された農

4) 台湾領有（1895年）と韓国併合（1910年）による植民地化と日露講和条約（1905年）による満洲特殊権益の獲得により，東アジアには日本が大きな影響力を有する政治・経済圏が形成されました。そうした日本のプレゼンスに着目した東アジア経済史（堀 2009）や植民地・満洲国経済史（山本 1992，2003）の研究には，ここに挙げた以外にも多数の重要な論著があります。同時に，日本統治下台湾の日本籍華人（台湾籍民）のネットワーク（鐘 2007），大連商人による金系通貨（朝鮮銀行券・日本円）と銀系通貨（上海両・鈔票）間の鞘取り取引（安富 1991），砂糖をめぐる日本帝国内貿易とアジア間貿易との連関（平井 2017）など，本章で取り上げたアジア地域経済のモノ，ヒト，カネをめぐる長期的展開との関係から，日本帝国経済を検討する研究も行われています。アジア経済史と日本経済史が交差する問題群は，研究のフロンティアとなっています。

工業品への需要を喚起したことを論ずることで，より多元的な世界経済像を提示してもいるのです。さらに，19 世紀から 20 世紀にかけての分析は，域内の消費と生産，流通と金融が，民間の商人・企業によって緊密に結びつけられたアジア経済の構造を明らかにすることで，現代アジア経済について考察を加えるうえでも示唆に富むものとなっています。

4　生活水準・発展経路の比較をめぐる諸問題

「まとまり」としてのアジア経済史を考えるうえで，地域経済間の連関の解明と並んで重要なアプローチは，域内各地経済の比較です。

4.1　GDP 推計

日本の『長期経済統計』（大川・篠原・梅村編 1965-88）を刊行した一橋大学経済研究所は，アジア各国についても，数量的な比較に必要な歴史経済データの整理と，それに基づくアジア各国の GDP 推計を『アジア長期経済統計』プロジェクトとして進めました（尾高・斎藤・深尾 2008-）。すでに，台湾（溝口編著 2008），中国（南・牧野編著 2014），韓国・北朝鮮（溝口・表・文編著 2019），ロシア（久保庭・雲・志田編著 2020）については成果が公刊されており，後続の巻（ベトナム，タイ，インド・パキスタン，フィリピン，インドネシア，トルコ・エジプト，中央アジア，日本）の出版が待たれます。

イギリスの経済学者アンガス・マディソンは，アジアを含む世界各地の紀元前後から現在に至る経済統計を整理し，一人当たり GDP の推計を行いました。集計したデータは，2010 年のマディソンの死後，親しい研究者のグループによって，アップデートを加えながら，ウェブサイトで公開されています[5]。マディソンが示した数値を絶対視することには慎重でなければなりませんが，アジアのみならずグローバルな比較のプラットフォームの提供は，大きな学術的貢献です。翻訳されたマディソンの研究書には，それらの統計を利用した世界経済史・経済発展に関する分析が示されています（マディソン 2000，2004，2015）。

5）　ウェブサイト “Maddison Historical Statistics” の URL は以下の通りです。
https://www.rug.nl/ggdc/historicaldevelopment/maddison/

4.2 生活水準の比較分析

GDPの推計・比較と並んで，生活水準の比較分析は，経済発展の程度を測るうえで重要な課題です。なかでも，ケネス・ポメランツの『大分岐——中国，ヨーロッパ，そして近代世界経済の形成』は，アジアとヨーロッパの先進地域，具体的には中国の揚子江下流域とイングランド地方とを比較して，1750年段階では生活水準は拮抗しており，経済的な分岐はそれ以降に生じたと論じ，従来指摘されてきた産業革命に先立つ西欧経済の先進性を否定したことで，大きな注目を集めました（ポメランツ 2015）。ポメランツが，実質賃金だけではなく，出生率・死亡率といった人口動態や，砂糖をはじめとする嗜好品の使用などの消費構造といった，さまざまな指標を用いて比較を行っていることは，多元的・多角的な分析の試みとして評価される一方，文献資料に散見される数値を組み合わせて複雑な推計を行うことには，データと方法の両面で限界があるとも考えられます（岸本 2018，94頁）。

「実質賃金の歴史的水準比較——中国・日本・南欧 1700-1920年」は，ポメランツとも交差する，18世紀アジアの実質賃金は近世ヨーロッパに匹敵する水準だったのかという問題設定のもとで，中国，北西ヨーロッパ，南ヨーロッパ，日本のそれぞれの実質賃金の動向を比較しています（バッシーノ＝馬＝斎藤 2005）。ヨーロッパ内での南欧と北西ヨーロッパとの差異や，近世を通じて日本，中国，南欧は同水準で推移したものの，19世紀末から中国が日本，南欧を下回り始める，といった観察結果と並んで，同論文は，それぞれの地域での複数の通貨や食料消費構成の差異といった，比較分析に伴う方法的課題に，栄養摂取量に着目したウェルフェア率という指数を導入することで応えていることが，注目されます[6)]。今後も，アジア経済史研究では，帳簿や契約文書などの一次資料からの数値データの抽出と，新しい分析手法の開拓の両方で，いっそうの進展を図らなければなりません。

---

6) ウェルフェア率の推計には，総栄養摂取量を1日1940カロリー，タンパク質摂取量を80グラムと想定し，それを満たすために各地域で消費される品目・量によって調整されたバスケットを構築します。消費バスケットの各品目に，各地の価格系列を乗じることで，バスケット価格が計算されます。一方，年間所得の推計値は，名目賃金率に250日（想定年間労働日数）を乗じて3（想定家族員数である大人2人と子供1人）で除すことで得られます。年間所得推計値をバスケット価格で除したものが，ウェルフェア率です。

4.3　小農経済と発展経路

数量的な比較を行ううえでも，その背景を成す，経済活動をめぐる組織や制度のあり方を解明することが欠かせません。東アジアの農業社会については，従来から，自己および家族労働力のみをもって独立した農業経営を行う小農が主体となっていたことが指摘されています（宮嶋 1994，70-72 頁）。それに対して，東南アジア・南アジアでは，農業労働者を雇用して欧米向けの輸出農産物生産を行う大規模プランテーション経営の存在が強調されてきましたが，近年，水島司は，これらの地域でも，米や綿花など多様な商品作物を生産する小農が，全体としてはプランテーションを上回る規模で存在したと論じています（水島 2018，139 頁）。

小農経営を分析するうえで鍵となるのは，土地と労働の投入のあり方です。農業社会の発展に伴い，人口が増大し，土地開発が進むと，次第に未開拓地が少なくなり，既開発耕地の利用は高度化していきます。大島真理夫編著『土地希少化と勤勉革命の比較史――経済史上の近世』は，このように，土地が希少で，労働が豊富，という要素賦存状況に直面して，農民はどのように対応したのか，という視点から，日本，中国，ジャワ島，インド，ドイツ，ロシアの比較を行っています（大島編著 2009）。勤勉革命は，イングランドと江戸時代の日本を比較して，速水融が提示した概念です。日本の小農が，畜力に代わる鍬や鋤の使用や，農閑期の副業など，労働投下量を増大させることで，産出を増大させたことを，労働投入の限界生産性の低下を想定する経済原則に逆らうという意味で，「革命」と評価したのです（速水 1970，1971，1979）。

小農を主体とする労働集約的経済の近世から近代への展開について，中国経済史家のマーク・エルヴィンは，人口増による資源の逼迫に抗して，新たな労働集約的技術の採用や，商品作物や手工業品の生産・販売を通じた経営の多角化によって産出を向上させて来たとしても，やがて収穫逓減に向かう限界点が訪れることを指摘し，さらに安価で大量の労働力の存在が，労働節約的技術発展や近代工業化の阻害要因となっていたことを示唆しました（Elvin 1973, pp. 298-315）。こうした従来の議論に対して，近年，杉原薫は，本章前節でも取り上げた近代日本および中国の綿紡織業や雑貨生産が，小農経営のなかで養成されたスキルの高い労働者や労働集約的な技術に大きく依存していたこと等を挙げながら，アジアにおける労働集約的発展経路の存在を論じています（杉原 2020，60–120 頁）。

4.4 市場の秩序と法制度

小農経済における商品作物生産の役割からも，アジア経済における市場取引の重要性を看取することができます。取引をめぐる環境としての，市場の秩序のあり方や規範意識，そこでの法制度の位置づけ，といった問題群は，大きな研究関心を引きつけています。

三浦徹・岸本美緒・関本照夫編『比較史のアジア――所有・契約・市場・公正』は，中東イスラーム世界，東南アジア，中国を研究対象とする研究者が，これらアジア域内の3地域の比較から，各地の市場取引に参加するアクターの背後にあるルールの構造と態様に検討を加えています（三浦・岸本・関本編 2004）。三浦が指摘するように，副題に掲げられた四つのテーマは，「どのような歴史上の地域にも，共通する問題」（三浦 2004，8頁）と考えられ，アジア域内のみならず，開かれた比較のためのプラットフォームを提供しています。同時に，各地域の事例研究から引き出される「自己・他者・万物との関わり」としての所有（第Ⅰ部）や，「神・共同体・個人」間の関係としての契約（第Ⅱ部）といった視角を提示することで，領域国家による一元的な私的所有権の保護といった，モデル化された西欧近代社会との対比を越えて，市場秩序のあり方を明らかにしています。

岸本美緒が述べているように，たとえば中国経済史研究では，自然的にも社会的にも不安定な環境のもとで，人々が血縁・地縁などの紐帯を媒介として形成する私的人間関係の経済秩序における重要性が，1940 年代末の柏祐賢，村松祐次らの研究（柏 1947–48；村松 1949）によって指摘されていました（岸本 2021，7–51 頁）。こうした議論は，本章前節で見た国境を越える華僑ネットワーク研究や，改革開放後の社会主義的市場経済の実態を問う研究のなかでも，新たに注目されることとなります（加藤 2013，47–82 頁）。このような社会関係の中での民事的な法と裁判について，中国法制史家の寺田浩明は，皇帝から中央政府，地方官，地方エリート（郷紳）から宗族（男系の同姓集団），家族に至るまで，重層的に連なる権威・権力が，資源の適切な分配に関して広く社会的に共有されている規範に訴えて，資産の分配をめぐる紛争に関係する当事者すべてに受け入れられる条件を探し当てる，調停の仕組みであると論じます（寺田 2018）。寺田の分析は，中国清代の法秩序を，同時代人の概念に即して明らかにすると同時に，多様な社会構造に対応した規範と秩序のあり方を提示している点で，広く他国・他地域の研究にも重要な示唆を与えているのです。

参考文献

石川亮太（2016）『近代アジア市場と朝鮮――開港・華商・帝国』名古屋大学出版会。
岩井茂樹（2020）『朝貢・海禁・互市――近世東アジアの貿易と秩序』名古屋大学出版会。
岩生成一（1966）『南洋日本町の研究』岩波書店。
岩生成一（1985）『新版　朱印船貿易史の研究』吉川弘文館（初版：弘文堂，1958）。
大川一司・篠原三代平・梅村又次監修（1965-88）『長期経済統計――推計と分析』東洋経済新報社。
大島真理夫編著（2009）『土地希少化と勤勉革命の比較史――経済史上の近世』ミネルヴァ書房。
尾高煌之助・斎藤 修・深尾京司監修（2008- ）『アジア長期経済統計』東洋経済新報社。
柏祐賢（1947-48）『経済秩序個性論　Ⅰ-Ⅲ』人文書林。
籠谷直人（2000）『アジア国際通商秩序と近代日本』名古屋大学出版会。
加藤弘之（2013）『「曖昧な制度」としての中国型資本主義』NTT 出版。
川勝平太（1985）「アジア木綿市場の構造と展開」『社会経済史学』第 51 巻 1 号，91-125 頁。
川勝平太（1991）「日本の工業化をめぐる外圧とアジア間競争」浜下武志・川勝平太編『アジア交易圏と日本工業化――1500-1900』リブロポート，157-193 頁。
岸本美緒（1998）『東アジアの「近世」』山川出版社。
岸本美緒（2012）「明末清初の市場構造」古田和子編著『中国の市場秩序――17 世紀から 20 世紀前半を中心に』慶應義塾大学出版会，49-84 頁。
岸本美緒（2018）「グローバル・ヒストリー論と『カリフォルニア学派』」『思想』第 1127 号，80-100 頁（成田龍一・長谷川貴彦編『〈世界史〉をいかに語るか――グローバル時代の歴史像』岩波書店，2020 年，76-96 頁，所収）。
岸本美緒（2021）『史学史管見　明清史論集　4』研文出版。
久保庭眞彰・雲和広・志田仁完編著（2020）『アジア長期経済統計　10　ロシア』東洋経済新報社。
黒田明伸（1994）『中華帝国の構造と世界経済』名古屋大学出版会。
小葉田淳（1939）『中世南島通交貿易史の研究』日本評論社（増補版：臨川書店，1993 年）。
小葉田淳（1976）『金銀貿易史の研究』法政大学出版局。
小林篤史（2012）「19 世紀前半における東南アジア域内交易の成長――シンガポール・仲介商人の役割」『社会経済史学』第 78 巻 3 号，89-111 頁。

権上康男（1985）『フランス帝国主義とアジア——インドシナ銀行史研究』東京大学出版会。
鐘淑敏（2007）「拡散する帝国ネットワーク——厦門における台湾籍民の活動」石田憲編『膨張する帝国　拡散する帝国——第二次大戦に向かう日英とアジア』東京大学出版会，121-161頁。
城山智子（2011）『大恐慌下の中国——市場・国家・世界経済』名古屋大学出版会。
杉原薫（1985）「アジア間貿易の形成と構造」『社会経済史学』第51巻1号，17-53頁（改訂のうえ，杉原〔1996〕第1章に所収）。
杉原薫（1996）『アジア間貿易の形成と構造』ミネルヴァ書房。
杉原薫（2020）『世界史のなかの東アジアの奇跡』名古屋大学出版会。
杉山伸也（2014）『グローバル経済史入門』岩波書店。
チャウドゥリ，K. N.（1985）「アジア貿易圏における前近代貿易から植民地貿易への転換，1700-1850年——一つの解釈」『社会経済史学』第51巻1号，1-16頁。
寺田浩明（2018）『中国法制史』東京大学出版会。
豊岡康史（2019）「アヘン戦争前夜の『不況』——『道光不況』論争の背景」豊岡康史・大橋厚子編『銀の流通と中国・東南アジア』山川出版社，3-62頁。
豊岡康史・大橋厚子編（2019）『銀の流通と中国・東南アジア』山川出版社。
永野善子（2003）『フィリピン銀行史研究——植民地体制と金融』御茶の水書房。
西村閑也・鈴木俊夫・赤川元章編著（2014）『国際銀行とアジア——1870～1913』慶應義塾大学出版会。
西村雄志（2014）「銀本位制から金本位制へ——アジア諸国」西村閑也・鈴木俊夫・赤川元章編著『国際銀行とアジア——1870～1913』慶應義塾大学出版会，315-398頁。
バッシーノ，J-P.・馬徳斌・斎藤修（2005）「実質賃金の歴史的水準比較——中国・日本・南欧　1700-1920年」『経済研究』第56巻4号，348-369頁。
羽田正編（2013）『東アジア海域に漕ぎだす　1　海から見た歴史』東京大学出版会。
浜下武志（1985）「近代アジア貿易圏における銀流通——アジア経済史像に関する一構想」『社会経済史学』第51巻1号，54-90頁（浜下〔1990〕第2章に所収）。
浜下武志（1990）『近代中国の国際的契機——朝貢貿易システムと近代アジア』東京大学出版会。
濱下武志（2003）「交差するインド系ネットワークと華人系ネットワーク」秋田茂・水島司編『現代南アジア　6　世界システムとネットワーク』東京大学出版会（補訂・加筆のうえ，「華僑・華人ネットワークの特質——インド系と華人系の比較から」として濱下〔2013〕，45-80頁，所収）。
濱下武志（2013）『華僑・華人と中華網——移民・交易・送金ネットワークの構造と展開』岩波書店。
浜下武志・川勝平太編（1991）『アジア交易圏と日本工業化——1500-1900』リブロポート（新版：藤原書店，2001）。
速水融（1970）「近世濃尾農村における生産構造の変化」『社会経済史学』第36巻1号，1-18頁（速水融『近世濃尾地方の人口・経済・社会』創文社，1992年，23-38頁，所収）。
速水融（1971）「日本経済史における中世から近世への転換」『社会経済史学』第37巻

1号，95-105頁。
速水融（1979）「近世日本の経済発展とIndustrious Revolution」新保博・安場安吉編『数量経済史論集　2　近代移行期の日本経済――幕末から明治へ』日本経済新聞社，3-14頁。
久末亮一（2012）『香港「帝国の時代」のゲートウェイ』名古屋大学出版会。
平井健介（2017）『砂糖の帝国――日本植民地とアジア市場』東京大学出版会。
フリン，デニス（2010）「グローバル化は1571年に始まった――新大陸銀とマニラ・ガレオン」秋田茂・西村雄志編『グローバル化と銀』山川出版社，31-67頁。
古田和子（2000）『上海ネットワークと近代東アジア』東京大学出版会。
堀和生（2009）『東アジア資本主義史論　Ⅰ』ミネルヴァ書房。
三浦徹（2004）「原理的比較の試み」三浦徹・岸本美緒・関本照夫（2004）『比較史のアジア――所有・契約・市場・公正』東京大学出版会，1-20頁。
三浦徹・岸本美緒・関本照夫編（2004）『比較史のアジア――所有・契約・市場・公正』東京大学出版会。
水島司（2010）『グローバル・ヒストリー入門』山川出版社。
水島司（2018）「19世紀アジアの農業開発の評価をめぐって」秋田茂編著『「大分岐」を超えて――アジアからみた19世紀論再考』ミネルヴァ書房，137-178頁。
水島司・加藤博・久保亨・島田竜登編（2015）『アジア経済史研究入門』名古屋大学出版会。
溝口敏行編著（2008）『アジア長期経済統計　1　台湾』東洋経済新報社。
溝口敏行・表鶴吉・文浩一編著（2019）『アジア長期経済統計　4　韓国・北朝鮮』東洋経済新報社。
南亮進・牧野文夫編著（2014）『アジア長期経済統計　3　中国』東洋経済新報社。
宮嶋博史（1994）「東アジア小農社会の形成」溝口雄三・浜下武志・平石直昭・宮嶋博史編『アジアから考える　6　長期社会変動』東京大学出版会，67-98頁。
村上衛（2013）『海の近代中国――福建人の活動とイギリス・清朝』名古屋大学出版会。
村松祐次（1949）『中国経済の社会態制』東洋経済新報社。
茂木敏夫（2017）「中国的秩序の理念――その特徴と近現代における問題化」『北東アジア研究』別冊第3号，75-93頁。
桃木至朗編（2008）『海域アジア史研究入門』岩波書店。
森時彦（2001）『中国近代綿業史の研究』京都大学学術出版会。
家島彦一（1993）『海が創る文明――インド洋海域世界の歴史』朝日新聞社。
安富歩（1991）「大連商人と満洲金円統一化政策」『証券経済』第176号，79-97頁。
山本有造（1992）『日本植民地経済史研究』名古屋大学出版会。
山本有造（2003）『「満洲国」経済史研究』名古屋大学出版会。
Braudel, F.（1949）*La Méditerranée et le Monde Méditerranéen à l'époque de Philippe II*, 3 vols. Paris: Armand Colin.（浜田優美訳『地中海』全5巻，藤原書店，2004年。）
Chaudhuri, K. N.（1985）*Trade and Civilisation in The Indian Ocean: An Economic History from the Rise of Islam to 1750*, Cambridge: Cambridge University Press.
Elvin, M.（1973）*The Pattern of the Chinese Past*, Stanford: Stanford University Press.
Maddison, A.（1995）*Monitoring the World Economy 1820-1992, Development Cen-*

tre of the Organisation for Economic Co-operation and Development, Paris: OECD.（政治経済研究所訳『世界経済の成長史 1820～1992年――199カ国を対象とする分析と推計』東洋経済新報社，2000年。）

Maddison, A.（2001）*The World Economy: A Millennial Perspective, Development Centre of the Organisation for Economic Co-Operation and Development*, Paris: OECD.（政治経済研究所訳『経済統計で見る世界経済2000年史』柏書房，2004年。）

Maddison, A.（2007）*Contours of the World Economy, 1-2030 AD: Essays in Macro-economic History*, Oxford: Oxford University Press.（政治経済研究所訳『世界経済史概観――紀元1年-2030年』岩波書店，2015年。）

Pomeranz, K.（2000）*The Great Divergence: China, Europe and the Making of the Modern World Economy*, Princeton, NJ: Princeton University Press.（川北稔監訳『大分岐――中国，ヨーロッパ，そして近代世界経済の形成』名古屋大学出版会，2015年。）

Reid, A.（1988）*Southeast Asia in the Age of Commerce, 1450-1680, Volume 1: The Lands Below the Winds*, New Heaven: Yale University Press.（平野秀秋・田中優子訳『大航海時代の東南アジア――1450-1680年 1 貿易風の下で』法政大学出版局，1997年。）

Reid, A.（1993）*Southeast Asia in the age of commerce, 1450-1680, Volume 2: Expansion and Crisis*, New Heaven: Yale University Press.（平野秀秋・田中優子訳『大航海時代の東南アジア――1450-1680年 2 拡張と危機』法政大学出版局，2002年。）

第3章

【欧米】時代と向き合う西洋経済史

山本 浩司

キーワード
リサーチ・クエスチョン，産業革命，プロジェクション，資本主義を「手なずける」，不信

本章では，具体的なテーマ群に一生を捧げた研究者たちがなぜいたのか，経済史・経営史の「土俵」そのものを規定してきた視点を紹介したいと思います。具体的には，スミス，ヴェーバー，マルクスらの重要な学問的成果を概観し，それらを踏まえて，筆者の掘り下げてきた問いとそれに対する考えを紹介しましょう。

1 はじめに

2010年代後半は，世界史的にみても激動の時代だったといえます。2016年，政治経験のない大富豪がアメリカ大統領となり，イギリスは国民投票でEU離脱を決めました。こうして大衆を扇動することに成功したポピュリズムの政治が台頭する一方で，自然環境の変化が進んでいます。北極の氷は溶け，海面も海水温度も上昇を続けています。日本はもちろんハイチやプエルトリコでも，台風やハリケーンが甚大な被害をもたらしたことは記憶に新しいニュースです。先進国の多くでは，グレタ・トゥーンベリ主導のもと老若男女が抗議活動を展開しました。そんな折に2019年末から新型コロナウイルス感染症（COVID-19）の世界的流行が発生し，日本では社会・経済活動の自粛の中でオリンピックが行われました。地球環境は悪化し続け，気候変動は止まらず，パンデミックは各国の貧しい人々に最も甚大な影響を与える

ことで，格差や貧困の実態をさらけ出しました。資本主義という仕組みを作り上げることで人間が数百年拡大し続けてきた熾烈な経済活動が引き起こした歪みが，今になってさまざまな形で噴出しているようにも見えます。そのような見方もできる時代に，あえて日本で学ぶ私たちが西洋経済史・経営史に取り組むとしたら，その意味は何でしょうか。

なぜ，今，この学問なのか――この問いに十分に答えられない学問は，最終的には余暇を過ごすための知的な贅沢品との批判を免れないでしょう。もちろん「あそび」にこそ法や哲学や芸術を含めた文化・文明の本質が宿っているのだと歴史家ヨハン・ホイジンガにならって主張し，学問を贅沢な遊びとして擁護することも可能かもしれません。魅力的な視点ですが，緊縮財政の時代には，この議論だけでは説得力が足りないかもしれません。西洋経済史・経営史は単なる贅沢品などではありませんし，詰め込み型の「教養」ですらないのです。世界が直面する課題を鋭く認識し，世界の将来と課題解決をみすえて過去から謙虚に学ぼうとする知的営為であり得ることを，私は本章で示してみたいと思います。

このような課題を設定するとき，たとえば「金融市場の成立と拡大」とか「生活水準の向上」などの具体的研究テーマや，関連研究動向の紹介それ自体が本章の最終目的ではないことを了解していただけるでしょう。本章にとってより重要なのは，こうした具体的テーマ群に一生を捧げる研究者達がなぜいたのかを理解することです。つまり，具体的なプレーヤーと彼らの貢献の紹介ではなく，経済史・経営史の「土俵」そのものを規定してきた視点を紹介すること，その目的に沿って重要な学問的成果を概観することが目下の主題となります。したがって本章では，最新の研究動向については部分的な紹介にとどめます。

2　よいリサーチ・クエスチョンとは

では，こうした学問の「土俵」とは，どのようなものかをまず考えてみましょう。この分野の研究者たちは何を追究してきたのでしょう。私たちが現在直面する危機や生活とは関係の薄い学問なのでしょうか。はたして，西洋経済史の主たる目的は欧米における「経済成長」の要因を歴史的に解明することなのでしょうか。西洋経営史とは，経済成長に貢献する「成功するビジネス」や「経済成長を可能にする経営組織」のあり方を歴史的に解明することなのでしょうか。たとえば，産業革命の例を考えてみましょう。昨今でも「第四次産業革命」などの造語が示すように，産業革命はイノベーションによる社会変化を語る際の原型とされる一大事件です。世界史の教科書でワットの蒸気機関などについて読んですでに知っていると思う読者も多いかもしれません。しかし，産業革命についての中心的な問いやアプローチは，経済史が学問として大学に定着してから百年あまりの間でかなり変遷してきています。一筋縄ではいかないのです。経済史・経営史を21世紀において学ぶ意義を新たに構想するためには，まずこうした問題設定自体の発展について理解をする必要があります。ここでは，具体例として英語圏におけるイギリス産業革命研究の歴史について振り返ってみましょう[1)]。

のちに産業革命といわれるイギリス経済の劇的な発展は，19世紀の中頃には分析の対象となっていました。イギリスの社会主義者やイギリスをライバル視したフランス語圏の論者が，最初に an industrial revolution や *une révolution industrielle* という語を使ったことが知られています（Hobsbawm 1988［1962］, p. 43）。1880年以降になると，イギリスでまとまった学術研究が始まります。現在ではロンドン大学の一部となっているロンドン・スクール・オブ・エコノミクスの創始者のウェッブ夫妻らは，社会主義の台頭を背景に，産業の中心であるロンドンやマンチェスターの貧困や格差を問題視し，その問題の源泉として産業革命に肉薄しました。そこでは，産業革命は工場集積地への人口の流入と労働環境を悪化させた劇的な変化として描かれています。政府の介入が求められる社会問題・労働問題として，現在との関連を鋭く意識した産業革命研究が第一次世界大戦頃までの主流のアプローチでした。

これに対して，1920年以降50年ごろまでのおよそ30年間，産業革命は新たな視点から分析の俎上に上がることになります。第一次世界大戦による社会・経済的ショック，そして1929年の大恐慌を背景に，不況・好況のサ

1） 以下，ソ連崩壊以前までの本節の議論は Cannadine（1984）に依拠しています。同様に Cannadine の論旨をふまえつつ日本語での研究成果についても論じた馬場・小野塚編（2001）119-138頁も参照しましょう。

イクルに翻弄された時代として産業革命期のイギリスが描かれたのです。1942年にジョセフ（ヨーゼフ）・シュンペーター（Joseph A. Schumpeter）が『資本主義・社会主義・民主主義』で提起した「創造的破壊（creative destruction）」も，こうした経済循環をベースに，その歴史的展開を説明するための概念だったといえるでしょう。

第二次世界大戦が終わると，イギリス帝国の解体が進み，多くの列強植民地が「解放」されました。この流れの中で産業革命研究は新たな様相を帯びることとなりました。戦後の各地での好景気を背景に，アフリカ・ラテンアメリカ・東アジア諸国の経済発展を考える際の一つの雛形として，産業革命期のイギリスが注目を集めたのです。ウォルト・ロストウ（Walt Rostow）の *The Stages of Economic Growth*（1960）がこの潮流の代表作ですが，この時代には開発経済学と経済史がダイナミックにシンクロしていたのが特徴であるといえるでしょう。つまり，旧植民地の独立と急速な発展が，歴史研究に新たな視点をもたらし，同時にイギリス経済の発展経路とその特徴が，それら発展途上諸国の現状分析と政策介入の枠組みを形作ったといえるのです。イギリスを「最初の工業国家」と呼んだピーター・マサイアス（Peter Mathias）の著書 *The First Industrial Nation: The Economic History of Britain, 1700–1914* は1969年に出版されました（マサイアス 1988 [1983]）。戦後の潮流の金字塔です。

経済成長のモデルとしてのイギリス産業革命という歴史観は，1970年代に入ると勢いを失います。1968年の学生運動の世界的展開，1973～74年の石油危機を経て，経済発展の持続性やその社会的含意に対する悲観的見方が流布すると，前近代的経済からの断絶としての産業革命という見方が批判的検討と乗り越えの対象となりました。革命的変化（revolution）から断続的変化（evolution）へと解釈の修正がなされたのです。この点で重要なのが1976年以降に発表され，1985年の *British Economic Growth during the Industrial Revolution* に結実するクラフツ（N. F. R. Crafts）の研究です。1970年代に入るとクラフツのようにマクロ経済学的視点を援用した研究が英語圏を中心に増えてくることにも注目したいと思います。

ソ連の崩壊，冷戦終結後の産業革命研究は，悲観的見方と楽観的見方が混在し，アプローチの多様化が進んだ時代といえます。一方では「歴史の終わり」が宣告され，自由な経済市場と資本主義が唯一のパラダイムであるかのような印象が流布しました。ディアドラ・マクロスキー（Deirdre McCloskey）とジョエル・モキイア（Joel Mokyr）の研究（McCloskey 2010, 2016; モキイア 2019［2002］; Mokyr 2017）に代表されるように，暫時的発展というパラダイムを踏襲しつつも，西洋（とくにイギリス）における経済発展の「奇跡」を説明するという分析課題が継続的に追究されました。マクロスキーとモキイアらは，西洋文化の特徴に西洋における経済発展の主たる原因を求めましたが，同時にロバート・アレン（Robert Allen），トニー・リグリー（E. A. Wrigley），リー・ショウ・テイラー（Leigh Shaw-Taylor）らにより実質賃金・人口・職業構造や基幹エネルギーの木炭から石炭への切り替えなど，マクロ経済的視点からの分析に支えられた産業革命論が継続されました。しかし，他方では，イギリス経済が18世紀末までは中国のそれと驚くほどの類似性を示しており，その後の産業発展は石炭へのアクセスと，植民地の保持という外部的かつ偶然的要素に依存したものであるとケネス・ポメランツ（Kenneth Pomeranz）が主張し，大きな議論を巻き起こしました。これは断続説でどちらかといえば悲観論的な見方をとる議論といえます（アレン 2017［2009］; Wrigley 2016; Shaw-Taylor and Wrigley 2014; ポメランツ 2015［2000］）[2)]。

ポメランツの議論は1990年代後半のもう一つの潮流，グローバル・ヒストリーの台頭も象徴しています。イギリスにおける消費と産業の研究をしていたマキシン・バーグ（Maxine Berg）は，中国からの陶器の輸入，インドからの綿織物の輸入がイギリス人中産階級の消費欲求に大きく影響したこと，そしてそれらの「エキゾチック」な商品の大陸間貿易を抜きにイギリスにおけるウェッジウッドの陶器産業や，イギリス北西部ランカシャーの綿織物産業の発展は理解し難いことを示しました。小林和夫は，同じくランカシャーの綿織物工場の生産プロセスにおいては，アフリカ西岸セネガル周辺で採取されるアカシア樹脂が潤滑剤として必須だったことを重視します。アフリカ人商人にイギリスの毛織物が好まれないことを認識したイギリス人商人たちは，インド産綿製品をアフリカ現地の流行に合わせて生産することで，ようやくアカシア樹脂の安定的輸入が実現できたのでした。バーグや小林は，国

2）第2章でも触れられましたが，ポメランツの議論については日本語でも有益かつ活発な議論が行われています。とくに岸本（2018）を参照しましょう。

内の経済水準などでは決して完結しない，東西・南北世界の相互交流の結果としてイギリス産業革命を再評価する必要性を強調しているのです（Berg 2005, 2013; 小林 2021）。

またマルクス主義的でないアプローチで，市場といわゆる市場外部的要因（政治，市民社会，道徳や文化など）との関連を分析する研究も増えてきました。英語圏で代表的なものは，近世イングランドの農村や地域社会から経済発展に肉薄したキース・ライトソン（Keith Wrightson），近代ならばフランク・トレントマン（Frank Trentmann）の自由貿易についての研究があげられるでしょう。こうしたアプローチを考える際には，マーク・ベビア（Mark Bevir）とトレントマンの *Markets in Historical Contexts* の序論がとくに有益です（Wrightson 2002; トレントマン 2016［2008］; Bevir and Trentmann 2004）。

以上，およそ100年にわたるイギリス産業革命の研究史を概観しました。産業革命といってもさまざまな歴史研究が存在し，問題設定自体も変遷してきたことがお分かりいただけたでしょう。テレビや雑誌・インターネットで引き合いに出される単純な産業革命のイメージは，実は不正確なことも多いのです。このように，当たり前と思われている事柄の驚くような豊かさに気づくことは，経済史や経営史などの歴史分野に触れることで得られる大きな学びの一つです。本論に戻りましょう。西洋経済史・経営史の主たる対象は経済成長の要因の解明なのでしょうか。この問題に，我々は今や「否」と明確に答えることができます。研究者たちの問いは時代ごとに変遷しています。研究者たちは，その時代が直面した危機や大きな問題と向き合いながら，歴史を探究したのでした。つまり，西洋経済史・経営史の問題設定とゆくすえは，我々の問いの立て方に委ねられているのです。

経済史・経営史研究の歴史的発展そのものに目を向けることで，本章が取り組むべきより大きく，より本質的な問題が立ち現れてきます。私たちは，経済史・経営史という学問領域を通してどのような問いを立て，何を追究できるでしょうか。もちろん，既存のパラダイム内部で修正を加えて既出の課題に応える作業を軽視すべきではないでしょう。しかし，意義のある問題を新たにうち立て，その問いの価値を立証し，応答の見通しを与えることこそが，最も難しくまた創造的な営みではないでしょうか。当然のことながら，この「新たな問いの発見」という作業は，製品開発やコンサル業務を含めアカデミア外の多くのフィールドでも応用可能なスキルであるはずです（三宅 2012）。ここでは，経済史・経営史というフィールドそれ自体の形成に大きな役割を果たしたアダム・スミス，カール・マルクス，マックス・ヴェーバーの仕事を概観してみたいと思います。彼らが向き合った問題を理解することは，経済史・経営史が100年以上かけて向き合ってきた根本的な問題設定を理解する手がかりになり，さらには，その土俵を刷新できるような良き問いを構想するための一助ともなるでしょう。私の場合も，こうした先人達の業績と向き合いながら「資本主義をてなずける」という問題を提出しました。後述の通り，ビジネスの圧倒的な影響力に社会はどのように対峙してきたのかという問題です。ここでは，その圧倒的な影響力を鑑みて，スミスにより多くの紙幅を割くことにしましょう。

3 アダム・スミス

「経済学の父」と呼び習わされるスミスの洞察は鋭く，その影響は計り知れません。その中でも最も重要なのが，金銀の貯蓄量を富の源泉ととらえる当時支配的だった見方（いわゆる「重金主義」）を乗り越え，分業労働と通商による財の継続的生産・流通・使用こそが諸国民の豊かさの指標であるとした主張です。この立場を，スミス（Adam Smith）は主著『国富論』で展開しました。

序論において，まずスミスは国民の労働とその生産物を，諸国の富の基軸に据えます。

> 「国民の年々の労働は，その国民が年々消費する生活の必需品と便益品のすべてを本来的に供給する源であって，この必需品と便益品は，つねに，労働の直接の生産物であるか，またはその生産物によって他の国民から購入したものである。」（スミス 2020［1789］，I，23頁　以下ページ数のみ表記）

スミスは，こうした国民による生産物の総量は「有用な労働に従事する人々」の割合に左右され，さらに「国民の労働がふつう行われるさいの熟練，技能，判断力の程度如何」により大きく左右されると指摘します。では何が日常労働における熟練や技能や判断力向上の鍵となるのでしょうか。スミスは「熟練，技能，判断力の大部分は，分業の結果であった」と指摘します。それこそが「労働の生産力における最大の改善」を可能にするのです（9頁）。現代日本を振り返っても，製造業からクラウド・ソーシングまで，分業は経済活動の隅々まで浸透しています。現在では「当たり前」になっているこの仕組みが社会にもたらす劇的な変化について最初に体系的に論じたのが『国富論』第1篇第1章です。この重要かつ著名な一節で，スミスは「ピン工場」での分業の様子に注目します。スミスは，ピン職人でさえ，すべての工程を1人で行ったとしたら1日20本のピンを作ることさえ難しいことを指摘します。次のきわめて現実的な考察がスミスの分業論の基礎にあることに注目しましょう。

> 「社会全般の仕事にたいする分業の効果を比較的容易に理解するには，どれか特定の製造業（マニュファクチャー）をとって，そこで分業がどんなふうに行なわれているかを考察してみるのがよいだろう。世間では，分業がいちばん進んでいるのは，いくつかの，まったくとるにたりない小さい製造業だということになっている。……そこで，ここに一例として……その分業がしばしば世人の注目を集めたピン作りの仕事をとってみよう。……現在，この仕事が行なわれている仕方をみると，作業全体が一つの特殊な職業であるばかりでなく，多くの部門に分割されていて，その大部分も同じように特殊な職業なのである。ある者は針金を引き伸ばし，次の者はそれをまっすぐにし，三人目がこれを切り，四人目がそれをとがらせ，五人目は頭部をつけるためにその先端をみがく。……このようにして，ピン作りという重要な仕事は，約一八の別々の作業に分割されていて，ある仕事場では……一人あたり一日4800本のピンを作るものとみてさしつかえない。だが，もしかれら全員がそれぞれ別々に働き，まただれも，この特別の仕事のための訓練を受けていなかったならば，かれらは一人あたり一日に20本のピンどころか，一本のピンさえも作ることはできなかったであろう。」（33-35頁）

ピンの生産性が240倍（もしくは4800倍以上）に増えるように，ピン工場の内部だけでなく，村落や地域経済のレベルにおいても分業と生産性の工場が発生することをスミスは指摘します。つまり，村や地域レベルの特産品などが生まれ，地域内外の通商を通した相互依存の深まりの中でこそ富は増大するのです。ここで，スミスは決定的な推論を行います。分業の進んだ（イギリスのような）社会の手工業者や日雇い労働者の衣食住が「どのようにととのえられているかを観察してみよう」というのです。すると日雇い労働者の一見粗末な毛織物の上衣や，染色工が使う薬剤，牧羊者が羊毛刈りに使う鉄の鋏の背後には，原材料の調達・加工から販売まで無数の人々の分業のうえに成立していることが分かるのです。

「以上すべてのものをわれわれが調べて，そしてそれらのおのおのについて，どんなにさまざまな人手が用いられているかを考察するならば，文明国の最も下層の者にたいしてさえ，何千人という多数の助力と協同がなければ，手軽で単純な様式だとわれわれが誤って想像しているような普通の暮らしぶりすらととのえてやることができない，ということがわかるだろう。……すなわち，ヨーロッパの君主の暮らしぶりが勤勉で倹約な農夫のそれをどれほど凌（しの）いでいようと，その程度は，この農夫の暮らしぶりが，一万人もの裸の野蛮人の生命と自由の絶対的支配者であるアフリカの多数の王侯の暮らしぶりを凌ぐほど大きいとはかぎらない，ということである。」（45-46頁）

分業が進んだ産業社会で勤勉に働いているのであれば貧民であったとしても，未開の村の王様より豊かなはずだ。分業した社会は格差があっても未開の社会よりも多くの恩恵を受けることができるに違いない，とスミスは主張するのです。市場社会のトリクル・ダウン効果がこれほど象徴的に展開されていることはないでしょう。

同時に，分業社会に住む人々は決して効用を算出・比較する合理的主体ではないとスミスは主張します。このことを『道徳感情論』（2014［1759］）の第4部第1章で次のように指摘します。仮に天が，ある貧乏人の若者に野心を与えたとしましょう。その若者は貴族の馬車や家や暮らしぶりを見てうっとりして，それらを手に入れようと仕事に励みます。貧しい自分が持っている物の実際の機能と，貴族が持つさまざまな調度品との効用は，実際にはそれほどは変わりません。しかし若者は，世間の評価や羨望の眼差しも求めて，媚びへつらい，滅私奉公し，精神と肉体の健康を蝕みながら，想像上の優雅な安寧を求めて働き詰めます。哲学者からみればつまらない努力に突き動かされた人生かもしれません。しかし，そのような努力と徒労は社会にとっては大変結構なものです。スミスは次のように続けます。

> 「自然がこんなふうに私たちをだますのは結構なことである。この自然の策略こそが，人間を勤勉に目覚めさせ，労働に励ませるのだ。人間が大地を耕し，家を建て，都市や国家を建設し，人間の生活をよりよく豊かにする学問や技術を開拓し向上させてきたのは，まさにこの策略に促されたからである。地球の表面の姿をすっかり変貌させ，荒々しい原生林を耕作に適した肥沃な農地にし，まったく活用されていなかった人跡未踏の太陽を新たな食料資源にすると同時にたくさんの国々を結ぶ便利な交通路としたのも，そうだ。」（スミス 2014［1759］，400 頁）

分業が進む社会のアクターは，以上のような社会的な期待や認識上のバイアスをもとに行動しており，個々人が錯覚と欲に動かされて労働に励むことで「見えざる手に導かれて」社会はゆたかになるのです（スミス 2014［1759］，401 頁）。これがスミスの洞察でした。

以上のようなスミスの考え方が経済史・経営史に与えた影響は計り知れません。まず分業生産体制の発展の展開を追うという作業が挙げられます。たとえば，農村村落に点在する家庭内の作業場に対して商人がさまざまな工具・機材を貸し付け，遠方の市場に向けて消費財を大量に生産するための分業と連携を可能にするような「問屋制家内工業」の成立と発展は，産業革命の前段階の一つ「プロト工業化」として議論されてきました（たとえば，斎藤 2013［1985］）。生産体制の変遷をめぐるこうした問題群は，経済史の基本的パラダイムの一つといえます。

これと関連して，製造業・鉄鋼業・サービスセクターにおける分業を可能にした人口構造と職業構造（occupational structure）の歴史的研究があげられるでしょう。最新の試算によれば，18世紀初頭にはイングランドの成人人口の半数近くが農業に従事しており，19世紀半ばまでに，割合は3割以下まで減少，代わりに第二次産業の従事人口が39%から42%に微増，小売サービスセクターを含む第三次産業が15%から29%へとほぼ倍増しています（Shaw-Taylor and Wrigley 2014, p. 69）。ただし，イングランドの人口は同時期に500万から1700万人へと実に3倍以上に増えています。つまり，農業従事人口の総数は，230万から470万人へと，第二次産業では202万から725万人に，第三次産業では80万から505万人に増えています。増加人口の多くが，農業従事から解放され，他の消費財の生産・流通・販売に振り向けられていることがわかります（Shaw-Taylor and Wrigley 2014, pp. 69, 73）。これを可能にしたのが，いわゆる「農業革命（agricultural revolution）」と呼ばれるもので，囲い込みによる耕地面積の拡大（extensive cultivation）と，輪作や二毛作，農具や肥料の改良による面積あたりの生産性の向上（intensive cultivation）の両者の歴史的展開です[3)]。

スミスの市場論は，同時に，以上のような分業をマクロ経済レベルで可能にする，地域経済の特化と統合，通商サーキットの成立ともつながっています。航行可能な河川（navigable rivers）の延長，運河やターンパイクや鉄道など，交通網の史的発展は，ニューキャッスルの炭鉱業，ノーリッチの毛織物業，シェフィールドの鉄鋼業など，さまざまな地域産業の発展と，その特産品の流通を通した地域経済圏の特化と統合を可能にしました。こうした市場統合（market integration）と交通革命（transport revolution）をめぐる議論は，スミス的分業論を踏まえた形で現在まで続いている重要な問題群です（Wrightson 2002, Chap. 10; Bogart 2014）。

同時にスミスの視点は，生産・供給サイドだけでなく，消費行動の歴史という視座にも繋がっている点に注目する必要があります。自給自足の経済（subsistence economy）を超えて，消費財を生産消費する行動様式はどのように発展したのでしょうか。いわゆる「消費社会」の歴史的発展をめぐる研究において重要な契機となったのが，ニール・マッケンドリック（Neil McKendrick）らによる *The Birth of a Consumer Society: The Commercial-*

3）背景についてはWhittle（2017）とBurnette（2014）に詳しく書かれています。

ization of Eighteenth-Century England（1982）です。わが国でも川北稔が『工業化の歴史的前提』（1983）において（生産だけでなく）消費行動にも着目した発展論を展開していて，画期的でした。消費行動の歴史的発展についてのこうした研究は，とくに生産サイドへの傾注への反省として1990年代以降，ジェンダーの視点を取り入れつつ急速に進められてきました。消費行動とそれを突き動かす人々の欲求についてのスミスの深い洞察は，行動経済学とも比較されることになりましたが，そのような「道徳感情論におけるスミス」の再発見は，男女の消費行動の史的分析が進んだ1990年代以降に同時並行的に起こったものでした[4)]。

スミスの知的影響は経済史に限らないことにも注目しておきましょう。たとえば，20世紀後半最大の経営史学者であるアルフレッド・チャンドラーJr.（Alfred Chandler Jr.）は，経営者の決定が企業のパフォーマンス，ひいては経済成長に果たす役割を強調するために，経営者の「ビジブルハンド」に注目した研究を行いました。これはスミスの「見えざる手」を踏まえたものです（チャンドラーJr. 1979［1977］）。スミス的な市場分業論を，経営組織や経営主体の視点から補完することで，経済市場レベルのマクロな分業論では見えてこない，経営組織内部での決定の様子や経営組織自体の発展経路などを分析することを目指してきたのが過去半世紀の経営史だといえます。スミスの知的パラダイムに間接的に規定されてきたのです[5)]。

最後に，スミスの議論は，何よりも市場の効率性への信頼という大きなインパクトを持ったことを指摘しておきたいと思います。スミスの議論の最大の魅力（もしくは魔力）は，勤勉な労働者たちが，消費欲に突き動かされながら労働・生産・購買・消費を繰り返す市場の自己調整機能によって分業を推し進めることができれば，政府が意図的に市場に介入するよりもより多くの富を生み出すことができるし，そのような市場社会では，格差があったと

4）スミスについてはWinch（1997），Ashraf, Camerer, and Loewenstein（2005）を，消費社会論についてはサースク（2021［1978］），Berg（2005），Trentmann ed.（2012），Lemire（2017）も参照しましょう。

5）近年の経営史では，経営統合した大量生産型大規模製造業の分析を主軸としたチャンドラーの問題設定をどう乗り越えるのかが大きな課題となっています。その動向についてはスクラントン・フリダンソン（2017）および黒澤・久野（2018a），黒澤・久野（2018b）を参照してください。

しても未開の社会よりも「はるかにまし」である，という見方です。この見方を採用すれば，分業が進む市場社会においては，経済的不平等が是認され得るほどに圧倒的な富の増産が起こり，貧民の生活も底上げされることになるはずだ，ということになります。つまり市場経済がもたらす経済的格差は，公正さや正義と両立し得るということになるのです。スミスが示したこの市場への信頼感は，市場への政治介入は最小限にとどめるべきで「ビジネスの社会的責任とは利潤を増やすことである」と主張したミルトン・フリードマン（Milton Friedman）らのいわゆる市場原理主義的な立場の根幹をなしているともいえるでしょう。スミスの影響力は，今なおさまざまな形で見て取れるのです[6)]。

4 カール・マルクス

しかしながら，スミスのいうように，本当に分業は貧しい人々を豊かにしたのか，このように考えた読者もいるのではないでしょうか。実際21世紀を生きる私たちの周りを見ても，ITやビッグ・データを利用してより効率的に分業とマッチングを可能にするサービスが自動的に人々に豊かさをもたらすとは限らないと考える読者も多いでしょう。マルクス（Karl Heinrich Marx）と聞くと共産主義，ソビエト，中国や冷戦を思い浮かべる読者もいるかもしれません。しかし，産業革命の最中に分業が進むロンドンやマンチェスターの工場をつぶさに観察し「分業は人々を不幸にする」と主張したのがマルクスでした。

大部分の人々が苦しんでいる社会は幸せな社会ではないはずだとスミスは主張していました。しかし19世紀になっても大部分の人民は苦しんでいました。ならば機械化により分業を推し進める現行の市場経済は，結局のところ不幸を生み出しているのではないか，「経済学・哲学草稿第一草稿(1)労賃」において，マルクスはそう主張しました。

---

6) スミスの市場論についてはHont and Ignatieff eds.（1983），堂目（2008）を，スミスの影響については，たとえばフリードマン（2005［1970］）を参照しましょう。フリードマンのスミス理解についてはSmith（2020）の動向に注目したいと思います。

> 「スミスによれば，人々の大多数が困っているような社会は幸福ではないのであるが，しかし社会の最も富める状態でさえも大多数の人々をこの困窮へ導くのであり，そして経済システムは（そして総じて私利にもとづいた社会は）この最も富める状態へと至るのである以上，したがって社会の不幸こそが経済システムの目標なのである。」（マルクス＝エンゲルス 1975，394 頁，一部改訳）

この議論の鍵となったのが「誰が資本を所持しているか」，「誰がどのように労働力を提供しているか」，そして資本と労働力の関係性すなわち「生産関係」でした。ここからマルクスは驚くべき主張を展開します。その時代に支配的な生産関係が，その社会に生きる人々の価値観や「当たり前」を形作っているという主張です。ここでは現代でもよく聞かれる「自己責任論」を例にマルクスの主張の意味を考えてみましょう。自己責任論によれば，低所得者層の生活環境改善は，経営者による給与増や政府による社会政策によってではなく，労働者自身のスキルアップや転職，勤務時間延長や節制などの自助努力によってこそ達成されるべきということになります。マルクスに従うならば，こうした自己責任論は，高度に分業が進む現状の生産関係に規定されたものであり，政府や雇用者の責務のかわりに労働者の自助努力を強調するという点で，資本家層（既存の生産関係における強者）にとって都合のよい価値観が流布したものだということになります。この見方を「当たり前」のものとして受け入れている労働者は，分業がもたらす格差を「仕方のない」ものと受け入れることになり，資本家による搾取や政府による支援の欠如が問題を悪化させていることに気づくことができずに自助努力を続けることになります。その時々の生産関係が基礎的な「下部構造」となり，それが人々の行動様式や政治的調整過程や文化をふくめた「上部構造」を規定していたとマルクスは主張します。これが「史的唯物論（historical materialism）」です。分業体制下の格差はスミスがいうような「まし（better off）」なものではなく，正当化できるものではない，そればかりか，労働者はさまざまな仕方で「疎外」されるに至っている，マルクスはそう主張しました。この統合的な視点から現代にも通じる労働者の疎外過程を歴史的に明かそうとしたのが，マルクスだったのです。

労働力を売り渡すことで生活をつなぎ，同時に自己責任論に苦しむ人たちには何ができるのでしょうか。ここで重要になるのが下部構造の拘束性です。マルクスが時代ごとの生産関係（下部構造）にどこまで拘束性を想定したかについては解釈が分かれています。特定の生産関係が，もしも万有引力のような物理学的・力学的法則性と拘束力を持っていると想定するのであれば，このような自己責任論は下部構造から導き出される「歴史的必然」であって，その時代に生まれついた個人や集団は，移住するなり時代が移り行くのを待つ以外の積極的選択肢を持たないことになります。しかし，マルクス本人は，必ずしもそのような厳密な法則性を想定しておらず，同時に「批判」と「闘争」の可能性に注目していたことには注意が必要です[7)]。つまり，上部構造と下部構造に変化をもたらそうと，人々が生産関係の制約を受けながらも現状についてさまざまな問題提起をし，批判を行うことが想定されているのです。さまざまな行動主体が各自の制約下でせめぎ合い，そうした闘争を通して経済的基礎が変化し，ともに上部構造全体も「徐々にであれ急激にであれ，変革される」歴史的プロセスを明らかにすること，これがマルクスの野心の一つでした（植村 2001，52頁)。スミスやフリードマンが行ったような市場の積極的評価を疑い，当たり前だと思われがちな社会の仕組みや価値を疑うことをすすめ，その背後に生産関係に根ざした「勝ち組」と「負け組」を想定すること，そうした構造に変化を起こす道筋をつけること，これがマルクスの思想の魅力と誘惑といえます。

マルクスの経済史への影響は計り知れません。資本の増大が格差を広げ続けてしまうという問題意識は，トマ・ピケティ（Thomas Piketty）の『21世紀の資本』の根本にもあり，そのような経済的不平等に苦しむ労働者の状況をあぶり出す作業は，前述のウェッブ夫妻が産業革命期イングランドの貧困問題を取り扱って以来の伝統的研究テーマです。また，政治や文化や社会的対立の根本要因を生産関係・物質的条件に求めるという発想は，人文社会科学のあらゆる分野で応用されており，これまでも17世紀半ばのイングランドを中心とした市民戦争（ピューリタン革命)，アメリカ独立戦争，フランス革命などの原因を，生産関係上での矛盾の蓄積と，結果としての階級闘争に

---

7) この点は植村（2001）の第1章に依拠しています。

求める説明が展開されてきました。また，たとえば，セクシュアリティやジェンダーのような当然視されている価値体系の偶然性と歴史的成立過程を暴くというマルクスの分析の根幹にある系譜学的視点については，たとえば，フランスの哲学者ミシェル・フーコー（Michel Foucault）によって応用・発展されました。ただし，フーコーの場合は，社会的マイノリティの疎外は指摘するものの，そこに（マルクスにおける資本家のような）生産関係を背景に搾取を行う主体が必ずしも想定されておらず，顔の見えない権力像が前提されている点に注意が必要です[8)]。また，マルクスの影響を受けた多くのマルクス主義的歴史研究においては，搾取の拡大と階級間対立が新たな経済システムへの移行を促すという，その発展パターンについて科学的法則性が想定されていました。この段階発展史観は，経済史・経営史にとくに絶大な影響をもちました。たとえばマルクスの発展史観を実証的に東アジアに当てはめた場合，明治維新を経て急速な産業化をとげた20世紀の日本経済は，想定される発展経路においてどの段階にあるのかを巡って争われたのが「日本資本主義論争」です（中林 2006）。1960年代以降，わが国における中国史においても同様の論争があり，マルクス主義史観の影響は計り知れないものがあります[9)]。この点，日本，中国，トルコ，ラテンアメリカのような後発地域は，先進国の成果や制度を利用しながら産業化をするので，西ヨーロッパ諸国とは違う経路で発展するだろうというアレクサンダー・ガーシェンクロン（Alexander Gerschenkron）の指摘は，傾聴に値します（ガーシェンクロン 2005，第1章）。

マルクスの考え方が決定的な影響を与えたもう一つの領域は，労働関係と階級闘争の歴史です。この文脈での最重要文献の一つは，エドワード・P. トムスン（Edward P. Thompson）による『イングランド労働者階級の形成』でしょう。それまでのマルクス主義的な解釈においては，生産関係とその矛盾によって突き動かされる客体として労働者階級が描かれがちでした。これに対してトムソンは，労働者達は階級意識と団結を自ら獲得していったのだと主張しました。それまでの多くの社会・経済史が社会の上層に関わる

8)　慎改（2019）がよい入門書です。

9)　「特集：戦後中国史学の達成と課題」『歴史評論』2020年1月，第837号，6-73頁。

文化や社会現象の記述に注力していたところに，民衆文化に根ざした，労働者階級の日常と団結や離反の様子を描き出してみせたのでした。「偉大なリーダー」やカリスマ的個人などに着目して歴史と社会を語る傾向は現代でも根強いものがありますが，名も無き労働者たちに注目することで，こうした「the great men」信仰を根本的に揺るがし，大衆の生活世界の豊かさに光を当てたのがトムソンの業績です。

トムソンの研究手法は，エリートに注目しがちだったそれまでの大多数の歴史研究に根本的反省を迫ることになります。しかし，こうした「下からの歴史（history from below）」という潮流においては，エリート対民衆，資本家対労働者という構図が分析の基本テーマとなりがちでした。しかし，階級は本当に安定的な実体として理解できるのでしょうか。むしろ，当時の人々によって記述され，認識され，想像された共同体として階級をとらえ直すべきではないでしょうか。このように，分析対象となる人々が使用した当時の語彙やイメージが実際の社会関係において果たす役割に注目する動向を，人文社会科学においては「言語論的転回」と呼びます。このアプローチが1980年代後半以降，階級分析に応用されるようになると，「階級」という専門用語が覆い隠してきた労働者たちの多様性や，比較的富裕な労働者階級と中産階級の重複が明らかになっていきました。こうした背景から，マルクス主義的階級闘争史観の乗り越えに一役買ったのがミドル・クラス研究です。これらの研究は，マルクス主義的歴史研究が扱ってきた闘争や緊張だけでなく，同時に階級間の模倣とモビリティの分析にも開かれており，とくに1990年代以降，前述の消費行動の分析とも結びついていった点に注目してください[10]。

5 マックス・ヴェーバー

マルクスとマルクス主義者たちが主張したように，本当に政治や文化は下部構造に規定されているのでしょうか。むしろ私たちの価値観や行動のあり

10） 近世イングランドを対象としたミドル・クラス研究についてはMuldrew（2017）を，18～19世紀については，岩間（2008）を参照しましょう。言語論的転回については長谷川（2016）第4，5章を見ましょう。

方こそが，社会のあり方を作り上げていくのではないでしょうか。このように問うことで，私たちは経済史・経営史に多大な影響を与えたもう一人の知の巨人マックス・ヴェーバー（Max Weber）の仕事へと視点を移すことになります。後述のとおり，ヴェーバーが与えた解答は戦後日本の論壇に大きな影響を与えることになるのです。

ヴェーバーが提示した問題は次のようなスケールの大きいものです。「中世において罪とみなされたはずの蓄財は，なぜ，ベンジャミン・フランクリン（Benjamin Franklin）の生きた18世紀後半には，勤勉の証しとして賞賛されたのか」。主著の一つ『プロテスタンティズムの倫理と資本主義の精神』において，ヴェーバーは，下部構造ではなく宗教改革に特有な教義とその実践こそが資本主義的行動様式を生み出したのだと主張します。そこで重要だとヴェーバーが指摘したのが，生来罪人たる人々が救済されるか否かはすでに生まれたときに決まっているという，カルヴァン（Jean Kalvin）が唱えた予定説です。予定説を信じたカルヴァン派のプロテスタントは，禁欲的生活を日々実践することで救済の確信を得ようとしました。資本主義を支える蓄財の正当化と蓄財のための合理的行動様式は，この世俗内的禁欲の「意図せざる帰結」として生み出されたのだ，とヴェーバーは主張します。そして本来は宗教的実践の副産物でしかなかった蓄財の成功が，最終的には個人の勤勉さの尺度となり，非合理的にも見える宗教的信仰の実践が，合理化と資本主義の社会的正当化を推し進めたという逆説が成立します（ヴェーバー 1989 [1920]）。

ヴェーバーの議論で注目すべきは，信仰や合理的行動様式など文化的要素が資本主義の歴史的発展に果たした役割を重視した点です。資本主義の歴史を分業と工業化の進展という問題に限定せず，神学や信仰の実践，合理的行動様式の流布など，より多面的な現象としてとらえなおした点が先進的であるといえます[11)]。しかしながら，ヴェーバーが想定したプロテスタンティズムの教義と資本主義の直接かつ排他的な因果関係は，現在は否定されています。海上保険や銀行などの経済発展にとって重要な仕組みは，イタリアのような（プロテスタントではなく）カトリック中心の諸地域において発展した

11）簡便な解説としてコッカ（2018 [2017]）18-21頁，さらに野口（2020），今野（2020），スヴェードボリ（2004 [1998]）を参照しましょう。

のですが，ヴェーバーの議論ではこれを説明することができません。また，農業生産性の向上とそれがもたらした産業構造の変化および都市化の進展も，宗教的教義には還元できないことが指摘されています。同時に，中世史家のジョン・ヴァン・エンゲン（John Van Engen），ジャコモ・トデスキーニ（Giacomo Todeschini）らは，物質的繁栄を神の恩寵として理解し，商取引の社会的有用性を積極的に認める立場が，すでに13世紀までに存在したことを指摘しています（Van Engen 1986; Todeschini 2019）。大黒俊二によれば，中世のこうした伝統に根ざして，15世紀には司祭たちが注意深く商業の社会的有用性を前提とした説教を行うようになり，やがては商人たち自身の自己理解にも影響を及ぼしていきました（大黒 2006，第4，6，9章）。つまり，中世史の成果を踏まえれば，蓄財と商業に社会的正当性を付与する試みは近世以前から存在したし，資本主義を支えることになる諸制度についてもプロテスタンティズムの教義だけに帰することは到底できないということです。さらに「蓄財の正当化」というトピックについても，クレイグ・マルドゥルー（Craig Muldrew）の，*The Economy of Obligation: The Culture of Credit and Social Relations in Early Modern England*（1998）によって重要な修正がなされている点は，日本の研究者たちに見逃されがちです。マルドゥルーは16世紀後半～17世紀のイングランドで貨幣が慢性的に不足しており，それを補うために多くの人々が口約束や信用手形を多用し，貸付と負債の網の目に縛られていた事実を突き止めました。そもそも蓄財すべき財貨そのものが不足していたのです。日々の節制は，蓄財のための個人主義的行動ではなく，貸し借りをめぐる「信頼性（creditworthiness）」を隣人や商売仲間の間で高めるためのきわめて集団的な行動だったことをマルドゥルーは示したのです。以上のような重大な修正にもかかわらず，ヴェーバーの視点はマルクス主義的な史的唯物論を転倒させる点においてスリリングであるし，経済領域における文化の役割を重視した記念碑的作品といえるでしょう。

ヴェーバーが資本主義の歴史において重視した「合理性の貫徹」については，カール・ポラニー（Karl Polanyi）の主著『大転換』（2009［1944］）が継承しています。18世紀以降，経済的活動の合理化・自律化が進み，19世紀になると文化的道徳的諸価値から切り離され，市場経済が「離床」します。このように道徳から切り離されつつあった市場原理に対抗する形で，道徳性を取り戻そうとする試みが起こったと，ポラニーは主張します。工場で働く被雇用者の福祉を考えた共同体New Lanarkを作ったロバート・オーウェン（Robert Owen）の活動などがその典型とされています（ポラニー 2009 [1944]）。ポラニーのように，市場経済の離床を強調しない場合でも，数多くの研究が，西洋（もしくはイギリス）に独自の文化が産業革命に至る経済発展を可能にしたと主張しています。先に挙げたマクロスキー，モキイア，そしてポール・スラック（Paul Slack）の仕事 *The Invention of Improvement: Information and Material Progress in Seventeenth-Century England* (2015) は，ヴェーバーに直接言及することは少ないものの，文化的要因が経済発展に与えた正の影響を強調する点ではヴェーバーの流れをくんだものと理解することもできます。

ヴェーバーはわが国の西洋経済史にも大きな影響を与えました。最も重要なのは『プロテスタンティズムの倫理と資本主義の精神』の訳者でもある大塚久雄（1907–96）の著作です。大塚はヴェーバーの紹介のみならず，市場との関係において文化，とくに個人の倫理が果たす役割を重視し，その中で日本社会において西洋経済史を学ぶ重要性を強調しています。その大塚のイギリス経済史論の特徴は，17世紀イギリスに台頭した中産階級の「ヨーマン」に注目し，彼らが経済的に自立し・精神的に自律したという意味で「近代的な人間」を象徴する存在で，経済発展・政治発展においても大きな役割を果たしたと主張する点です。大塚のこの主張には，戦後の日本社会の発展にも，自立・自律した社会層の台頭が不可欠であるという痛切な問題意識が伴っていたのです[12)]。もちろん，大塚が近代日本の問題を西洋経済史とヴェーバーに読み込み過ぎている可能性は否定できません。また，市場経済の主たる発展要因を一つの階級（やその行動規範）に求めようとする大塚流の分析には限界があり，その手法に依存して現在の国際的実証研究の水準に及ぶ成果を出すことは，きわめて困難だと私は考えています。しかしながら，過去と現在を架橋しながら東アジアから西洋経済史と向き合う大塚の学問的野心と良心は，これからの経済史・経営史が踏襲し，乗り越えるべき一つの模範であるといえます。

12）この点については齋藤（2011）に詳しく書かれています。大塚史学の再評価については梅津・小野塚編著（2018）を参照しましょう。

6 スミス，マルクス，ヴェーバーとの対決

ここまで，スミス，マルクス，ヴェーバーと，その影響力について概説しました。ここで，視点を変えて，筆者自身がこれまで掘り下げてきた問い，そして拙著 *Taming Capitalism before its Triumph*（2018）について手短に紹介したいと思います。その中心的主張も，こうした知の巨人たちとの対決として理解できるからです。ただし，知的スポーツとして対決するだけでは不十分です。この文脈では，E. H. カー（Edward Hallett Carr）が名著『歴史とは何か』で展開した議論が参考になります。曰く，より良い歴史研究者は，研究すべき史実の選別について「重要性の正しい基準を用いている……つまり自分のビジョンを将来に向けてみることで（'project his vision into the future'），直近の状況に完全に縛られたままの歴史研究者が到達できるよりも，より深く永続的な洞察をえる」のです（カー 1962［1961］，183頁改訳）。歴史研究者の判断や立場をカーは政治家のそれと比べていることに注目しましょう。

> 「政治家の仕事は，道徳や理論から見て何が望ましいかを考慮するだけでなく，進んで，現に世界に存在する諸力を考慮すること，抱懐する目的の実現……へ向かってこれらの諸力をいかに指導し操縦するかをも考慮せねばなりません。……私たちが行う歴史の解釈も同じ妥協に根ざしているのです。」（カー 1962［1961］，191頁）

言い換えると「一般に『歴史』と呼び習わされるような優れた研究成果（History properly so-called）というものは，歴史そのものにおける方向感覚を見出し，これを信じている人々にだけ書けるものなの」だというのです（カー 1962［1961］，197頁改訳）。すでに概観した学問的伝統と以上を踏まえて敢えて対決をするのならば，21世紀の社会が向かっている方向とその将来を自ら想い描き，その未来の実現にとって関連の深そうな歴史的な「問い」を立て，その問いに応えるために史料を分析し，そこからこれまでの知的伝統と対決するべきです。カーを含めた多くの史学論者が指摘しているよ

うに，歴史研究とは，倫理的判断を伴った知的営みなのです[13]。

では，以下ではまず筆者が向き合うことになった問いを紹介し，次に対決の舞台となる筆者の主張とそれを支える一連の発見を簡単に概観しましょう。最後にこれらの発見がどのように知的伝統を更新し得るのか議論しましょう。まず拙著が扱う問いについて述べます。現代においてビジネスは各国政府の公共サービスと同じかそれ以上に，生活を支え，社会環境を作り，自然と生態系にも影響を与え，時にそれらすべてのバランスを脅かしてすらいます。ヒト，モノ，カネを動かすビジネスの圧倒的な影響力に，過去の社会はどのように向き合ってきたのでしょうか。マルクスが指摘した疎外に似た状況は，19 世紀以前もさまざまな仕方で存在していたはずです。市場の発展がもたらすさまざまな「しわ寄せ」や社会的害悪がもしも一定程度回避できたのだとしたら，それはどのように回避できたのでしょうか。これが「Taming Capitalism（資本主義をてなずける）」という私が考えてきた問題です[14]。

この問題は，最初から持っていた問題意識ではなく，大学院生として 17～18 世紀の史料の山をかき分けていく中で，少しずつ出来上がってきたものであることを強調しておきたいと思います。一つのきっかけとなったのが，修士課程の頃に出会った 1698 年にロンドンで印刷された新規企業のビラです（図 1）。このビラが示す通り，当時すでにクラウド・ファンディングが実施され「新しいビジネスをするから，出資してほしい」と投資を募っており，「undertaking」つまり新しいビジネスが「Advantagious for the Public Good, Charitable to the Poor」であるとアピールしています。「Public Good」は「公共善」や「公益」と訳すことができるので，貧しい人びとへのチャリティになり，つまりは社会のためになるといっているのです。また利益についても「Profitable」であると強調しています。また，誰にとって「Profitable」なのかというと「every Person who shall be concerned there-in」，つまりお金を投資したすべての人びとにリターンがあるといっています。貧しい人びとに職を与えて，投資家の利益にもなり，産業振興にもなると，アピールしているのです。

13）　史学概論については，遅塚（2010）を参照しましょう。

14）　以下，本節は断りのない限り Yamamoto（2018）の内容をもとにしています。その内容を学部生向けの講義したものを書き下ろした山本（2020）も参照しましょう。

図 1 ロンドンで印刷された新規企業のビラ（1698 年）

(1)

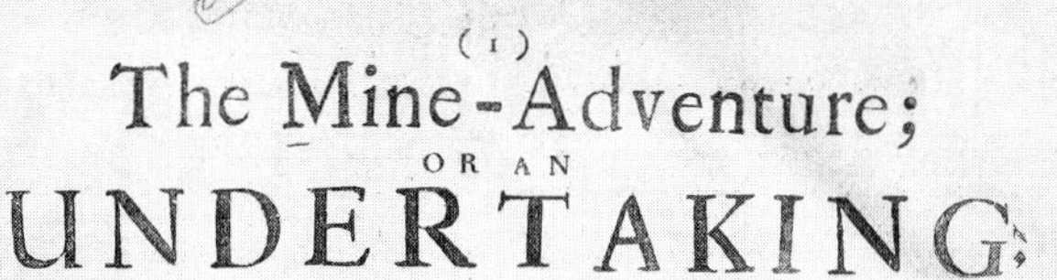

The Mine-Adventure;
OR AN
UNDERTAKING:

Advantagious *for the Publick Good,* Charitable *to the Poor, and* Profitable *to every Perſon who ſhall be concerned therein.*
Propoſed *by Sir* Humphry Mackworth, *Peruſed and Settled by Eminent and Learned* Council *in the* Law, *and finally* Eſtabliſh'd *by Two* Indentures, *made and executed by the preſent* Partners *of the* Mines *late of Sir* Carbery Pryſe, *and which ſhall be* Inrolled *in the High* Court *of* Chancery.
And by theſe Settlements, *the* Partners *are obliged either to take* 20l. *a* Share *and relinquiſh their* Intereſt *in the* Mines, *or elſe to become* Adventurers *with Sir* Humphry Mackworth *according to this preſent* Propoſal.

THIS Adventure therefore is recommended to the World, as an Undertaking, whereby not only his Majeſties Cuſtoms, and the Trade and Wealth of *England* will be advanced by the Lead and Copper, being Comodities and Manufactures of our own Countrey, and thereby the Exportation of our Coin and Bullion, obtained with ſo great difficulties from the *Spaniſh Indies*, in great Meaſure prevented.

But we may reaſonably hope for the future to have our Coin and Bullion without difficulty extracted and made from our own Native Mines in *Wales*, to enrich the whole Nation; which ſeems to many Perſons to be a Bleſſing reſerved by Providence, for this preſent Juncture of Time, when we ſtand ſo much in need thereof, to repleniſh the publick Treaſury of the Kingdom, after ſo great Loſſes and Expences in the late War.

And I may alſo add with due Submiſſion, that amongſt all the glorious Actions of his preſent Majeſty, it will not be forgot in Hiſtory, that not only the preſervation of our Religion, and the amendment of our Coin, are oweing to his Reign; but that from the ſame, and particularly from that gracious Act concerning Royal Mines, poſterity muſt date the Commencement of that happy Age, wherein they ſhall not need to envy the King of *Spains* Silver Mines in *America*; and wherein peace and plenty ſhall be ſettled in this Kingdom (like theſe great Veins betwixt their firm and ſolid ſides) upon ſuch a ſure and laſting Foundation, as the moſt powerful of our Neighbours will not be able to overthrow.

Note, *It is now the intereſt of the Subject to diſcover a Royal Mine, and when the Levels are made and the Works brought to perfection at the hazard and expence of the Subject, if they prove rich, the King will have the advantage, without hazard, and the Subject a reaſonable profit and compenſation for his trouble and charge, and the damage done to his Eſtate.*

A DISCRIPTION, *of the Silver, Lead and Copper-Mines late of Sir* Carbery Price, *lying in* Cardiganſhire, *within four Miles of the Navigable River* Dovey, *and from thence a Mile by Water to the Port of* Aberdovey, *where Veſſels of three or four hundred Tuns may ride with great Safety.*

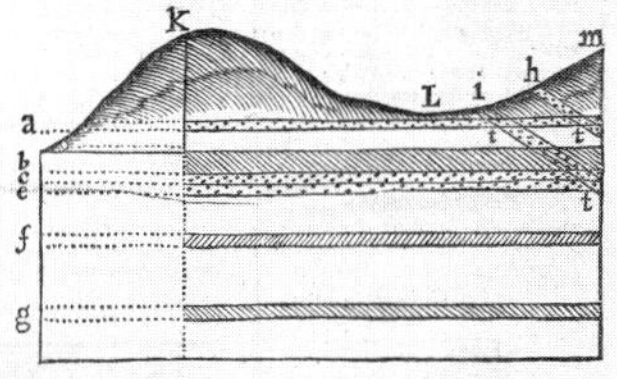

a THE North Vein of Lead-oar, three Foot wide.
b The great Lead vein, eleven Foot wide.
c A Vein of Lead oar ſix Foot wide.
i The Croſs Vein of Brown Copper-oar, five Foot wide, and yields five Tun of Copper out of twenty Tun of Oar.
k The firſt great Shaft and Weſtern

（出所） “The Mine-Adventure or An Undertaking,” The first page.（部分）
Kress Collection, Baker Library, Harvard Business School.

大学院留学をしていた当時の筆者にとって，このビラは驚きでした。1698 年当時にビジネスは利益追求を謳うだけでなく，宗教的で敬虔な人間のチャリティや社会貢献に適うものだといわれていたらしいこと，また株式会社の黎明期である 300 年前にこうしたことが流行していたことが分かったからです。それだけでなく，史料を探すと似たようなアピールをする印刷物が次々と見つかりました。今新しいことのようにいわれているビジネスを通じた社会や国家の課題解決は，300 年前にはすでに当然のことだったのです[15]。

15） 1800 年以前にイギリスで出版された印刷物は *English Short Title Catalogue*（ESTC）http://estc.bl.uk/ が網羅しています。実際の内容を確認したい場合は，有料サイト Early English Books Online（EEBO）や Eighteenth Century Collections Online（ECCO）で検索，閲覧することができます。学生諸君は，アクセスが可能か大学図書館で確認してみましょう。EEBO は 2020 年 8 月現在，国会図書館の PC 端末からアクセス可能です。https://www.ndl.go.jp/jp/tokyo/database/contents.html（2020 年 8 月 19 日閲覧）

しかし，このようなアピールを疑わしく思う人は，この本の読者にも少なくないでしょう。実際，研究を進めてみると300年前の人々も同じような疑念を抱いたことがわかってきました。自分たちのビジネスにお金を集めるための手段として，社会貢献を謳っているのだと疑っていたのです。こうした社会貢献についての約束は，上手くいくとは限らず，国益や社会貢献を隠れ蓑にした腐敗やしわ寄せを伴う問題のあるビジネスも数多く横行していたのでした。現代の問題関心を過去に一方的に投影するのではなく，以上の発見を史料から得ていく中で，少しずつ無数の人々や仕組みが「資本主義をてなずける」という問題設定が姿を現してきたのでした。

この研究から見えてきた発見があります。それは利益が否定された中世から，経済発展を経て，利益追求が社会的・宗教的に正当化された近代的市場社会へ移行したという，ヴェーバーにより普及させた資本主義成立についての教科書的見取り図の問題点です。ビジネスと市場が社会を利することがある点については，前述の通りヴェーバーが重視した宗教改革以前の13世紀ごろから実は理解が進んでいました。しかし，16世紀以降，台頭しつつあった領域国家が国策の一環としてビジネスを盛んに保護し利用するようになると，ビジネスによる社会課題解決の試みが多くのしわ寄せを生み始めます。その機能不全の調整・軌道修正の結果として生まれたのが，18世紀初頭までにイギリスで生まれたグローバル経済でした。消費者の購買意欲を原動力として，その消費に応えるべく，帝国内外の各地に生産・輸送拠点とそれを結ぶヒト・モノ・知識のネットワークが成立してきます。同時に，国内では，人々の競争的な消費欲求が長時間の勤労と持続的消費を促し，そうした長時間労働と消費行動が，さらに経済圏の特化・拡大・結合を可能にするという成長サイクルが生まれてきます。このサイクルが生まれたのは，ヴェーバーのいうような蓄財が正当化されたからという理由ではなく，生まれつつあった資本主義が無数の人々の不断の調整によって「手なずけられた」からだと拙著は指摘しました。ヴェーバー的な近代化の見取り図を前提にしつつ経済成長のより物質的・構造的原因を探究した経済史研究の多くは，資本主義をめぐる調整と軌道修正のこうした歴史に注目してきませんでした。また，経済発展の弊害を分析する研究は，その多くを階級闘争という枠組みで捉えており，階級を超えてさまざまな人が関わった「手なずけ」のプロセスを見落

図 2 Taming Capitalism の歴史的展開

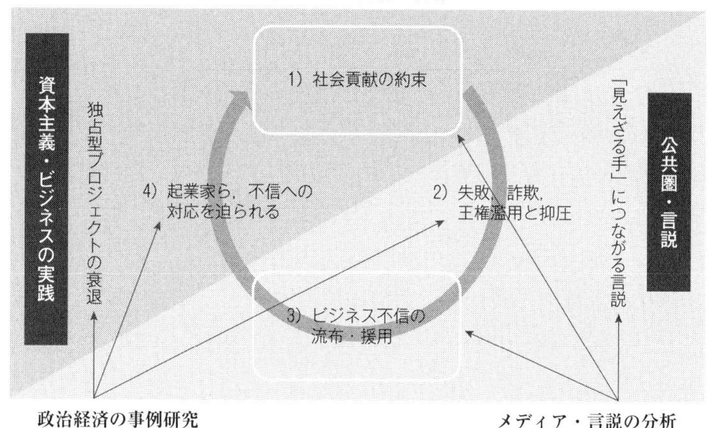

としてきたのです。

この調整のサイクルを端的にモデル化すると図 2のようになります。図の右下は一般の市民社会で使われているさまざまな言語・言説の領域です。左上はビジネスの世界で起こっていることです。これまでの研究は，右下の内容を文学部の研究者が，左上は経済学部や商学部の研究者がそれぞれ別々に研究していることが多かったのです。しかし，当時の人々にとってはつながりのある事象でした。まず，ビジネスに携わる人々は「社会貢献の約束」をし，それがうまくいかないのでビジネス不信が起こり，その不信感が社会に流布していくのです。

ここで鍵となるのは，突拍子のないように思えるかもしれませんが「錬金術」です。錬金術は価値のない金属から金銀を作るプロセスのことですが，その錬金術においては，価値のないものから価値があるものを創造するプロセスという意味で「projection」という用語を使っていたのです。驚くべきことに，400 年前のイギリスの文人たちは，ビジネスを通じた社会課題解決に付随する不確実性とリスクを表現するために，錬金術由来の「プロジェクト」という語を用いました。つまり，錬金術が鉛から金銀を生み出し多くの人が潤うように，新たなビジネスもうまくいけば起業家にとっても社会にとっても政府にとっても win-win になるはずです。しかし，私益と公益が両立するように見えても「実現するのは無理なのではないか」「詐欺ではないか」とも思える点が重要です。実際，シェークスピアが活躍した16世紀末・17世紀初頭の劇を見ると，政府権力と癒着して形ばかりのプロジェクトを立ち上げて甘い汁を吸おうとする廷臣や商人たちが描かれています。それだけではなく，貧しい労働者や商人の妻などが出てきて，こうしたプロジェクトがらみの腐敗を鋭く見抜いてみせたりします。政治経済の機能不全と調整という，現代にも受け継がれている問題は，エリートだけがかかわる専門的な領域ではなく，一般市民が介入すべき領域として描かれていたのです（Yamamoto, forthcoming）。

1630年代の強権的な政治が終わりを告げると，こうした舞台作品が表現したプロジェクトへの不信はさらに社会に流通し無視できなくなってきます。起業家や政治家たちは何らかのかたちで不信への対応を迫られますが，それでも不信はなくなりません。1640年代以降，図2に描かれた「社会貢献の約束⇒失敗，詐欺，王権濫用⇒不信の流布・援用⇒不信への対応」というサイクルが，何世代にもわたって繰り返され，その結果として，社会に多くのしわ寄せを生み出した権力と癒着した独占型プロジェクトが衰退していき，それに伴って経済に関する「見えざる手」につながる言説が生まれたことが明らかになりました（山本 2020，206-219頁; Yamamoto 2018，chap. 3, 5）。

この新たな考え方の一例としてニコラス・バーボン（Nicholas Barbon）を引いておきましょう。バーボンは，1666年のロンドン大火から復興を続けるロンドンにおける建築ブームについて言及する中で，次のように主張します。

> 「模倣（emulation）は持続的な勤労（industry）を引き起こし，それは中断や充足を許さない。靴の修理工は，靴職人や教区の誰とも同等な生活を目指し，すべての隣人が同じように競い合う。[上から経済政策を押し付けるのではなくて，むしろ］このようにして，人民は豊かになり，それが国家を利するのだ。」（[Barbon］1678, p. 5）

政府が直接後押しをして市場を通じて富を増やそうとすると，権力との癒着が頻繁に起こってしまいます。ならば，人々が互いを模倣し，競いあう状況をうまく作り上げ，その人々の欲望を利用することでこそ国が豊かになるのだとバーボンは指摘します。これは，先に紹介した『道徳感情論』におけるスミスの「野心ある息子」の議論を80年先取りした議論といえます（Yamamoto 2018, pp. 175–176）。ビジネス不信に直面した起業家や政府などが，社会的に受け入れられやすいビジネスのあり方を試行錯誤した結果として，このような先進的な見方が少しずつ受け入れられていったのです。こうした結論に辿り着くまでに，私の研究では，まず文化産業や出版メディアが生み出した言説を言語分析し，不信の流布を確認した後で，結果としての独占型経済政策の衰退と，新たなパラダイムの登場について，経済史・経営史的な事例研究を行いました（Yamamoto 2018, chap. 4–6）。不信の広がりと，その受け手である起業家や政治家などの反応を詳細に検討するためには，出版物を分析するだけでは不十分です。出版物は生活世界のごく一部でしかないし，どこまでが「たてまえ」なのかの判断ができないからです。そこで，起業家の手紙や日記，政府の議事録など，人々の活動の様子がわかる多様な未刊行史料を組み合わせて実証的な分析を行いました。この研究になんらかの意義があるとすれば，社会不信の浸透と信頼の構築をめぐる近世独自の概念「projecting」に着目して多様な史料群から統合的に分析したこと，歴史的文脈を踏まえた実証研究をしながら，同時に「資本主義のてなずけ」という私たちが生きる現代世界にも通ずる問題を歴史的に分析したことにあるかもしれません。

では，この研究成果は西洋経済史・経営史の大きな伝統を，どのように更新する可能性があるのでしょうか。ヴェーバーの立場に対して私の研究が示しているのは，近世イギリスにおいては利益の社会的正当性を主張し，その主張を吟味する役割をメディアや市民社会が果たしていたということです。つまり，ヴェーバーの指摘する通り，文化は重要だが，必ずしも蓄財は不可逆的に正当化されたのではなかった点に注目すべきでしょう。起業家たちが「greedy projector」としばしば呼ばれ「しわ寄せを顧みずに金儲けする悪しきプロジェクト発起人」として批判されていたことからは，市場における道徳の問題（market and morality の問題）が，ヴェーバーの示唆したように宗教的教義の意図せざる結果として一挙に解決された訳ではないことがわかります。拙著が提示する史料は，社会貢献の約束とその不信が不断の緊張関係を生み出し，その緊張関係が形を変えて現代にまで受け継がれてきた可能性を示唆しています。また，近世イギリスにおける不信の流布の背景には，シェークスピア時代の演劇や印刷業の台頭があった点も見逃せません。それら芸術・メディア産業が生み出したのは，冷静な政治経済批判とはほど遠い，紋切り型の言説とセンセーショナリズムであり，その帰結が社会不信の流布だったのです。つまり私の研究は，資本主義の台頭の背景には，ヴェーバーが前提にしたような合理性の社会への浸透という枠組みだけではとらえきれない側面があったことを示しています。

マルクスも，マルクス主義的アプローチをする歴史研究も，歴史的変化を起こす原動力として，闘争，交渉，せめぎ合いを重視していました。私の研究においても，起業家への不信とそれを援用した癒着批判が資本主義の構造転換において一役買っていたことが示されています。しかし，不信の流布は，少なくとも17〜18世紀においては労働者階級の自意識や団結を生み出さなかったことには注意が必要です。批判のプラットフォームそのものが資本主義に取り込まれており，結果として売り上げ重視でともすれば紋切り型的なイメージが先行して広まってしまうのは，近世イギリスだけでなく，現代のSNSなどのプラットフォームでも繰り返される現象です。そうした中で，有意義な団結は果たして可能なのでしょうか。その団結は，階級闘争というマルクス主義的形態をとるのでしょうか。斎藤幸平などの活躍により日本でもマルクスの研究が盛り上がってきています（斎藤 2019, 2020）。資本主義の問題点を指摘し，そこから社会運動を盛り上げ「ポストキャピタリズム」を模索するにはどうすればよいのでしょうか。資本主義をてなずけようという試行錯誤の歴史から学ぶべきことは多いはずです。

スミスについてはどうでしょうか。スミスは，プロジェクト発起人についての不信を踏まえ，次のような主張を展開していたことがデュガルド・スチュアート（Dugalt Stewart）によって報告されています。

> 「プロジェクト発起人［projectors］は人間の営みにおける自然の働きを妨げてしまう。自然を放任し，その目的の追求をはばかるところなく行わせれば……一国家を最低の野蛮状態から最高度の豊かさに導くことが出来る。」（Stewart 1980, p. 322 より拙訳）16)

『国富論』は，「自分自身の利益を追求する」人々こそが「見えざる手」に導かれたかのように「しばしば社会の利益を推進する」と主張します。「公共の利益のために仕事をするなどと気どっている［プロジェクト発起人のような］人々によって，あまり大きな利益が実現された例を私はまったく知らない。」これがスミスの根拠です。スミスは，分業をベースにした予測性の高い学問的システムとしての「political economy」を構築しましたが，その議論は，実は当時のプロジェクター不信をスミスが受け入れ，それを敷衍する形で展開しているのではないでしょうか。そこでは，社会的不信をめぐる幾多の人々による交渉と「taming」の歴史的経緯は捨象されているようです。これまでスミス，マルクス，ヴェーバーらの絶大な影響下で発展してきた西洋経済史・経営史は，資本主義がプロジェクト不信を媒介として「手なずけられる」過程については研究を行ってこなかったのです。

本章の「1 はじめに」でも述べた通り，気候変動が続き，大規模な森林火災が頻発し，紛争の危機が迫れば軍事産業の株価が跳ね上がる現代に，あえて日本で学ぶ私たちが西洋経済史・経営史を学ぶことにはさまざまな理由があるでしょう。その理由の一つは，その主たる分析対象である資本主義が現在も地球を覆いつくしており，その仕組みを手なずける（tame する）ことが喫緊の課題だからです。これまでは階級闘争という19世紀以降に作られた視点が支配的でした。しかし，資本主義を手なずけるための方法やチャネルはさまざまあり，階級闘争だけが唯一の回答ではなかったことを，イギリスの歴史は示しています。過去に生きた人々の試行錯誤から学ばずして，本当に資本主義社会を良い方向へと振り向けることは可能なのでしょうか。

「日本で学ぶ私たちがあえて西洋経済史・経営史を学ぶ意味は何だろう」という根源的問いに一つの暫定的答えを与えましたが，これが唯一の回答ではないことは強調しておきたいと思います。本章で扱うことのできなかった重要トピックには，少なくともジェンダー，環境・エコロジー，金融市場の成立，科学技術と社会，地理的・社会的格差があり，これらの問題にも多く

16） 原文は以下の通りです。“Projectors disturb nature in the course of her operations in human affairs; and it requires no more than to let her alone, and give her fair play in the pursuit of her ends … Little else is requisite to carry a State to the highest degree of opulence from the lowest barbarism.”

の研究者が心血を注いでいるといえます。それでは読者諸氏は，どのような問題に興味を持つでしょうか。何が取り組むべき問題なのでしょうか。歴史を遡ることで，示唆が得られることは，意外にも多くあります。本書所収の各章と参考文献が学びの門を開いてくれることでしょう。

＊　本章は2019年8月28日に東京大学にて開催された一般公開セミナー「西洋経済史・経営史のこれまでとこれから」での発表内容を大幅に加筆修正したものです。主催の歴史家ワークショップ，セミナー参加者の皆様，詳細な講義ノートを後日共有してくださった田端俊也氏，そして想定読者の一人として原稿に詳細なコメントをくれたゼミ生の三浦勁士氏に感謝します。また本書編者の岡崎哲二氏と有斐閣の藤田裕子氏の辛抱強い助言をなくして本章は完成しえませんでした。ありがとうございました。

参考文献

日本語で読むことのできる概説としては馬場・小野塚（2001）と小野塚（2018）を，最新の歴史研究を踏まえた西洋史・西洋経済史の手引きとして金澤（2020）をあわせて薦めたいと思います。以下，定評のある，あるいは新しい邦訳がある外国語文献は，邦訳のみリストしました。より網羅的な動向を知りたい場合は，たとえば英語圏の経済史については *Economic History Review, Journal of Economic History,* そしてより統計よりの *Explorations in Economic History* を，経営史については *Business History, Business History Review, Enterprise and Society, Financial History Review,* そして歴史学全般を扱った *American Historical Review, Past & Present, Historical Journal, English Historical Review, Journal of Modern History* を参照してください。フランス語圏では *Annales: Histoire, Sciences Sociales* を，イタリア語圏では多くの英語論文も掲載するようになった *Quaderini storici* なども参照するとよいでしょう。日本語の学術雑誌であれば，まずは『社会経済史学』と『経営史学』を参照し，『史学雑誌』の毎年5号に掲載される「回顧と展望」を数年分読んでみると関連の研究動向がつかめるでしょう。また社会経済史学会は『社会経済史学の課題と展望』を10年ごとに（雑誌ではなく）単著として出版しており，経営史学会にも『経営史学の歩みを聴く』（2014年）があります。多くの文献を短時間で横断的に確認したい場合は，実際に図書館に行って書物を手にとってみると効率のよい場合があるし，探していなかった関連の論文，雑誌，書評などに気づくこともできます。読者の近くに大きな図書館がある場合は，興味を感じた段階で雑誌コーナーに足を運んでみましょう。

アレン，R. C.，眞嶋史叙・中野忠・安元稔・湯沢威訳（2017［原著2009］）『世界史のなかの産業革命――資源・人的資本・グローバル経済』名古屋大学出版会。
岩間俊彦（2008）『イギリス・ミドルクラスの世界――ハリファクス　1780–1850』ミネルヴァ書房。
ヴェーバー，マックス，大塚久雄訳（1989［原著1920］）『プロテスタンティズムの倫理と資本主義の精神』岩波書店。

植村邦彦（2001）『マルクスを読む』青土社。
梅津順一・小野塚知二編著（2018）『大塚久雄から資本主義と共同体を考える』日本経済評論社。
大黒俊二（2006）『嘘と貪欲——西欧中世の商業・商人観』名古屋大学出版会。
小野塚知二（2018）『経済史——いまを知り，未来を生きるために』有斐閣。
カー，E. H.，清水幾太郎訳（1962［原著1961］）『歴史とは何か』岩波書店（改版：2014年［2nd edition, London, 1987］）。
ガーシェンクロン，アレクサンダー，絵所秀紀・雨宮昭彦・峯陽一・鈴木義一訳（2005）『後発工業国の経済史——キャッチアップ型工業化論』ミネルヴァ書房。
川北稔（1983）『工業化の歴史的前提——帝国とジェントルマン』岩波書店。
岸本美緒（2018）「グローバル・ヒストリー論と『カリフォルニア学派』」『思想』第1127号，80-100頁。
黒澤隆文・久野愛（2018a）「経営史研究の方法・課題・存在意義——英語文献における研究動向と論争 （上）」『経営史学』第53巻2号，27-49頁。
黒澤隆文・久野愛（2018b）「経営史研究の方法・課題・存在意義——英語文献における研究動向と論争 （下）」『経営史学』第53巻3号，29-45頁。
経営史学会編（2014）『経営史学の歩みを聴く』文眞堂。
コッカ，ユルゲン，山井敏章訳（2018［原著2017］）『資本主義の歴史——起源・拡大・現在』人文書院。
小林和夫（2021）『奴隷貿易をこえて——西アフリカ・インド綿布・世界経済』名古屋大学出版会。
今野元（2020）『マックス・ヴェーバー——主体的人間の悲喜劇』岩波書店。
齋藤英里（2011）「社会科学における人間像の形成——大塚久雄の場合」『武蔵野大学政治経済研究所年報』第3号，1-28頁。
斎藤修（2013［原著1985］）『プロト工業化の時代——西欧と日本の比較史』岩波書店。
斎藤幸平（2019）『大洪水の前に——マルクスと惑星の物質代謝』堀之内出版。
斎藤幸平（2020）『人新世の「資本論」』集英社。
サースク，ジョオン，三好洋子訳（2021［原著1978］）『消費社会の誕生——近世イギリスの新規プロジェクト』筑摩書房。
シュンペーター，ヨーゼフ，大野一訳（2016）『資本主義・社会主義・民主主義 2』日経BP社。
慎改康之（2019）『ミシェル・フーコー——自己から脱け出すための哲学』岩波書店。
スヴェードボリ，R.，泉田渡・柳沢幸治訳（2004［原著1998］）『マックス・ウェーバー——経済と社会』文化書房博文社。
スクラントン，フィリップ＝パトリック・フリダンソン，粕谷誠・矢後和彦訳（2017［原著2013］）『経営史の再構想』蒼天社出版。
スミス，アダム，大河内一男監訳（2020［原著第5版1789］）『国富論 Ⅰ・Ⅱ・Ⅲ』中央公論新社（初版1978年）。
スミス，アダム，村井章子・北川知子訳（2014［原著1759］）『道徳感情論』日経BP社。
遅塚忠躬（2010）『史学概論』東京大学出版会。

チャンドラー Jr., アルフレッド・D., 鳥羽欽一郎・小林袈裟治訳（1979［原著 1977］）『経営者の時代――アメリカ産業における近代企業の成立　上・下』, 東洋経済新報社。
堂目卓生（2008）『アダム・スミス――「道徳感情論」と「国富論」の世界』中央公論新社。
トムスン, エドワード・P., 市橋秀夫・芳賀健一訳（2003［原著 1963］）『イングランド労働者階級の形成』青弓社。
トレントマン, フランク, 田中裕介訳（2016［原著 2008］）『フリートレイド・ネイション――イギリス自由貿易の興亡と消費文化』NTT 出版。
中林真幸（2006）「日本資本主義論争――制度と構造の発見」杉山伸也編『岩波講座「帝国」日本の学知　第 2 巻 「帝国」の経済学』岩波書店, 173-216 頁。
野口雅弘（2020）『マックス・ウェーバー――近代と格闘した思想家』中央公論新社。
長谷川貴彦（2016）『現代歴史学への展望――言語論的転回を超えて』岩波書店。
馬場哲・小野塚知二編（2001）『西洋経済史学』東京大学出版会。
ピケティ, トマ, 山形浩生・守岡桜・森本正史訳（2014［原著 2013］）『21 世紀の資本』みすず書房。
フリードマン, ミルトン（2005［原著 1970］）「ビジネスの社会的責任とはその利潤を増やすことである」T. L. ビーチャム・N. E. ボウイ編, 加藤尚武監訳『企業倫理学 1――倫理的原理と企業の社会的責任』晃洋書房, 83-91 頁。
ホイジンガ, ヨハン, 里見元一郎訳（2018）『ホモ・ルーデンス文化のもつ遊びの要素についてのある定義づけの試み』講談社。
ポメランツ, K., 川北稔監訳（2015［原著 2000］）『大分岐――中国, ヨーロッパ, そして近代世界経済の形成』名古屋大学出版会。
ポラニー, カール, 野口建彦・栖原学訳（2009［原著 1944］）『［新訳］大転換――市場社会の形成と崩壊』東洋経済新報社。
マサイアス, P., 小松芳喬監訳（改訂新版 1988［原著 1983］）『最初の工業国家――イギリス経済史 1700-1914 年』日本評論社。
マルクス, カール＝フリードリヒ・エンゲルス, 大内兵衛・細川嘉六監訳（1975）『マルクス＝エンゲルス全集　第 40 巻』大月書店。
三宅秀道（2012）『新しい市場のつくりかた――明日のための「余談の多い」経営学』東洋経済新報社。
モキイア, ジョエル, 長尾伸一監訳（2019［原著 2002］）『知識経済の形成――産業革命から情報化社会まで』名古屋大学出版会。
山本浩司（2020）「生命の経済史――資本主義と公共善」西尾宇広編『生命の経済――生命の教養学　16』慶應義塾大学出版会, 197-223 頁。
ラパポート, エリカ・ダイアン, 佐藤繭香・成田芙美・菅靖子監訳（2020［原著 2000］）『お買い物は楽しむため――近現代イギリスの消費文化とジェンダー』彩流社。
「特集：戦後中国史学の達成と課題」『歴史評論』2020 年, 1 月, 第 837 号, 6-73 頁。
Ashraf, Nava, Colin F. Camerer, and George Loewenstein (2005) “Adam Smith, Behavioral Economist,” *Journal of Economic Perspectives*, 19 (3), pp. 131-145.
[Barbon, Nicholas] (1678) *A Discourse Shewing the Great Advantages that New-Buildings, and the Enlarging of Towns and Cities Do Bring to a Nation*, London.

Berg, Maxine（2005）*Luxury and Pleasure in Eighteenth-Century Britain*, Oxford: Oxford University Press.

Berg, Maxine（2013）"Useful Knowledge, 'Industrial Enlightenment,' and the Place of India," *Journal of Global History*, 8（1）, pp. 117–141.

Bevir, Mark and Frank Trentmann（2004）"Markets in Historical Contexts: Ideas, Practices and Governance," in Mark Bevir and Frank Trentmann eds. *Markets in Historical Contexts: Ideas and Politics in the Modern World*, Cambridge: Cambridge University Press, pp. 1–24.

Bogart, Dan（2014）"The Transport Revolution in Industrialising Britain," in Roderick Floud, Jane Humphries, and Paul Johnson eds. *The Cambridge Economic History of Modern Britain, Volume 1: 1700–1870*, Cambridge: Cambridge University Press, pp. 368–391.

Burnette, Joyce（2014）"Agriculture, 1700–1870," in Roderick Floud, Jane Humphries, and Paul Johnson eds. *The Cambridge Economic History of Modern Britain, Volume 1: 1700–1870*, Cambridge: Cambridge University Press, pp. 89–117.

Cannadine, David（1984）"The Present and the Past in the English Industrial Revolution 1880–1980," *Past & Present*, 103, pp. 131–172.

Crafts, N. F. R.（1985）*British Economic Growth during the Industrial Revolution*, Oxford: Oxford University Press.

Hobsbawm, Eric（1988 [1962]）*The Age of Revolution, 1789–1848*, London: Abacus.

Hont, Istvan and Ignatieff, Michael eds.（1983）, *Wealth and Virtue: The Shaping of Political Economy in the Scottish Enlightenment*, Cambridge: Cambridge University Press.

Lemire, Beverly（2017）*Global Trade and the Transformation of Consumer Cultures: The Material World Remade, c.1500–1820*, Cambridge: Cambridge University Press.

McCloskey, Deirdre Nansen（2010）*Bourgeois Dignity: Why Economics Can't Explain the Modern World*, Chicago: University of Chicago Press.

McCloskey, Deirdre Nansen（2016）*Bourgeois Equality: How Ideas, Not Capital or Institutions, Enriched the World*, Chicago: University of Chicago Press.

McKendrick, Neil, John Brewer, and J. H. Plumb（1982）*The Birth of a Consumer Society: The Commercialization of Eighteenth-Century England*, London: Europa.

Mokyr, Joel（2017）*A Culture of Growth: The Origins of the Modern Economy*, Princeton, NJ: Princeton University Press.

Muldrew, Craig（1998）*The Economy of Obligation: The Culture of Credit and Social Relations in Early Modern England*, Basingstoke: Palgrave.

Muldrew, Craig（2017）"The 'Middling Sort': An Emergent Cultural Identity," in Keith Wrightson ed. *A Social History of England, 1500–1750*, Cambridge: Cambridge University Press, pp. 290–309.

Rostow, W. W.（1960）*The Stages of Economic Growth: A Non-Communist Manifesto*, Cambridge: Cambridge University Press.

Shaw-Taylor, Leigh and E. A. Wrigley（2014）“Occupational Structure and Population Change,” in Roderick Floud, Jane Humphries, and Paul Johnson eds. *The Cambridge Economic History of Modern Britain, Volume 1: 1700–1870*, Cambridge: Cambridge University Press, pp. 53–88.

Slack, Paul（2015）*The Invention of Improvement: Information and Material Progress in Seventeenth-Century England*, Oxford: Oxford University Press.

Smith, David Chan（2020）“How Milton Friedman Read his Adam Smith: The Neoliberal Suspicion of Business and the Critique of Corporate Social Responsibility,” *SSRN Electronic Journal*.

Stewart, Dugald（1980）“Account of the Life and Writings of Adam Smith, LL. D,” in W. P. D. Wightman and J. C. Bryce eds., *Adam Smith, Essays on Philosophical Subjects*, Oxford: Oxford University Press, pp. 269–351.

Todeschini, Giacomo（2019）“Money, Ritual and Religion: Economic Value between Theology and Administration,” in Rory Naistmith ed. *A Cultural History of Money in the Medieval Age*, London: Bloomsbury, pp. 57–78.

Trentmann, Frank ed.（2012）*Oxford Handbook of the History of Consumption*, Oxford: Oxford University Press.

Van Engen, John（1986）“The ‘Crisis of Cenobitism’ Reconsidered: Benedictine Monasticism in the Years 1050–1150,” *Speculum*, 61（2）, pp. 269–304.

Whittle, Jane（2017）“Land and People,” in Keith Wrightson ed. *A Social History of England, 1500–1750*, Cambridge: Cambridge University Press, pp. 152–173.

Winch, Donald（1997）“Adam Smith's Problems and Ours,” *Scottish Journal of Political Economy*, 44（4）, pp. 384–402.

Wrightson, Keith（2002）*Earthly Necessities: Economic Lives in Early Modern Britain, 1470–1750*, London: Penguin Books.

Wrigley, E. A.（2016）*The Path to Sustained Growth: England's Transition from an Organic Economy to an Industrial Revolution*, Cambridge: Cambridge University Press.

Yamamoto, Koji（2018）*Taming Capitalism before its Triumph: Public Service, Distrust, and ‘Projecting’ in Early Modern England*, Oxford: Oxford University Press.

Yamamoto, Koji（2022, forthcoming）“History Plays and the Staging of Political Economy in Elizabethan England,” in Koji Yamamoto ed. *Puritans, Papists and Projectors: Stereotypes and Stereotyping in Early Modern England*, Manchester: Manchester University Press.

第Ⅱ部

経済史と経済学とのかかわり方

第４章　ミクロ経済学と気候変動国際交渉：歴史や制度にかかわる知識を関連付けて「知恵」を持つ

第５章　マクロ経済学を用いて経済史実を理解する

第６章　計量経済学の経済史研究への応用：プログラム評価における条件付け変数の取り扱いについて

第4章

ミクロ経済学と気候変動国際交渉

歴史や制度にかかわる知識を関連付けて「知恵」を持つ

松島 斉

キーワード
グローバル・コモンズ，プレッジ・レヴュー方式，ウェストファリア・パラドクス，コモン・コミットメント方式，メカニズム・デザイン，インセンティブ・ルール

筆者は，講義で現代の問題がミクロ経済学にどのように関連づけられるかを理解できるよう努めています。本章では，そのような現代の問題の代表格として気候変動問題を取り上げ，それを複数の経済学の知見を正しく組み合わせて理解し，さらに，歴史や法律といった経済学以外の知識とうまく融合させて，問題の本質をさらに深めることができることを示します。

1 ミクロ経済学の講義で学ぶこと

1.1 ミクロ経済学を講義する

2020年度より東京大学経済学部で「ミクロ経済学」の講義を担当しています。主な受講者は経済学部に進学が内定した教養課程2年生です。経済学をほとんど知らないことを前提として講義が組まれています。ミクロ経済学のイロハから中級レベルまで，ひとつひとつ石段をのぼるように講義します。

筆者の専門はゲーム理論です。しかし，長らく金融経済に特化した専攻組織に所属していたため，ミクロ経済学の基礎を担当する機会があまりなく，東京大学では2020年度になって初めて担当することになりました。かなりの時間と労力をかけて，この重要科目の講義案を作成しました。2021年度に続き2022年度も担当を予定しています。3年間を通じて講義内容をでき

る限り洗練させていきたいと考えています。もっとも講義は生き物であり文化でもあります。そして時代を反映させたものでもあるべきです。なので，まったく同じ講義を毎年繰り返すわけにはいきません。

授業は10月から翌年1月までの後期課程に行われます。1回105分計28回講義します。2020年度のスケジュールは以下の通りです。全16章からなり，かなりの情報量を含む長丁場になります。2021年度もこのスケジュールをほぼ踏襲します。

第1章：経済学の基本原理
第2章：需要と供給の法則
第3章：余剰分析
第4章：外部性と公共財
第5章：企業行動と競争市場
第6章：不完全競争
第7章：労働市場の経済学
第8章：消費者行動の理論
第9章：一般均衡とパレート効率性
第10章：意思決定の理論(1)
第11章：意思決定の理論(2)
第12章：ゲーム理論と寡占(1)
第13章：ゲーム理論と寡占(2)
第14章：情報の経済学
第15章：政治経済学
第16章：ベイジアン・ゲームとメカニズム・デザイン

第1章から第9章までは初級レベルで，マーシャルの経済学原理を範とする「価格理論」を解説します。第10章以降は中級レベルになり，意思決定理論，ゲーム理論，情報の経済学などを解説します。

1.2　教師の心得

初学者に対する教師の第一の心得は，経済学のよき「親善大使」になることです。経済学を学ぶことの楽しみを伝えること，つまり，経済学を学ぶと暮らしのことがよりよく理解できるようになることです。そして，よりよい選択について真剣に考えることができるようになること，社会の問題に興味を持てるようになること，よい政策とは何かについて理解できるようになることなどを，初学者にうまく伝えたい，こんな目的意識をもって講義するのがよいでしょう。

さらに親善大使は，「経済学的に考える」ことを学ぶことの喜びを伝えなければいけません。経済学的に意味のある問いとはどのようなものか（motivation），問いに答えるためにはどのような手段や方法で分析したらよいか（approach），どのような答えに経済学的な価値があるのか（contribution），これらを，講義全体を通じて，じわりじわりと受講者に伝えていくのがよいのです。

ここで注意しなければならないのは，親善大使といえども，「洗脳者」になってはいけないことです。市場至上主義や利潤最大化の盲目的信仰であっては，経済学の本来の意味を見失います。経済学のよい考え方は，時に一般通念とかなりかけ離れることもあります。しかしこの際にも，親善大使は過度に啓蒙的であってはいけません。

私は，洗脳者の態度から距離を置くため，講義の最初の方で（第１章），価格理論を解説するよりも前に，経済学における二つの重要視点として，「意思決定」と「相互依存」のことを解説します。そして，各々にはそれを理解するためのいくつかの原理があることを伝えます。意思決定を理解するためには五つの原理があります。それはトレードオフ，機会費用，合理的個人，限界原理，インセンティブです。相互依存を理解するためには三つの原理があります。それは取引，市場メカニズム，政府の役割です。これら八つの原理に基づいて，あまり洗脳的にならないように批判精神をもって，経済学の知見を習得するように促します。

なかでもトレードオフは重要な原理になります。たとえば，よい政策を考えることはすなわち，効率と平等の間にトレードオフを見出して，その妥協点をみつける作業に他ならないと教えます。このようなトレードオフは，初級レベルの講義において繰り返し遭遇することです。これは講義の前半部のハイライトになるといっていいです。

筆者は，講義の前半部（初級レベル）については，教科書として『マンキュー経済学Ⅰ　ミクロ編』を指定しています。また，講義案の作成に先立ち，私はマーシャルの原理以降のミクロ経済学の教科書の変遷をたどるという作業をしました。メルクマールになるのは『サムエルソン　経済学』（1977 [1992, 1993]）です。これは私が最初に学んだ経済学の教科書です。現在ではマンキュー以外にも，スティグリッツ（2013），クルーグマン（2017），アセモグル・レイブソン・リスト（2020）といった優れた教科書を翻訳本で読むことができます。

より数理的な学部生向けの教科書にはオズボーン＝ルービンシュタイン（Osborne and Rubinstein 2020）があります。この魅力的な教科書の特徴は，経済学の知見を相対的に，懐疑的にとらえる視点にあります。たとえば，企業の生産行動の説明には，利潤最大化モデルだけでなく，生産量（あるいは雇用）最大化を目的とするモデルを扱っています。私的所有を前提としない資源配分メカニズムについても扱っています。さらには，社会主義経済システムについて，一章を割いて解説しています。他の教科書と比べて，この教科書からは，「経済学的に考える」ことを教えることで初学者をもっとオープン・マインドにしていこう，という教育方針を感じることができます。

1.3　現代の問題とのかかわり

これら多くの優れた教科書を通じて筆者が学んだことは，講義内容は時代を反映したものであるべきだということです。筆者は，ミクロ経済学の受講生に，将来において優れたリーダーシップをとることができる逸材になってほしいと願っています。そのためには，ミクロ経済学と現代の問題がどのように関連づけられるかについて，初学者に対してもその理解を促す努力が必要になります。教育する側にはより一層高い知性が要求されますが，筆者はこの努力にチャレンジしないではいられません。

現代の問題の代表格は，気候変動とデジタル経済です。筆者はミクロ経済学全体を通じて，これらを経済学の問題としてどのようにとらえるのかを，可能な限り教育したいと考えます。この場合，経済学のひとつの知見をそのままあてはめようとすることが，いかに浅薄で危険であるかを思い知らされることになります。現代の問題を考えると，複数の経済学の知見を正しく組み合わせることによって理解が深まっていくのを体験できるのです。

教える側にとっては，気候変動やデジタル経済のような大きな問題を考える際に必要とされる経済学の知見は何かを，あらかじめはっきりさせておくことが必要になります。このことは，講義に入りきらないほどたくさんある経済学の知見から，何を優先的に講義で教えるべきかを判断する際の決め手のひとつになります。

さらに重要なことに，ミクロ経済学の知見だけではどうにも対処できない論点がでてくることも体験できます。その場合には，歴史や法律，文化などをひもといて，ミクロ経済学以外の知識とミクロ経済学の知見とをうまく融合させることによって，問題の本質の理解をさらに深めることができます。こうして，特定の問題解決のために，ミクロ経済学が他の分野と関連づけられる学際の姿を垣間見ることができます。

こうした事情から，2021年度の講義ではとくに気候変動問題を取り上げたいと考えています。以下にそのための暫定的な講義案を紹介しましょう。

2　現代の問題をミクロ経済学で考える：気候変動問題

2.1　公共財の重要性

講義の第2章と第3章では，いわゆる「通常の財」である私的財を解説します。続く第4章では，私的財を特徴付ける二つの性質である「排除可能性」と「競合性」を解説します。排除可能性とは，他の人に消費させないようにすることができる財，つまり「これは私のバナナ。あなたにはあげない」といえるような財（バナナ）の性質のことです。競合性とは，誰かが消費すると他の人が消費できなくなる財，つまり「あのバナナは私が食べたのでもうあなたは食べられない」といえるような財（バナナ）の性質のことです。

しかし重要な問題における経済財は得てしてどちらかの性質を満たさないことがあります。このような財は総称して「公共財」と名付けられます。現代の問題の多くは私的財ではなく公共財の問題になります。たとえば，気候変動は公共財の問題です。

私的財であれば，市場競争によって効率的な配分が達成できます。しかし公共財の場合は，市場競争では効率的配分が達成されない事態，つまり「市場の失敗」が起きてしまいます。そのため，公共財には市場競争以外の制度設計が必要になります。ミクロ経済学には，市場競争の役割を懐疑的にとらえる視点が必要とされるのです。

公共財は，排除可能性と競合性のどちらの性質が成り立っていないかによって，三つに類型されます。排除可能性も競合性も満たされない財やサービス（国防，基礎研究，集団免疫など）は「純粋公共財」と呼ばれます。排除可能性だけが満たされない場合（渋滞の道路，地球環境など）は「コモンズ」と呼ばれます。競合性だけが満たされないケース（消防など）は「クラブ財」と呼ばれます。

公共財の供給においては，「フリーライダー問題」と称される市場の失敗が生じます。つまり，誰かが公共財を供給してくれるのを当てにして自分からは供給したくないという事態が起きてしまいます。なかでも重要な市場の失敗のケースは，コモンズにおいて起こります。「コモンズ（共有地）の悲劇」と呼ばれる公共財の管理の失敗のことです。コモンズの管理を怠ると，乱獲されたり混雑化したりして，コモンズ内の資源の枯渇や種の絶滅，事故多発といった事態が起きてしまいます。コモンズはその管理を適切に行わないと持続可能になりません。

公共財の三つの類型と市場の失敗を理解するには，以下に示される「橋の建設と管理」の例がわかりやすいです。ある共同体が橋の建設計画を立てました。当初は，さほど混雑はしない，つまり競合性はないと予想しました。そうであるならば橋は，建設されれば純粋公共財（あるいはクラブ財）になります。この場合，建設時には以下のようなフリーライダー問題が発生します。

共同体のメンバーを100人とし，建設費用を1億円とします。各経済主体の私的便益を200万円とします。したがって共同体全体の便益は200万円×100＝2億円となり，建設費用1億円を上回りますから，橋を建設したほうがよいことになります。しかし，建設費用1億円は各経済主体の私的便益200万円より高いので，自発的にはだれも建設しようとしません。これがフリーライダー問題です。

フリーライダー問題は以下のように解決できます。つまり共同体のメンバーは,「各メンバーは建設費用のうち100万円を負担する」という約束に合意するのです。各メンバーは喜んでこの約束に合意するでしょう。なぜなら,個人の費用負担100万円だけで橋は建設され,200万円の私的便益が得られるからです。

めでたく橋が建設されると,次第に外部利用者が増えていきます。今度は橋の管理が共同体内で問題になってきます。やがて橋は混雑し,このままでは安全な利用ができなくなりました。橋は純粋公共財から,排除不可能かつ競合的な財へ,つまりコモンズへと変化したのです。こうして共同体はコモンズの悲劇に直面することになります。

コモンズの悲劇は,料金を利用者から徴収することで解決できます。料金が十分高ければ,橋を利用することのメリットがあまり高くない利用者は迂回するほうが得なので,混雑は改善されます。利用料金制度を設定することで,橋のサービスは私的財のように扱うことができるようになります。つまり,利用チケット1枚は1回のみ使用可能であり（競合性),チケットを持っている人（車）のみが利用可能になります（排除可能性)。こうして市場競争を効果的に活用できる環境が整い,コモンズの悲劇という市場の失敗を回避することができるのです。共同体のメンバーは喜んでこの利用料金制度に賛成することでしょう。

2.2　法的執行と暗黙の協調

建設費用分担や利用料金制度といった,フリーライダー問題やコモンズの悲劇の解決方法は,「法的執行（legal enforcement)」によって下支えされます。ルールや約束の違反,横領などの不正があれば,裁判所に訴えて違反者を罰してもらうのです。このことが違反行為に対する抑止力となり,共同体の各メンバーは安心して解決方法に合意できるのです。

しかしながら,法的執行に過度に頼りすぎるのは現実的でありません。違反者を罰してもらうためには裁判所でその事実を立証しなければなりません。これは往々にして面倒な作業となり,裁判費用もかさみます。そこで,もし共同体のように当事者の関係が長期に及ぶものであるならば,法的執行ではなく,「暗黙の協調」によって約束を守らせるほうが,むしろ効果的になります。つまり,約束を破ると,次期以降共同体内で不利な扱いをうけるという暗黙の掟があると，これが抑止力となり約束が守られるのです。

ミクロ経済学の第12章では，繰り返しゲーム理論を使って，暗黙の協調にはきちんとした合理的根拠があることが説明されます。長期的な関係にあると，利己的な経済主体といえども自主的に協力行動をとることが，ナッシュ均衡として成立しうるのです。また，2009年ノーベル経済学賞受賞者オストロムはさまざまなコモンズの実態調査を行い，多くの事例において暗黙の協調が作用していることを突き止めました（Ostrom 1990）。コモンズの悲劇を解消している事例では，コモンズを分割して私有化したり，権威者の占有（コントロール）下に置いたりはせずに，共同体がコモンズを共有したまま「自主統治（self-governance）」しています。また，自主統治がうまく機能している事例では概して，共同体が設定した解決方法のルールの中に，メンバー間の「互恵性（reciprocity）」が組み込まれていることがわかりました。互恵性を有効に活用している共同体では，法的執行に頼らずとも，メンバー間の約束が持続的に守られ，コモンズの悲劇が自主統治によって解消されているのです。

以上はすべてミクロ経済学の講義の中で解説される知見ばかりです。これらの知見を踏まえ，以下において，現代の大問題である気候変動にチャレンジしてみたいと思います。

2.3　グローバル・コモンズ

気候変動問題の関心事はCO_2（二酸化炭素）に代表される温室効果ガスの削減にあります。産業革命以降，経済活動は世界規模で急速に活発化し，それに伴ってCO_2が大量に排出されるようになりました。CO_2の大量排出は太陽エネルギーの地球圏外への放出を困難にします。その結果，気温上昇，自然災害多発，種の絶滅といった気候変動問題を引き起こすようになりました。

地球環境全体はひとつのコモンズとみなされます。CO_2大量排出によって，地球というコモンズ内の資源は無秩序に乱獲伐採されている状況にある，ととらえるのです。気候変動問題は現代におけるコモンズの悲劇の代表格です。

先ほど説明した橋の例と異なる点は，コモンズの当事者が，狭い共同体社会の住民ではなく，世界の住民全員であることにあります。そのため，他のコモンズと区別して，気候変動問題は「グローバル・コモンズ」と呼ばれています。当事者は世界中に散らばっているので，強固で統一的な法的執行力は期待できません。そのため，世界の住民をひとつの共同体とみなして，暗黙の協調をよりどころとして自主統治の可能性を模索しなければなりません。しかし厄介なことに，グローバル・コモンズには当事者が大勢いるので，当事者全員が字句のごとく一同に会して約束を取り決めるなど土台無理な話です。

そこで私たちは，まず世界の住民の代表者を数名選ぶとします。そして，代表者同士で削減交渉をしてもらいます。もし約束を取り付けることができた場合には，各代表者はその約束を持ち帰って自身の管轄下の住民に守ってもらうよう説得や工夫をします。誰を代表者とするか。どのような交渉の仕方によって，代表者間で約束を取り付けるのか。約束を世界中の人々にどのように守らせればよいか。こんな三段構えでグローバル・コモンズの悲劇を解決する方法を考えましょう。

2.4　ミクロ経済学の可能性と限界

現実に進められているのは，まず国を代表者とし，国際交渉を通じて約束の合意を取り付ける，という手続きです。そして，各国は合意された約束を自国民に守らせる努力をします。CO_2 削減のための国際交渉は，1992 年のリオ宣言に始まり，1997 年の京都議定書や，2016 年のパリ協定といったいくつかの節目を経て幾度となく行われ，現在も継続中です。現在におけるスローガンは「気温上昇を 1.5 度未満に抑えよう」ということです。これは厳しい達成目標と考えられています。

この国際交渉においてもっとも争点となるのは，「いったいどの国がどれだけ CO_2 削減を負担するか」です。これに合意できれば，各国は排出権取引や炭素税など，約束した自国の目標を目指して独自に取り組むことができます。また，国際合意の際には，先進国と途上国の違い，あるいは一般的に，各国の内部事情を考慮してあげるのがよいでしょう。排出権割り当てや炭素価格設定などを差別化して，負担の公平性を考慮した，より洗練された国際合意も考えられるでしょう。

しかし，30 年に及ぶ国際交渉は難航し続けています。不幸にも，今日まで拘束力ある国際合意は事実上成立していません。各国に対して削減目標値が定められないことには，いくら具体的なよい削減方法があっても，それらを試しようがありません。実際，CO_2 排出権は十分に高い価格水準で取引されたためしがありません。多くの企業が排出削減を義務と感じていないからでしょう。

このような悲劇的な現状はなぜ起きてしまったのでしょうか。どのようにすればこの袋小路を抜け出すことができるのでしょうか。ミクロ経済学で学んだ知見を活かして，この問いに対する答えを探そうではありませんか。言うまでもなくこれは難題でしょう。なにしろ30年もの間，世界中の超エリートたちが頭をひねっても答えを出せていないのですから。

国際交渉は，国内での交渉とは決定的に異なる点があります。国内の交渉の場合，国内の法律に則った法的執行力をある程度よりどころとすることができます。しかし，国際交渉の場合，世界共通の強い法的執行力がないため，国際法のゆるやかな流儀の中でほぼ暗黙の協調だけを頼りに妥結案を模索しなければなりません。もっとも，国際的な商取引などでは往々にしてうまく事が運んでいるので，このことを過度に悲観的にとらえなくてもよさそうではあります。しかし，やはり懸念されることがあります。

ミクロ経済学は，繰り返しゲームを使って，暗黙の協調がナッシュ均衡として達成されうることを説明します。しかし，血で血を洗う殲滅戦争のような過剰対立も，やはり繰り返しゲームを使って，別のナッシュ均衡として説明できてしまうのです。はたしてどのナッシュ均衡が実際に選ばれるのでしょうか。この一番知りたい問いに対しては，残念ながらミクロ経済学の知見だけではうまく答えを引き出すことができないのです。私たちは，ミクロ経済学の知見だけでは打ち破ることができない高い壁にぶち当たるのです。しかし，ミクロ経済学以外の知識，つまり歴史や制度，法律，文化などにかかわる知識を，ミクロ経済学の知見に関連づけてもっと活用してみるならば，問題の本質，具体的な政策提言，さらには社会実装の可能性などがよりはっきりと見えてくることがあります。

3　歴史や法律の知識と融合させる

3.1　プレッジ・レヴュー方式

実際に排出削減についてどのような交渉の仕方をしてきたのかをもっとよく知りましょう。それは「プレッジ・レヴュー方式（pledge and review bargaining）」と呼ばれる交渉の仕方で，日本が提案しました。1992年当初から今日までこの交渉方式がとられています。各国は自国の削減目標，たとえば自国民に課す炭素価格，を自主的に約束します。そして，実際に守られたかどうかをチェックしていく，というやり方です。

たとえば，100カ国が交渉に参加しているとしましょう。科学的根拠などから，CO_2排出1トン当たり5000円の炭素価格が理想的な目標値であると仮定します。もし各国が自主的に自国の炭素価格を5000円に設定してくれるのならば万事OKです。しかしそうは問屋が卸しません。

自国の炭素価格を1円下げると，世界中に1国当たり100万円の環境デメリットが生じるとします。一方，自国には1000万円の経済メリットが生じるとします。ならば，1円下げると，自国には実質的に1000万円－100万円＝900万円のメリットが生じることになります。よって，各国は5000円に設定するどころか，どんどん約束の水準を下げていって，結局はどの国も炭素価格をプラスには設定しなくなってしまいます。プレッジ・レヴュー方式では，自主約束が生み出す環境メリットの大半が他国に持っていかれます。なので，他国が何を自主約束しようとも，自国にとって「自主約束ゼロ円」が優位戦略になってしまうのです。プレッジ・レヴュー方式は，環境メリットという外部性の「内部化」に失敗している交渉方式なのです。これではフリーライダー問題，コモンズの悲劇が無防備に引き起こされてしまいます。

このような状況が30年間も続いています。削減をめぐる国際交渉が進展するためには，プレッジ・レヴュー方式をやめて，別の交渉方式を模索することが賢明です。プレッジ・レヴュー方式に今まで固執してきたことには，二つの理由があります。ひとつは，各国がいずれは倫理的に行動するようになることを期待していたことにあります。実際スウェーデンは初期から積極的に削減努力を続けてきました。こんなスウェーデンをみて他国は感心し，わが国もそうしましょう，となることを期待したのです。しかしそうはなりませんでした。交渉方式に工夫を施さない限りそうならないことは，ずっと以前から実験経済学などによっていくども確かめられてきたことです。

3.2　歴史に学ぶ

プレッジ・レヴュー方式がとられてきたもうひとつの，そしてより本質的な理由は，協力的でない国に対して報復措置をとる行為に対しては国際法に照らして強い制限が課されるべきだと考えられているからです。このことで，国際社会においては，暗黙の協調がかなり制限されます。この制限の意図していることをきちんと理解しておかないと，プレッジ・レヴュー方式に代わる交渉方式を提案することでかえって国際社会の混乱を引き起こすことになりかねません。はたしてこのような制限がどのような経緯によってもたらされたのでしょうか。こうして私たちは，歴史から何かを学ぶべきであることに気づきます。

協力的でない国に報復することは，その国の主権を脅かしかねない行為になります。よって国家主権をできる限り守るためには，報復行為に制限をかけたほうがよいのです。このような文明社会のしきたりは，300年以上昔にそのルーツを見ることができます。17世紀ヨーロッパにおいては，キリスト教の宗派対立によって30年もの長きにわたって血で血を洗う戦争を続けていました。17世紀半ばに，この30年戦争は，「ウェストファリア条約」によって終結されます。このときから国際法の礎ともいえる「ウェストファリア体制」がスタートしました。それは別名「主権国家体制」とも呼ばれ，国内の問題に他国が口出ししてはならず国家主権を互いに尊重しなければならない，という体制のことです。これが国際社会において報復措置を制限するしきたりのルーツです。

もしこのしきたりを厳格に守りたいのなら，抜け道もきちんとふさいでおかないといけません。たとえば，ある国が他国の主権にかかわる要求をして拒否された場合，それに対して間接的にでも報復することは好ましくありません。A国がB国の要求をのまない場合に，B国が別のC国にA国との貿易をやめるように要請し，C国がこの要請に応じてくれたとしましょう。B国によるこの間接的な報復は，A国の主権を踏みにじり国際秩序を乱す行為として咎められるべきです。

3.3　ウェストファリア・パラドクス

プレッジ・レヴュー方式は，愚直なまでにウェストファリア体制を守る交渉ルールといえます。残念ながらその結果，国際間で何も決めることができませんでした。このことを「ウェストファリア・パラドクス」とでも呼んでおきましょう。パラドクスを逃れて削減交渉を先に進めるためには，ウェストファリア体制から逸脱することをも視野に入れたほうがよいという意見がでても無理はないかもしれません。実際すでに人権侵害などでは，ウェストファリア体制を離れて，人道的理由から他国の内政に干渉することも必要になっています。

以上を踏まえたうえで，経済学的に非常に価値のある以下の問いを投げかけたいと思います。たしかにプレッジ・レヴュー方式はウェストファリア体制に従順な交渉ルールです。しかしうまくはいきませんでした。ウェストファリア体制から離れるべきという意見も一理ありそうです。削減に協力しない国には貿易制裁を加えよといった具合に，です。しかしはたして，ウェストファリア体制と整合的な交渉ルールはプレッジ・レヴュー方式だけなのでしょうか。実はもっと他によい交渉方式があって，それを使えば，ウェストファリア体制に従順でありながらも，排出削減に多くの国が合意しそれを実行するようにできるのではないでしょうか。

このような類の問いは，ミクロ経済学の講義の最後（第16章）で説明される「メカニズム・デザイン」（マーケット・デザインあるいは制度設計）と総称されるアプローチとして検討されます。地球環境というコモンズを適切に管理するためのインセンティブ・ルールをどのように設計すればよいのでしょうか。一方で，私たちは文明社会を下支えするウェストファリア体制をないがしろにしたくはありません。よい打開策はないものでしょうか。

3.4　コモン・コミットメント方式

2016年のパリ協定の前後で，プレッジ・レヴュー方式に代わる案として，ゲーム理論家クラムトンらの研究グループが，「コモン・コミットメント方式（common commitment bargaining）」を打ち出しました（MacKay et al.

2015; Cramton et al. 2017)。コモン・コミットメント方式では，各国に自国の炭素価格を直接的に約束させることはしません。その代わり別のことを各国に自主約束させ，その帰結として以下のように，間接的に炭素価格の実行を促すという方法をとります。

まず各国は，0円から5000円の範囲内で炭素価格を表明します。プレッジ・レヴュー方式との違いは，その表明が意味する内容の違いにあります。それは「我が国が表明した炭素価格以下ならばどの価格水準でも自主約束します」と解釈されます。そして，各国が表明した炭素価格のうち一番低い価格水準の実行を，全参加国に一律に約束してもらうのです。自身が表明した価格水準以下ならばどの価格でも自主約束すると表明しているのだから，ごまかしなく一番低い価格水準の実行を自主約束すると理解できます。これはプレッジ・レヴュー方式よりも弱い約束になります。たとえば，5000円と表明しても，実際には2000円でいいといわれることもあります。

特筆すべきは，コモン・コミットメント方式では，世界全体の削減目標値である炭素価格5000円を表明することが，全参加国にとって優位戦略になることです。たとえば，A国は2000円，A国以外は5000円を表明するとしましょう。ならば各国は最低水準である2000円の実行を自主約束することになります。このときA国は，2000円の表明をやめて，表明価格をもっと引き上げると，自国経済にはデメリットになるけれども，他国も実行炭素価格を引き上げてくれるので，高い環境メリットを得ることができます。このようにコモン・コミットメント方式は，環境メリットをうまく内部化してくれるのです。こうして一番低い炭素価格を表明するA国は，価格水準をもっと引き上げたほうが得だと判断するようになります。結局すべての参加国は目標値5000円を表明するインセンティブをもつようになり，めでたく炭素価格5000円の実行が自主約束されるに至るのです。

これはプレッジ・レヴュー方式における失敗とは正反対です。国際交渉は，もしプレッジ・レヴュー方式をやめてコモン・コミットメント方式を採用するならば瞬く間に進展するにちがいありません。ならば，コモン・コミットメント方式が削減交渉の手続きとして実際に採用されるための社会実装を真剣に考えるべきです。

コモン・コミットメント方式は，コモンズの悲劇を解決して，理想的な目標値を達成させることができます。しかし，コモン・コミットメント方式がウェストファリア体制を逸脱するのであれば，不用意にはそれを肯定できません。社会実装として優れているかどうかは，それがウェストファリア体制と整合的な交渉方式であるかどうかにかかっています。この問いに対する私の答えは，以下に示されるように，「イエス」です。

3.5　ウェストファリア体制下での解決

ウェストファリア体制の基本精神は以下の2点に要約されると考えられます。まずは，「約束は守らないといけない」ということです。守らなかった場合には国際社会からの圧力や制裁をうけても致し方ありません。その一方で，「自国の利益に反する約束はしなくてよい」ということも大事になります。すべての約束はあくまで口約束のレベルであって，自主約束の内容自体は強制されません。また，約束しなくても，あるいは途中で約束の内容を変更しても，圧力や制裁を受けないのです。自主約束しても，守れそうもなければ途中で約束の内容を変更していいのです。

たとえば，「先日は炭素価格5000円と表明したが，やはり無理なので2000円に変更します」というのは認められます。しかし，5000円と表明しておきながら，実際には2000円だった場合には，約束を破ったことになるので制裁を受けるはめになります。ウェストファリア体制の基本精神に則れば，恥を忍んで訂正すれば約束を堂々と反故にできる，というわけです。

これらの基本精神は主権国家のわがままに対してずいぶん寛容であるように聞こえるかもしれません。またこれではウェストファリア・パラドクスは避けられないように思われるかもしれません。しかし，コモン・コミットメント方式はウェストファリア体制のこの基本精神に沿うアイディアなのです。

コモン・コミットメント方式においては，各国は，他国から干渉を受けることなく0円から5000円までのどの水準の炭素価格も国内で実行することができます。それは単に，実行したい価格水準をあらかじめ表明しておけばいいだけのことです。強要される炭素価格水準はこの表明値以下なので国家主権は脅かされていません。

表明した炭素価格を後で変更することも可能です。全参加国にきちんと変更表明をすれば，制裁や報復を受けずに済みます。もっとも，変更を表明して下方修正すると，他国の実行価格も引き下げられることになります。これは報復行為ではなく，環境メリットという外部性を内部化するための工夫にあたります。すべての国が最低価格の実行を自主約束するということなので，これはあくまでも約束の範囲内で起こることです。こうして，コモン・コミットメント方式は，プレッジ・レヴュー方式と同様に，ウェストファリア体制の精神に叶う交渉ルールであることがわかります。

コモン・コミットメント方式は，自主約束の中に「互恵性」を組み込んでいます。低く表明すると他国の実行水準はダウンするが，高く表明するとアップします。ならば高く表明するのが得策です。このように，ルールの中に「I will if you will」という相互作用が組み込まれているのです。オストロムは膨大な実例調査を通じて，コモンズの悲劇を解消しているケースでは共通して互恵性がルールの中に組み込まれていることを突き止めました。コモン・コミットメント方式は，オストロムの成果を削減交渉に実装するための優れた制度設計になると期待できます。

3.6　国際法を活用する知恵

国際間で大きな影響力のある取り決めをする場合，ウェストファリア体制を堅持することが望まれます。しかしただやみくもにそれを守ることをよしとするのではだめです。解決が困難とされる状況において愚直な態度をとり続けることは，「やっているふりをしているだけ」ととらえられ，かえって非難の的となります。日本がプレッジ・レヴュー方式をやめてコモン・コミットメント方式を提案しようものなら，世界からもっと尊敬を得ることができるでしょう。コモン・コミットメント方式をウェストファリアの精神を受け継ぐものとして提案することは，国際法を愚直に厳守するのではなく，それを有効活用することによって，新しい解決方法を世界に堂々と示す行為になるからです。

このように，国際社会の秩序を上手に活用して難題に対する新しい解決方法を生み出す「知恵」を持つことこそが，これからの世界のリーダーシップに必要とされます。これは，ミクロ経済学が人材育成に貢献するためのもっとも重要な教育目標のひとつでもあるのです。

＊　本章は，2021 年 7 月 11 日に行われた東京大学オープンキャンパスにおける Zoom ウェビナーによる筆者の模擬講義「外部性，公共財，グローバル・コモンズ」（30 分程度）をもとに加筆・修正のうえ作成したものです。

参考文献

アセモグル，ダロン＝デヴィッド・レイブソン＝ジョン・リスト，岩本康志監訳，岩本千晴訳（2020）『アセモグル／レイブソン／リスト　ミクロ経済学』東洋経済新報社。

クルーグマン，ポール＝ロビン・ウェルス，大山道広・石橋孝次・塩澤修平・白井義昌・大東一郎・玉田康成・蓬田守弘訳（2017）『クルーグマン ミクロ経済学　第 2 版』東洋経済新報社。

サムエルソン，P.＝W. ノードハウス，都留重人訳（1992, 1993）『サムエルソン 経済学　上・下』岩波書店。

スティグリッツ，ジョセフ・E.＝カール・E. ウォルシュ，藪下史郎・秋山太郎・蟻川靖浩・大阿久博・木立力・宮田亮・清野一治訳（2013）『スティグリッツ ミクロ経済学　第 4 版』東洋経済新報社。

マンキュー，N・グレゴリー，足立英之・石川城太・小川英治・地主敏樹・中馬宏之・柳川隆訳（2019）『マンキュー経済学　I　ミクロ編　第 4 版』東洋経済新報社。

Cramton, Peter, David JC MacKay, Axel Ockenfels, and Steven Stoft eds.（2017）*Global Carbon Pricing: The Path to Climate Cooperation*, Cambridge, MA: MIT Press.

MacKay, David, J. C., Peter Cramton, Axel Ockenfels, and Steven Stoft（2015）“Price Carbon: I Will If You Will,” *Nature*, 526（7573）, 315–316.

Osborne, Martin J. and Ariel Rubinstein（2020）*Models in Microeconomic Theory*, Cambridge, UK: Open Book Publishers.

Ostrom, E.（1990）*Governing the Commons: The Evolution of Institutions for Collective Action*, Cambridge, UK: Cambridge University Press.

第5章

マクロ経済学を用いて経済史実を理解する

青木 浩介

キーワード
大恐慌，景気循環，貨幣的ショックとその波及，マクロ・モデル分析，因果関係の確立，史実の再理解

本章では，マクロ経済学者がどのように大恐慌を理解しようとしてきたか，その発生メカニズムの研究を紹介することにより，経済史実を理解するためのマクロ経済学の使い方を説明します。

1 はじめに

マクロ経済学とは，主として経済全体の現象の理解を目的としています。ミクロ経済学は個人や企業の行動や市場制度設計を主に分析します。それに対して，マクロ経済学は多数の個人や企業の財市場，労働市場，金融市場を通じた関わり，その結果として決定される一国や地域の集計変数を分析します。分析対象である経済成長や景気循環，金融危機，インフレーションや失業は人々の生活を大きく左右するので，マクロ経済学は非常に興味深い分野です。

マクロ経済学はイギリスの経済学者ケインズ（John Maynard Keynes）の研究によって生まれたといわれています。彼の代表作は1936年に刊行された『雇用・利子及び貨幣の一般理論』ですが，展開されている理論はその本が出版される直前に発生した「大恐慌」に強い影響を受けています。大恐慌とは，1920年代終わりから1930年代はじめに発生した非常に深刻かつ世界

図1　大恐慌時のGDP成長率

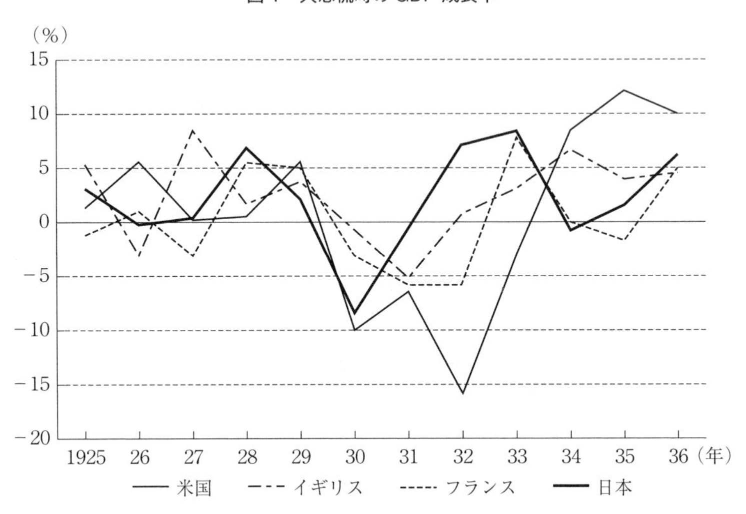

的な景気後退です。図1は1925年から1936年の間の代表的な国の一人当たりGDP成長率の推移を示しています。近年の先進国における景気循環ではGDP成長率の標準偏差は2%にも満たない程度なので，大恐慌時における産出量の下落がいかに大きいかということがわかります。

このように非常に深刻な景気後退であったために，多くの経済学者が大恐慌を理解すべく研究に取り組みました。たとえば，2006年から2014年までアメリカ連邦準備制度理事会議長であったベン・バーナンキ（Benjamin Shalom Bernanke）は，大恐慌の研究で非常に著名なマクロ経済学者ですが，彼は論文の中で「大恐慌はマクロ経済学における聖杯である」[1)] と述べています。

本章ではマクロ経済学の生みの親ともいえる大恐慌を題材にして，経済史実を理解するためのマクロ経済学の使い方を説明します。鍵は「衝撃とその波及」という考え方と，マクロ諸変数間の「因果関係の確立」です。もちろん，ケインズの『雇用・利子及び貨幣の一般理論』の出版以降，マクロ経済学は大きく変貌しています。本章ではケインズの大恐慌の研究を紹介するのではなく，現代の経済史家やマクロ経済学者がマクロ経済学を用いてどのよ

---

1)　Bernanke（1995）。ちなみに，聖杯（the holy grail）とは，「非常に探すのが難しいもの」または「非常に高い目標」という意味があります。

図2　米国一人当たりGDPのトレンドと循環（1870～2014年）

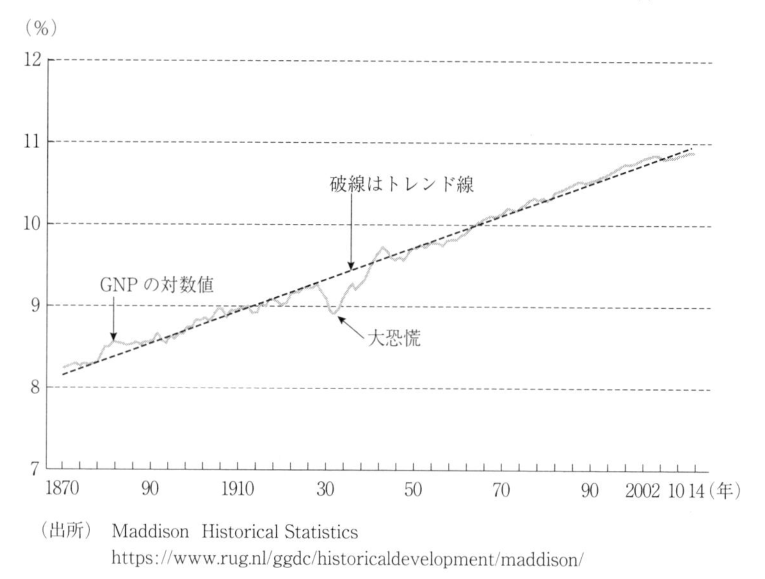

（出所）　Maddison　Historical Statistics
https://www.rug.nl/ggdc/historicaldevelopment/maddison/

うに大恐慌を理解しようとしてきたかということを紹介します。大恐慌の研究には発生メカニズム，景気後退が深刻になった理由，恐慌からの回復過程の研究がそれぞれありますが，紙幅の制約上，本章では発生メカニズムの研究を題材にします[2)]。

2　マクロ経済学の景気循環の考え方：「衝撃とその波及」

大恐慌は，非常に大きく，かつ，世界的な景気後退でした。マクロ経済学では景気循環をどのように考えるのでしょうか。マクロ経済学では，景気循環を「経済のトレンドからの乖離である」と考えるのが主流です。経済の変化のうち非常にゆっくりとした部分を「トレンド」と呼びます。図2はアメリカの一人当たりGDPの対数値の推移です。変数が対数値で表されている場合，そのグラフの傾きは成長率を表します。図2を見ると，アメリカは非常に長い期間にわたって一人当たり所得が2%程度の率で成長してきたこと

2)　大恐慌の全体像の分析，およびその歴史的側面を深く勉強してみたい読者は，Eichengreen（1992），Temin（1989）等を参照しましょう。

図3　AD-AS分析

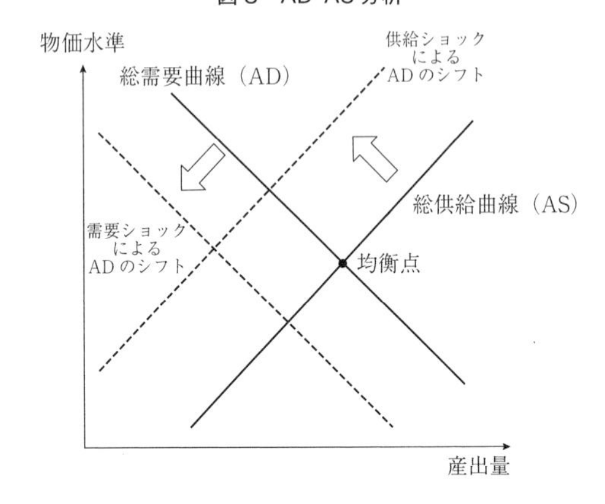

がわかります[3]。これが経済のトレンドです。経済トレンドを説明するのは経済成長理論であり，その基礎モデルはソロー（Robert M. Solow）の経済成長モデルです。ソローの経済成長モデルによれば，一人当たり所得の成長率を規定するものは技術進歩です。技術はゆっくりと変化していきます。

図2からは，経済にはトレンドの周りを上下する動きがあることが見て取れます。これは，技術進歩等ゆっくりと変化する要因では説明できない短期の経済変動部分です。これが景気循環です。大恐慌が起こった1930年代はGDPがトレンドから大きく乖離しています。それでは，景気循環をどのように理解すればよいでしょうか。マクロ経済学では，景気循環を「衝撃とその波及（impulse and propagation）」という枠組みで分析します[4]。著名なアメリカの経済史学者であるテミン（Peter Temin）は，この枠組みを用いて大恐慌を分析しています（Temin 1989）。

「衝撃とその波及」とは以下のような考え方です。経済は絶えず何らかの外生的な攪乱要因（ショック）にさらされています。たとえば，農産物の収穫量を左右する天候は典型的な経済ショックです。家計や企業等の経済主体は，それら攪乱要因に反応して生産や消費等の行動を変化させます。その結果，産出量や雇用量や物価水準が変化します。マクロ経済学では，景気循環

3）図2の標本期間にわたる平均成長率は1.9％です。

4）「Impulse」は一般には「衝撃」と訳されますが，日本語の文献では「impulse and propagation」は「ショックとその波及」と表現されることも多いです。

とは「経済ショックに対する経済主体の行動や市場の変化の様子」であると考えます。

簡単なマクロ・モデルの例として，初級のマクロ経済学で学習するAD–AS分析を取り上げましょう[5)]。AD–AS分析は背後にある経済主体の行動を厳密に考察していないという点で，必ずしも現代マクロ経済学の分析枠組みではありませんが，「衝撃とその波及」の考え方を理解するには有用です。AD–AS分析は図3のように，物価水準を縦軸，産出量を横軸にとったグラフで理解するのが一番わかりやすいでしょう。右上がりの曲線はAS（総供給）曲線と呼ばれ，企業の財供給行動を表しています。右下がりの曲線は経済の総需要を表すAD（総需要）曲線と呼ばれ，IS–LMモデルから導出されます。AD曲線とAS曲線の交点により「内生変数」である産出量と物価水準が決定されます。AD曲線とAS曲線の位置は外生的な要因によって規定されます。たとえば，政府支出や貨幣量，もしくは自律的な需要が外生的に減少すると，AD曲線は左方向にシフトします。この結果，内生変数である物価は下落し産出量は減少します。同様に，たとえば悪天候によって農産物に甚大な被害が出ると，AS曲線が左方向にシフトをする結果，物価は上がり産出量は下落します。

以上の例では，外生的に変化する要因は政府政策，自律的需要，悪天候等であり，これらが経済ショックです。ショックが経済に加わると産出量や物価が変化しますが，それはショックの効果が経済に「波及」していく様（さま）です。景気循環のマクロ経済分析では，①経済変動を起こしたショックは何か，②ショックはどのように経済に波及していったか，という問題を解いていきます。

3　マクロ経済学を用いた大恐慌の理解

大恐慌期において多くの国々に観察される生産の大きな収縮はなぜ起こったのでしょうか。これは大恐慌を理解するうえで非常に重要な問いです。

---

5)　AD–AS分析になじみのない読者はマクロ経済学の入門書，たとえば齊藤ほか（2016）を参照してください。ADはAggregate Demand（総需要），ASはAggregate Supply（総供給）を意味します。

図4　米国実質 GNP 成長率とインフレ率（1925～36年）

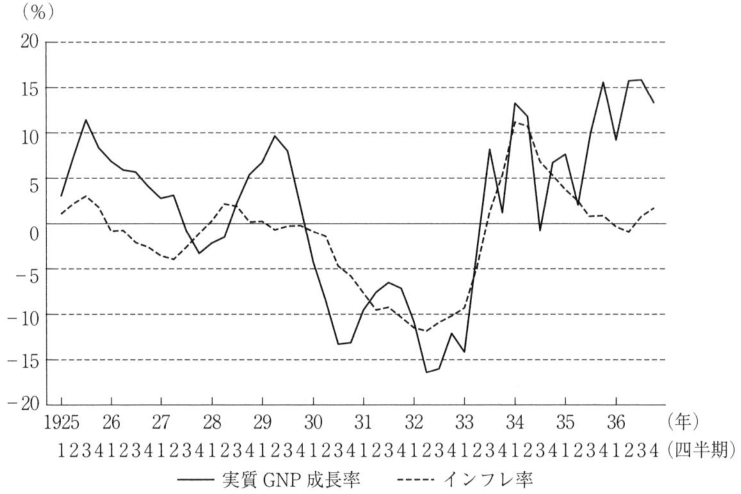

（%）
20
15
10
5
0
−5
−10
−15
−20
1925　26　27　28　29　30　31　32　33　34　35　36　（年）
123412341234123412341234123412341234123412341234（四半期）
―― 実質 GNP 成長率　----- インフレ率

（出所）Gordon, Robert ed.（1986）The American Business Cycle: Continuity and Change.
http://www.nber.org/data/abc/

「ショックとその波及」の見方に立つと，上記の問いは「大恐慌を引き起こしたショックが何だったか」という問いに等しいのです。

図4は大恐慌当時のアメリカの実質 GNP 成長率とインフレ率の推移を示しています[6]。大恐慌時には産出量と物価水準の両方が大きく下落しています。1990年代から2000年代にかけて日本は穏やかな物価水準の下落を体験したが，下落率は最も低い2002年でたかだかマイナス0.9% 程度でありました[7]。それに比べると，大恐慌時のアメリカではインフレ率がマイナス10% を下回る年もあり，物価が非常に大きく下落しました。図3によれば，生産の下落が生じるためには総供給曲線が左上方にシフトするか，総需要曲線が左下方にシフトしなければならないのです。総供給曲線が左上方にシフトすれば物価水準が上がる一方，総需要曲線が左下方にシフトすれば物価水準が下がります。大恐慌時には生産とともに物価水準が大きく下落している

6）ともに四半期データの前年同期比。インフレ率は GNP デフレータから算出しました。

7）出所は総務省，消費者物価指数前年比（総合）年平均。ちなみに世界金融危機の影響を受けた2009年の消費者物価指数（総合）の前年比は−1.4% です。

図5　貨幣量（M1）の変化（前年同期比）（1925年～36年）

のが特徴です。そのために，多くの経済学者は大恐慌は総需要の大幅な減少が主要因と考えました。総需要を大きく減少させたショックは何だったのでしょうか。

3.1 貨幣と産出量，物価の相関

現在の有力学説の一つは，アメリカの経済学者フリードマン（Milton Friedman）とシュワルツ（Anna Schwartz）の著作 *A Monetary History of the United States* の中で展開された貨幣的要因説です。彼らはアメリカのデータを詳細に検討した結果，貨幣的要因，すなわち貨幣量の急激な減少が産出量と物価の下落を引き起こしたと主張しました。図5は大恐慌時のアメリカの貨幣量の成長率です[8)]。確かに貨幣量が大恐慌期には大きく下落しています。IS–LM モデルによれば，貨幣量が外生的に下落すると LM 曲線が左上方にシフトします。その結果，総需要曲線が左下方にシフトするので産出量が減少し物価が下がります。

一見，これはよい説明にも思えますが，ここで分析を終わらせることはできません。本当に貨幣量の下落が産出量の下落を招いたのでしょうか。別の

8）図5の貨幣量は M1 の四半期データの前年同期比です。

可能性も存在します。仮に総需要が外生的に下落したとします。たとえば消費需要が自律的に下落すれば，それに従い人々の貨幣需要が減少するので，均衡における貨幣量も下落します。財需要が下がれば財の超過供給が発生し，その結果，物価も下落するでしょう。この仮説が正しいとすれば大恐慌の原因は貨幣量の下落ではありません。むしろ，大恐慌に伴う産出量下落の結果として貨幣量が下落したということになります。大恐慌の原因として，自律的な需要の減少，すなわち負の需要ショックを考察した研究例に Temin (1976) があります。その中で彼は，住宅投資支出の大きな減退が大恐慌の引き金の一つだと主張しています[9]。

何が問題なのでしょうか。それは因果関係の方向です。大恐慌時には貨幣量と産出量がともに減少しているので，貨幣的要因仮説は貨幣量減少が産出量減少をもたらしたと主張します。しかし，逆に産出量の自律的減少が貨幣量の減少をもたらした可能性もあります。図4と図5は貨幣量と産出量の間に正の相関があることは示していますが，因果関係の方向については何も示していません。これはマクロ経済学における典型的な因果関係の問題です。多くのマクロ変数は相互に関連しながら変化していくので，相関関係があります。しかし相関関係から因果関係は判断できません。大恐慌の原因が貨幣的要因であると主張するためには因果関係の方向を確立させる必要があります。

貨幣量から実体経済への因果の方向を示すためには，貨幣量が実体経済とは独立に変化し，実体経済がその変化に対して反応したことを証明すればよいのです。貨幣量はもちろん消費等の実体経済に依存するので，貨幣量変化のすべてが実体経済の変化と独立である訳ではありません。しかし，貨幣量の変化の中で実体経済とは独立に変化したと思われる事象を見つけて，それに対する実体経済の反応を調べられるならば，貨幣量から実体経済への因果関係があったか否かを明らかにできます。大恐慌が貨幣量の減少によって引き起こされたか否かという問題は，マクロ経済学の枠組みにおいては，大恐慌時に大きな負の貨幣的ショックが存在したかという問題に等しいのです。

分析を進めるためには当時の貨幣制度を理解しなければなりません。マク

---

9) Hall (1986) も参照。

ロ経済学者や経済史家は当時の国際通貨制度であった国際金本位制の役割に注目しました。非常におおざっぱにいうと，金本位制とは各国の通貨一単位の価値が金の重量で定められており，その国の金融政策（貨幣供給量）が金の保有量に制約される貨幣制度です。各国の通貨価値が金の単位で定められているので，それらの比（金平価と呼ばれる）が為替レートになっています。たとえば，日本が1円を金xグラムと決めていたものを$0.5x$円に変更すると，他国対比で自国通貨の為替レートが減価することを意味します。これを「平価切り下げ」といいます。平価は頻繁に変更されることがないので，金本位制は固定為替制度に分類されます。

一国の金保有量が減少すればその国は貨幣供給を減少させなければなりません。貨幣供給の減少は名目金利の引き上げ，すなわち金融引き締めを意味します。同様に，金保有量が増加すればそれは貨幣供給の増加（名目金利の引き下げ），金融緩和が行われることが期待されていました。さらに国際貿易と国際金融取引が行われている場合，経常収支黒字国には金が流入し赤字国からは金が流出します。それに伴い，赤字国は貨幣量が減少，金融引き締めに伴い物価が下がると同時に純輸出が増加します。一方で，黒字国は貨幣量が増大，景気の拡大と物価の上昇を通じて純輸出が減少します。以上の調整過程により経常収支の均衡が図られることが期待されていました[10]。

実際には，金本位制は上記のようには運営されていなかったことが，研究によって明らかにされています。Temin（1989）によれば，当時の金本位制には金の流入国と流出国の間で非対称性が存在していました。彼は，金が流出した国は貨幣供給を減らさなければならなかったのに対し，金が流入した国には貨幣供給を増やす拘束がなかったと，主張しています。これは，当時の金本位制度には，金融引き締めを生じさせる傾向が存在していたことを意味します。金が流入した当時の代表的な国はアメリカとフランスでした。しかし，両国は金が流入したにもかかわらず貨幣供給を増やしませんでした。本章は，マクロ経済学の使い方の説明を主題にしているので，史実の詳細は割愛しますが，アメリカは当時の自国の株高に対応して金融引き締めを行っており，フランスは中央銀行制度の制約により貨幣供給を増やせなかったと

10）当時の金本位制については，Temin（1989）で詳細に記述されています。本章の金本位制の説明も，Temin（1989）に沿っています。

いうことが報告されています。その一方で，金が流出したドイツ，イギリス，日本等は引き締め的な金融政策をとる必要がありました[11)]。

3.2　大恐慌のマクロ・モデル分析：Eichengreen and Sachs モデル

以上の状況をマクロ・モデルを用いて分析したものが，Eichengreen and Sachs（1985）です。ここでは彼らのモデルを簡素化して説明しましょう。まず，人口が同一の二国からなるモデルを考えます。人口の規模はそれぞれ2分の1であるとしましょう。前節において，マクロ経済学では景気循環を経済のトレンドからの乖離としてとらえると説明しました。このモデルにおいては経済成長は捨象しているので，すべての変数が一定であるような状況（つまり定常状態）がトレンドであると考えます[12)]。経済の循環を表現するためには，モデルにおけるすべての変数をトレンドからの乖離率で表します。たとえば，以下において変数 q は自国産出量のトレンドからの乖離率が q% であると解釈しましょう。また，右肩に * がついている変数は外国の変数です。たとえば q^* は外国の産出量を表します。自国変数それぞれに相当する変数が外国にもあります。

それでは自国の方程式を説明していきましょう。なお，二国モデルなので以下で説明される自国モデル式に対応する式が外国にもあります。総供給曲線は[13)]，

$$q = \alpha p, \quad \alpha > 0 \tag{1}$$

で表します。q は産出量，p は物価水準を表します。式（1）は財総供給が物価の増加関数であると仮定しています。財総需要は実質為替レートと利子率（i）に依存して決まります。

11）史実の詳細については，Temin（1989），Bernanke and James（1991），Eichengreen and Sachs（1985）を参照して下さい。

12）金の量が世界全体で一定だと仮定するので，定常状態においては物価水準も一定です。

13）式（1）に対応する外国の総供給曲線は，

$$q^* = \alpha p^*$$

であり，q^* と p^* はそれぞれ外国の産出量と物価水準を表します。対称な二国を仮定しているので総供給曲線の傾き α は二国で同一です。

$$q = -\delta(p+g-g^*-p^*)-\sigma i \tag{2}$$

ここで，g は自国通貨1単位に相当する金の重量を表します。外国の金平価を g^* とすれば，自国通貨と外国通貨の間の名目為替レート（金平価）は $g-g^*$ です[14]。自国の平価切り下げとは g^* を所与として g を下落させることを意味します。また，実質為替レートは $(p+g)-(p^*+g^*)$ で表されます[15]。式(2)は，実質為替レートが下落すると純輸出（輸出－輸入）が増大するので自国産出量が増大する様（さま）を表しています[16]。パラメータ δ は総需要の実質為替レートに対する感応度を表しており，δ が大きいと実質為替レートの減価に伴う総需要の増大が大きくなります。さらに，利子率が下落すれば投資等の利子率に感応的な支出が増えるので産出量が増大します。総需要の利子率に対する感応度は σ で表されています。

14）　変数は「変化率」で表されていることに注意しましょう。自国通貨1単位に相当する金の重量の「水準」をそれぞれ G と G^* と表しましょう。G は自国通貨1単位が金 G グラムに相当することを表しています。したがって名目為替レートの水準 E は $E=G/G^*$ で定義されます。この式の両辺の対数を取ると

$$\log E = \log G - \log G^*$$

です。同様に，トレンド（定常状態）におけるそれぞれの変数の水準を $\bar{E}, \bar{G}, \bar{G}^*$ と表せば，

$$\log \bar{E} = \log \bar{G} - \log \bar{G}^*$$

が成り立ちます。この二つの式の辺々を引くと

$$e = g - g^*$$

です。ここで $e \equiv \log E - \log \bar{E} \fallingdotseq (E-\bar{E})/\bar{E}$ は名目為替レートのトレンドからの変化率を表しています。変数を変化率で表記する技法はマクロ・モデルでは頻繁に用いられます。

15）　実質為替レートの水準は $\frac{P}{P^*}E$ で表されます。ここで P と P^* はそれぞれ自国と外国の物価水準です。

16）　式(2)はたとえば以下のように導出されます。純輸出は実質為替レートが下落すれば上昇し，自国所得が増大すれば（輸入の増大により）減少します。その効果を明示的に表せば，総需要式は

$$\begin{aligned} q &= \text{消費}+\text{投資}+\text{純輸出} \\ &= \varepsilon_c q - \sigma' i - \delta'(p+g-p^*-g^*) - \varepsilon_m q \end{aligned}$$

のように表せます。ここで，ε_c と ε_m はそれぞれ消費と純輸出の所得に関する弾力性，σ' は投資の利子率に関する弾力性，δ' は純輸出の実質為替レートに関する弾力性です。この式を整理すれば総需要が式(2)のように実質為替レートと名目利子率の関数として与えられます。

実質貨幣需要（$m-p$）は所得（産出量）の減少関数，名目利子率の減少関数であるので，次の式で与えられます。

$$m-p = q-\beta i, \quad \beta > 0 \tag{3}$$

β は貨幣需要の名目利子率に対する弾力性です。式（3）においては後の計算を簡単にするために q の係数が1であると仮定していますが，それは貨幣需要の所得弾力性が1であることを意味しています。

名目貨幣供給（m）は，

$$m = r-g-\psi \tag{4}$$

で与えられます。式（4）は金本位制における貨幣供給のルールを表しています。まず，金平価 g が固定されている下では金準備 r が増大すれば貨幣量 m が増大します。これが金本位制の基本的なルールです。また，金平価を切り下げ（g が下落）したときには名目貨幣供給が増大します。さらに，ψ は貨幣供給量のうち金準備に「裏打ち」される度合いを表す変数で，これは政策変数です。当時の金本位制では金準備の変化量と貨幣供給を厳密に1対1に対応させる必要がなく，そのことを ψ で表現しています。たとえば，経常収支の黒字により自国の金準備量 r が増加したとしても ψ を下落させれば，貨幣供給は一定に保たれます。前節で説明したように，金流入国であったフランスやアメリカは実際には貨幣量を増やしませんでした。この事実は，r の増大をちょうど相殺するような ψ の増大で表せます。

さらに，式（1）から式（4）に対応する式が外国にあります。国際資金移動が自由であると仮定すれば自国と外国の金利が均等化するので

$$i = i^* \tag{5}$$

が成り立ちます。最後に，世界全体の金の量が一定である状況では，自国と外国の金準備の変化量は互いに相殺します。

$$r = -r^* \tag{6}$$

つまり，自国に金が流入すればそれは外国から金が流出しているのです。

よって，この国際金本位制モデルは，(1)～(4) の4本の式とそれらに対

応する外国版の4本の式，(5)，(6) 式の計10本の連立方程式です。内生変数は q，p，i，m，r，q^*，p^*，i^*，m^*，r^* の10変数であり，外生変数は g，ψ，g^*，ψ^* の4変数です。

このモデルは「世界全体の均衡」と「自国と外国の相対的な均衡」の二つに変形して分析すると理解しやすくなります。「世界産出量」を

$$Q^W = \frac{1}{2}(q + q^*) \tag{7}$$

と定義しましょう。それぞれの国の人口が2分の1だと仮定しているので，(7) 式の右辺には1/2がかけてあります。同様に自国と外国の「相対産出量」を

$$Q^R = \frac{1}{2}(q - q^*) \tag{8}$$

と定義します。同様に，P^W，P^R，M^W，M^R 等も定義します。

すると，「世界経済」の均衡式は

$$Q^W = \alpha P^W \tag{9}$$

$$Q^W = -\sigma i \tag{10}$$

$$M^W - P^W = Q^W - \beta i \tag{11}$$

$$M^W = -G^W - \psi^W \tag{12}$$

の4式で表されます。式 (9) は自国総供給曲線を表す式 (1) とその外国版の両辺に1/2を乗じて辺々足せば得られます。式 (10)～(12) も同様の作業を式 (2)～(4) に対して行えば導けます。自由な国際資本移動の下では $i = i^*$ が成り立っているので，

$$i^W = i = i^* \tag{13}$$

となります。式 (10) は式 (13) を使っています。また，世界の金総量が一定なので，式 (6) から

$$R^W = 0 \tag{14}$$

が成り立ちます。式 (12) は式 (14) を使っています。この「世界全体の均衡」ブロックでは四つの内生変数 Q^W，P^W，M^W，i が二つの外生変数

G^W，ψ^W の関数として決定されます。

同様に，「相対経済」の均衡は以下の4本の式で表されます。

$$Q^R = \alpha P^R \tag{15}$$

$$Q^R = -\delta(P^R + G^R) \tag{16}$$

$$M^R - P^R = Q^R \tag{17}$$

$$M^R = R^R - G^R - \psi^R \tag{18}$$

式（16）では式（5）より

$$i^R = \frac{1}{2}(i - i^*) = 0 \tag{19}$$

が成り立つことを利用しています。同様に式（6）の下では，

$$R^R = r \tag{20}$$

が満たされていることにも注意しましょう。「相対経済」は式（15）～（18）の4式によって四つの内生変数 Q^R，P^R，M^R，R^R が二つの外生変数 G^R，ψ^R の関数として決定されます。

均衡を計算するのは非常に簡単です。表記を簡単にするために

$$A \equiv \frac{1}{1 + \alpha + \alpha\beta/\sigma} \tag{21}$$

と定義すれば，世界経済の均衡は式（9）～（12）より，

$$Q^W = -\alpha A(G^W + \psi^W) \tag{22}$$

$$P^W = -A(G^W + \psi^W) \tag{23}$$

$$M^W = -(G^W + \psi^W) \tag{24}$$

$$i = \frac{\alpha}{\sigma}A(G^W + \psi^W) \tag{25}$$

で与えられます。同様に，

$$B \equiv \frac{\delta}{\alpha + \delta} \tag{26}$$

と定義すれば，相対経済の均衡は式（15）～（18）より

$$Q^R = -\alpha BG^R \tag{27}$$

$$P^R = -BG^R \tag{28}$$

$$M^R = -(1+\alpha)BG^R \tag{29}$$

$$R^R = -\alpha\frac{\delta-1}{\delta}BG^R + \psi^R \tag{30}$$

で与えられます。

それぞれの国の変数も容易に導けます。たとえば自国産出量 q は式（7），（8），（22），（27）より

$$\begin{aligned} q &= Q^W + Q^R \\ &= -\frac{1}{2}\alpha(A+B)g - \frac{1}{2}\alpha(A-B)g^* - \frac{1}{2}\alpha A(\psi+\psi^*) \end{aligned} \tag{31}$$

となります。$g<0$，$g^*=0$，$\psi=0$，$\psi^*=0$ の仮定の下では $q>0$ なので，自国通貨安（$g<0$）により自国産出量は増大します。同様に外国産出量 q^* は，

$$\begin{aligned} q^* &= Q^W - Q^R \\ &= -\frac{1}{2}\alpha(A+B)g^* - \frac{1}{2}\alpha(A-B)g - \frac{1}{2}\alpha A(\psi+\psi^*) \end{aligned} \tag{32}$$

です。

いよいよ，大恐慌，つまり世界的な景気後退の発生メカニズムのモデル分析をしましょう。ここで用いる分析手法は「比較静学」です。比較静学とは，外生変数が変化したときに内生変数がどのように反応するかを分析する手法です。

Temin（1989）では，当時の金本位制において金流入国が金融緩和をする（貨幣供給を増やす）拘束がなかったという「非対称性」の問題が強調されていました。これについては ψ に関する比較静学を行うとわかりやすくなります。仮に自国が金融緩和状態になることを避けるために ψ を増加させたとしましょう。つまり，はじめに $\psi=0$ であった状態から $\psi>0$ になったとします。分析を簡単にするために他の外生変数（g, g^*, ψ）はすべて0であると仮定しておきます。すると式（31）と式（32）から直ちに

$$q = q^* = -\frac{1}{2}\alpha A\psi < 0 \tag{33}$$

が導かれます。すなわち，自国の金融引き締めが外国に波及するのです。このようになる理由は式（30）を見れば理解できます。自国の金準備は

$$r = R^R = \frac{1}{2}\psi > 0 \tag{34}$$

より増大する一方で，$r^* = -r$ですので外国の金準備は減少します。すると国際金本位制のルールより外国の貨幣供給量が減少するので，外国の産出量も下落します。当時の金本位制の下では，自国の金融引き締めが他国の金融引き締めを誘発して，世界的な不況を引き起こしていきます。Temin（1989）や，Eichengreen and Sachs（1985）らによれば，大恐慌が発生した理由は，アメリカやフランス等の金流入国が金融緩和をしない一方，金流出国は金融引き締めをせざるを得なかったこと，世界的に不況となってもなお拡張的金融政策がとられなかったことにあります。金流入国の引き締め的な政策は，ψに関する比較静学で示されているとおり世界的に波及していきます。モデルは，自国の金融引き締めに伴い貨幣量，産出量，物価水準の三つが同時に世界的に下落をしていく様を説明できています。

国際金本位制は最終的には崩壊するのですが，金本位制を離脱した国々は離脱と同時に自国の為替レートを減価させました。そこで，自国通貨が割安になった場合の分析をしてみましょう。はじめに$g=0$であった状態から$g<0$になったとします。他の外生変数（g^*, ψ, ψ^*）はすべて0であると仮定しておきましょう。すると自国通貨の割安は$G^R<0$を意味することになります。

まず，式（22）と式（27）から直ちにわかるのは，自国通貨安が両国に与える相対効果と世界全体に与える効果です。自国が平価切り下げを行った場合には$G^R<0$ですので，式（27）より$Q^R>0$となります。つまり，自国のほうが外国よりも産出量が増大するのです。平価切り下げにより自国財が割安になるからです。それと同時に，$G^W=0.5(g+g^*)<0$でもあるので，式（22）より世界全体の産出量は増大します。

両国の産出量はどうなるでしょうか。自国産出量qと外国産出量q^*はそれぞれ式（31）と式（32）で表せます。自国通貨安（$g<0$）は自国産出量を増大させる効果がある一方で，外国産出量に対する効果は$A-B$の符号に依存します。直観的にいえば，自国通貨安により外国財の価格が割高になるので外国財の需要は減少します。つまり，自国通貨安は近隣窮乏化の効果を持ちます。その一方で自国の産出量（所得）が増加するに従い自国の輸入が

増大するので（脚注 17 を参照），その効果は外国財需要が増大する方向に働きます。最終的に外国の産出量が増大するか否かはこの二つの効果のどちらが大きいかに依存します。

3.3 貨幣的要因仮説の検証

さて，以上の理論的仮説をデータを用いてどのように検証すればよいのでしょうか。貨幣量と所得の間の正の相関が「貨幣量の減少が所得の減少を引き起こした」という因果関係を必ずしも意味しないと，3.1 項で強調しました。貨幣量から所得への因果関係を確立するためには，貨幣量が外生的に動く事例を考えなければなりません。

アメリカやフランス等の緊縮的金融政策が金本位制の下で世界に波及し，その結果大恐慌が発生したというならば，金本位制でなかった国は不況から逃れられていたと考えることはできないでしょうか。金本位制は 1936 年には崩壊してしまうのですが，研究者が着目したのは金本位制から離脱した時期が国によって異なるという史実です。3.2 項で説明したモデルの理論予測の一つに，為替レートの引き下げをした国はそうでない国に比べて産出量が増加するということがあります。Choudhri and Kochin（1980）によれば，金本位制を当時採用していなかったスペインは他のヨーロッパ諸国に比べて物価水準や産出量の下落が穏やかでした。また，スカンジナビア諸国は比較的初期に金本位制から離脱して為替レートを減価させた国々ですが，他の国に比べて景気回復が早かったと論じられています。より包括的なデータを用いてこの仮説を検証したのが，Eichengreen and Sachs（1985）や Bernanke and James（1991）です。

図 6 は Bernanke（1995）の Table 2 の一部を見やすいようにグラフ化したものです。図 6 は 1930 年から 1935 年の間の金本位制採用国と非採用国の経済状態を比較しています[17]。この図から，金本位制非採用国のほうが採用国よりも産出量，貨幣量，物価水準の回復が明らかに早いということがわかります。

この事実は名目的な要因，つまり，金本位制に起因する不適切な金融引き

17）Bernanke（1995）は主に欧米の 26 カ国のデータを用いています。採用国と非採用国の定義の詳細は Bernanke（1995）pp. 12–14 を参照。

図６　金本位制採用国と非採用国の比較

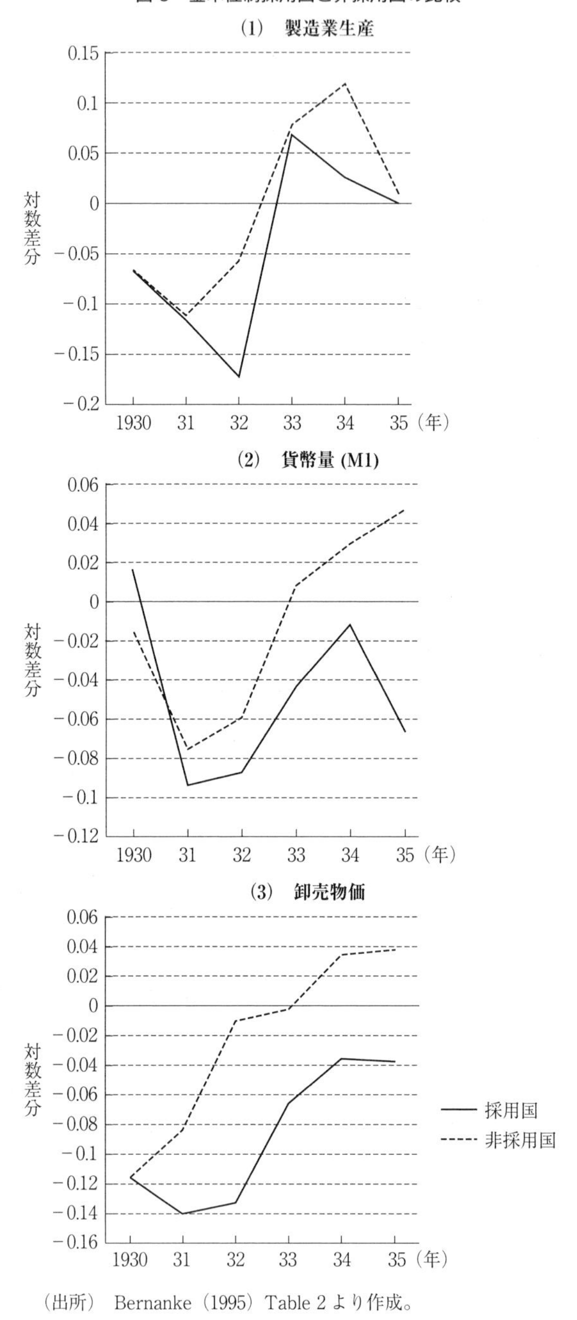

（出所）　Bernanke（1995）Table 2 より作成。

締めが大恐慌の原因だという仮説と整合的です。金本位制を維持した国は引き締め的な金融政策を続けた結果として物価や産出量が下落しました。逆に金本位制から離脱した国は拡張的な金融政策を採用できたので経済が回復しました。金融政策から物価・実体経済への因果関係の方向が存在していると解釈できるように思われますが，それは妥当でしょうか。もう少し議論を詰めなければなりません。「金本位制離脱から経済回復」への因果関係とは逆方向の因果関係，つまり，「ある国の景気が回復した結果，その国の政府が金本位制から離脱する選択をした」ということはないでしょうか。

経済史家は史料を検討した結果，逆方向の因果関係は考えにくいと主張しています。Temin（1989）では，当時の多くの政策担当者が「金本位制保持こそが国家繁栄の基礎である」という考え方を持っていたことが詳細に論じられています。たとえば，イギリスは早期に金本位制を放棄した国の一つであり，結果として景気回復は他国よりも早かったのですが，当時は金本位制からの離脱は政策的失敗だと見なされていたようです。これらの史実は，金本位制離脱が景気回復の結果として選択されたものではないことを示唆しています。ここまで議論を詰めれば，当初の分析目的，つまり「緊縮的金融政策（貨幣量の減少）により物価・産出量が下落した」という因果関係を確立できたといえます。言い換えれば，大恐慌の原因となった「ショック」は貨幣的なショックであったという仮説を，マクロ経済モデルと史料を使って論証してきたのです。

Eichengreen and Sachs（1985）や Bernanke and James（1991）の研究と，Friedman and Schwartz（1963）の研究の違いは，大恐慌の国際的な局面に注目していることです。Friedman and Schwartz（1963）は主にアメリカのデータを用いて研究したために，貨幣量と産出量の因果関係の方向を必ずしも厳密に検証できていません。一般に，一国のマクロデータだけで変数間の因果関係の検証が難しい場合には，国際データを用いれば因果関係をより厳密に検証できる場合があります。その理由は，各国の外生的な差異を利用できるからです。Eichengreen and Sachs（1985）や Bernanke and James（1991）の研究はそのよい例です。

ところで，現在の観点からすれば，「金本位制保持こそが国家繁栄の基礎である」という当時の政策当局者の考え方を不思議に思う読者もいるかもしれません。しかし，当時の政策当局者が観察していた事実や当時の知識を我々は理解しなければなりません。紙幅の制約上詳細に述べることはできませんが[18]，第一次世界大戦前は多くの国が国際金本位制のもとで安定していました。第一次世界大戦時には，それらの国は一時的に金本位制を停止しましたが，その時代は実体経済と為替レートの変動がともに大きかったのです。第一次世界大戦終結後に多くの国が金本位制への復帰を選んだ理由は，戦前の経済安定が念頭にあったからだといわれています。実際には，戦時の為替レートの大きな変動は実体経済の大きな変動を反映したものであったのでしょうが，政策当局者は変動為替制度は経済変動を増大させると考えました。Temin（1989）の言葉を借りれば，「当時の政策当局者は相関関係は正確に把握したが，因果関係を逆にとらえた」といえます。ここでも，因果の方向を確立させることの重要さを認識できます。

3.4　なぜマクロ・モデルを使うのか

戦間期の金本位制のために金融政策が過剰に引き締めになったこと，また，金本位制から早く離脱した国ほど景気回復が早かったことは，わざわざモデル分析をしなくても言葉で説明すればわかるのではないかと思うかもしれません。しかし，モデル分析は一見自明でない結論を演繹的に導けるので，それによって経済史実に新しい評価を与えることもできます。最後に，金本位制離脱に対する Eichengreen and Sachs（1985）の評価を紹介しましょう。

一国だけが金本位制を離脱して為替レートを減価させると，それは金本位制に固執する国に対して近隣窮乏化効果を持ちます。これは3.2項で説明したモデルの理論予測です。しかしモデルの含意はそれだけではありません。このモデルは同時的な平価切り下げは近隣窮乏化ではないという含意もあります。これは，g と g^* を同時に同じだけ下げたときの効果を調べれば確認できます。g と g^* が同量減少した場合には $G^W<0$ ですが $G^R=0$ です。すると式（9）～（12）より $Q^W>0$ である一方，式（15）～（18）より $Q^R=0$ であることが容易に示せます。言い換えると，自国と外国が同時に金本位制を離脱して貨幣量を増大させる（金融緩和をする）と，近隣窮乏化の効果を持つ

18）興味のある読者は Temin（1989）を参照してください。

ことなく両国の産出量を等しく増大させるのです。よって，このモデルによれば，各国が協調して金本位制から同時に離脱していたならば，世界景気をもっと早く回復させる効果があったであろうという評価をすることができます。

4　おわりに：マクロ経済学の進展と史実の再理解

本章では，貨幣的ショックが大恐慌を引き起こしたという仮説を例にとって，経済史研究におけるマクロ経済学の使い方を解説しました。マクロ経済学は理論的手法と実証的手法の双方において日々研究が進んでおり，それらを用いれば経済史実の解釈が変わる場合もあり得ます。

本章で紹介したEichengreen and Sachs（1985）のモデルは大恐慌のマクロ経済分析における非常に重要な論文ですが，もちろんこの論文が書かれた1980年代初頭までのマクロ経済学の知識の制約を受けています。まず，Eichengreen and Sachs（1985）モデルは静学モデルであり，またモデルの背後にある消費者や企業の行動が明示的に記述されていません。その後開発されていったマクロ経済モデルの代表的な枠組みは，「動学的確率一般均衡モデル」と呼ばれるものです。この枠組みはさまざまな経済ショックが時間を通じて経済に波及していく様子を分析できるようになっており，その背後の家計の消費，貯蓄，労働供給行動や，企業の生産，雇用決定を明示的に記述しています。この枠組みを用いて，近年では大恐慌におけるさまざまなショックの役割について研究がなされています。たとえばCole and Ohanian（1999）は大恐慌時には全要素生産性が大きく下落していると主張しています。全要素生産性とは「ソロー残差」とも呼ばれ，マクロ経済全体の資本ストックや労働投入といった生産要素がどの程度効率的に使われているかということを計る指標です。彼らの研究は，Eichengreen and Sachs（1985）やBernanke（1995）が強調した需要面のショックだけでなく，経済の供給面にも大きなショックが加わっていたことを示唆しています[19]。動学的な側面

19）　Kehoe and Prescott（2002）も参照。この論文が収録されている *Review of Economic Dynamics*, 5（1）は，動学的確率一般均衡モデルの枠組みを使った大恐慌やその他の大きな不況の分析の特集をしています。

では，現代マクロ経済学は期待の役割を重視します。それを反映して，大恐慌時の経済主体の期待の変化に焦点を当てた分析も行われています。Temin and Wigmore（1990）は，当時のルーズベルト米大統領がとった為替レート減価の政策決定によって人々のインフレ期待が変化したことが，アメリカの大恐慌から回復過程にとって重要だったと主張しています[20]。近年のマクロ経済学では資産分布や所得分布に関する研究が大きく発展していますが，Kumhof, Ranciere, and Winant（2015）は所得分布の変化が大恐慌の原因ではないかという仮説を立てています。歴史上の経済事象はその事象が起こった時点のマクロ経済学の発展に大きな影響を与えますが，それと同時に，現代のマクロ経済学を用いて史実を理解すると当時には得られなかったような新たな知見が得られることも多いといえます。

参考文献

齊藤誠・岩本康志・太田聰一・柴田章久（2016）『マクロ経済学　新版』有斐閣。

Bernanke, Ben S.（1995）“The Macroeconomics of the Great Depression: a Comparative approach,” *Journal of Money, Credit and Banking*, 27（1）, pp. 1–28.

Bernanke, Ben and Harold James（1991）“The Gold Standard, Deflation, and Financial Crisis in the Great Depression: An International Comparison.” in Glenn Hubbard ed. *Financial Markets and Financial Crises*, University of Chicago Press, pp. 33–68.

Choudhri, Ehsan U. and Levis A. Kochin（1980）“The Exchange Rate and the International Transmission of Business Cycle Disturbances: Some Evidence from the Great Depression,” *Journal of Money, Credit and Banking*, 12（4）, pp. 565–574.

Cole, Harold L. and Lee Ohanian（1999）“The Great Depression in the United States from a neoclassical perspective,” *Federal Reserve Bank of Minneapolis Quarterly Review*, 23（1）, pp. 2–24.

Eggertsson, Gauti B（2008）“Great Expectations and the End of the Depression,” *American Economic Review*, 98（4）, pp. 1476–1516.

Eichengreen, Barry（1992）*Golden Fetters: The Gold Standard and the Great Depression, 1919–1939*, New York/Oxford: Oxford University Press.

Eichengreen, Barry and Jeffrey Sachs（1985）“Exchange Rates and Economic Recovery in the 1930s,” *The Journal of Economic History*, 45（4）, pp. 925–946.

Friedman, Milton and Anna Schwartz（1963）*A Monetary History of the United States, 1867–1960*, Princeton: Princeton University Press.

Hall, Robert E.（1986）“The Role of Consumption in Economic Fluctuations,” in Robert

---

20）より近年のマクロ・モデルの枠組みを使ってルーズベルト大統領の政策を分析したものとして，Eggertsson（2008）を参照してください。

Gordon ed. *The American Business Cycle: Continuity and Change*, University of Chicago Press, pp. 237–266.

Kehoe, Timothy J. and Edward C. Prescott (2002) "Great Depressions of the 20th century," *Review of Economic Dynamics*, 5 (1), pp. 1–18.

Kumhof, Michael, Romain Ranciere, and Pablo Winant (2015) "Inequality, Leverage, and Crises," *American Economic Review*, 105 (3), pp. 1217–1245.

Temin, Peter (1976) *Did Monetary Forces Cause the Great Depression?*, New York: Norton.

Temin, Peter (1989) Lessons from the Great Depression, Cambridge, MA: MIT Press.

Temin, Peter and Barrie A. Wigmore (1990) "The end of one big deflation," *Explorations in Economic History*, 27 (4), pp. 483–502.

第6章

計量経済学の経済史研究への応用
プログラム評価における条件付け変数の取り扱いについて

市村 英彦

キーワード
プログラム評価問題，パラメトリック，ノンパラメトリック，自然実験，操作変数法，マッチング分析，差の差の分析

本章では，経済史の最近の三つの論文を例として用いながら，プログラム評価の基本的な考え方を紹介し，プログラムの因果効果はノンパラメトリックに同定できることを説明します。又それらを実践する際に通常用いられるパラメトリックな分析が潜在的には大きなバイアスを生む可能性がある理由を説明し，それらをどのように改善することができるかを示します。

1 本章の目的

プログラム評価の手法は，1990年代半ば以降自然実験（natural experiment）的手法が主流となりました。それ以降2000年代半ば頃までは無作為化比較試行（Randomized Controlled Trial: RCT）や自然実験によるデータを用いた非構造推定一辺倒の風潮でしたが，いまでは構造推定の重要性も多くの研究者の間で十分に認識されていて，一時期のアンバランスな状況ではありません。

しかし，せっかく行われたRCTから得られたデータや，せっかく見出された自然実験によるデータは現在でも相変わらず線形係数モデルに基づいた回帰分析，操作変数法，差の差によるパネル・データ分析などを用いて実証分析される場合がほとんどです。

そこで本章では，経済史の最近の研究論文を例として用いながら，プログラム評価の基本的考え方を紹介した後，これらの論文でも用いられているようなパラメトリックな分析が潜在的には大きなバイアスを持つ可能性がある理由を説明します。そして最後にそのような分析をどのように改善することが可能かを説明します。

以下，3本の論文，Becker et al. (2020)（以下B論文と省略します），Michalopoulos and Papaioannou (2013)（以下MP論文と省略します），Juhász (2018)（以下J論文と省略します）を例として用います。まず次節では，この3論文を紹介しながら本章での表記法を導入する意味も含めてプログラム評価問題を定義し，その解決方法の基本的なものについて説明します。

この章では確率変数，期待値，条件付き期待値，分布のサポート，繰り返し期待値，推定におけるバイアスの概念，回帰分析，プロビットやロジット分析，同時方程式，操作変数法，パネル分析などの概念や手法は既知とします。これらの概念について未習の方は，Stock and Watson (2019) や西山・新谷・川口・奥井 (2019) など国際的に標準的な計量経済学の内容を含む上級学年・大学院1年レベルの教科書でこれらの概念を学習されることをお勧めします。

なお，この章で前提としている知識を持っている読者であれば，以下で説明するプログラム評価問題やその解決方法の概略についてはすでにご存知の方が多いと思いますが，注意していただきたいのはプログラムの因果効果は以下で説明するように，それぞれの仮定のもとではノンパラメトリックに同定（identify）できているという点です。すなわち，線形係数モデルに基づいた回帰分析，操作変数法，差の差によるパネル・データ分析などはあくまでノンパラメトリックに同定できるパラメータを，パラメトリックな手法で推定しているのだという点です。

2　プログラム評価問題とその解決方法

2.1　プログラム評価問題

通常，プログラム評価問題を考える際には，ある人や企業iがあるプログラムに参加したかどうかを示す2値の確率変数D_iを，そのプログラムに参

加した場合 $D_i=1$，参加しなかった場合 $D_i=0$ と定義し，参加したときに得られる結果を示す確率変数を Y_{1i}，参加しなかったときに得られる結果を示す確率変数を Y_{0i} で表し，i にとってプログラムに参加することの因果効果は $Y_{1i}-Y_{0i}$ で定義します。

ある人はプログラムに参加しているかしていないかのどちらかなので，Y_{1i} または Y_{0i} の一方の実現値のみが観察され，どの人についても $Y_{1i}-Y_{0i}$ の実現値は観察できません。このように，個人レベルでの因果効果が観察できないことをプログラム評価問題といいます[1]。

この枠組みを使って，3論文で実証されている内容を整理してみましょう。B論文は強制移住させられた経験が教育投資を高めるかを，第二次世界大戦後，ポーランドからソビエト連邦に編入されたクレスィ（Kresy）地方の人々が現在のポーランドの西部（旧ドイツ領）に強制移住させられた歴史的事実を題材として実証分析しています。強制移住させられた経験が嗜好の変化を生み，そのことを通して教育投資が高まるかということです。この論文での D_i は個人 i の先祖が強制移住させられたかどうかを表し，Y_{1i} は先祖が強制移住させられた場合の i の教育年数，Y_{0i} は強制移住させられていない場合の教育年数を表しています。この論文では，強制移住させられた経験の因果効果 $Y_{1i}-Y_{0i}$ について実証分析しています。

MP論文は，アフリカにおける植民地時代の民族レベルでの政治的な組織のあり方が現在の社会・経済状況にどのような長期的な因果効果を持ったかについて実証分析しています。この論文では，多様な政治組織を Murdock（1967）の研究に基づいて，村などごく地域的な組織を超えた政治組織がいくつあるかで指標化し，0は村以上の政治組織がない状態，1は簡単な首長制（petty chiefdom）の場合，2は有力な首長制（paramount chiefdom）の場合，3又は4ある場合は合わせて大きな国（large state）の一部である場合として四つに分けて分析に利用します。

1）このような枠組みを Rubin の因果モデル，あるいは Neyman-Rubin 因果モデル（Neyman Rubin causal model）と呼びます。たとえば，Speed（1990），Neyman（1990［1923］），Rubin（1990）参照のこと。また，Holland（1986）およびその論文に対する David R. Cox, Donald B. Rubin, Clark N. Glymour, Clive W. J. Granger によるコメントも有益です。

この実証分析を上記のような枠組みで行うために，2値のDを一般化し，$D_i=d, d\in\{0,1,2,3\}$ とします。また，プログラムの結果もdにより異なるのでY_{di}で表します。MP 論文では任意の二つのプログラムdとd'について$Y_{di}-Y_{d'i}$を測定したいのですがプログラム評価問題から，それは観察できません。

ジョージ・マードック（George Peter Murdock）によるアフリカの広範囲にわたるさまざまな民族の分布単位（683 地域）に対応する粒度で得られる等質の経済指標はないので，その代わりにY_{di}として人工衛星から観察される民族iの地域での夜間の光密度を用いています。この論文の面白さの一つは，マードックの大労作を最新の技術的進歩による夜間の光密度情報と結びつけることにより，政治組織の長期的影響を実証するという大変興味深い分析をしてみせたことだろうと思います。

J 論文は，幼稚産業保護政策に短期的および長期的な因果効果があるかを実証分析しています。幼稚産業保護政策は通常同一産業の企業について一律に適用されるため，同じ産業内に比較できる企業がなく有効な実証分析ができません。そこが幼稚産業保護政策を評価する難しさだといえるのかもしれません。

J 論文では，1803〜15 年のナポレオン戦争当時フランスが採った英国からの保護貿易政策がフランス紡績産業における綿紡績機への投資にどう影響したかを主題材としています。この場合にも全国一律に保護政策が採られたわけで，同様の難しさがあります。そこで，この論文では当時のフランスの地域（department）間で保護政策の有効性が異なっていた点に着目しています。保護政策は英国からの製品流入を封鎖することにより行われましたが，完全に英国からの製品流入を封鎖することはできず，迂回的な製品流入が生じました。つまり，保護政策は実質的には英国からの物理的な距離とは異なる実効距離（effective distance）により地域間で差を生み，それが経済的なインパクトを持ったわけです。

そこで J 論文では，短期的な政策効果を分析する際には 1803 年，1812 年の 2 時点を考え，それぞれの時点tについて$D_i(t)=d$はロンドンから地域iまでの実効距離で，連続の値を取り保護の度合いを示すインデックスとして使われています[2]。そして$D_i(1812)=d$に対応する$Y_{di}(1812)$として保護政

策 d を受けた場合の1812年時点での綿紡績機台数を用い，$D_i(1803)=d'$ と定義すると，1803年時点と実効距離が変わらなかった場合と比較して，1812年時点でどれくらい綿紡績機台数は増えているか，つまり $Y_{di}(1812)-Y_{d'i}(1812)$ を測定したいのですが，$Y_{d'i}(1812)$ は観察できません。この問題がJ論文における短期的なプログラム評価問題となります[3]。

長期的な効果を分析するには，結果をとらえる変数として1840年，1887年の地域 i での綿紡績機台数を用いています。そこだけを変更して，$Y_{di}(1840)-Y_{d'i}(1840)$ や $Y_{di}(1887)-Y_{d'i}(1887)$ の測定を目指すことも自然ですが，J論文では長期の効果を1812年時点での地域 i の綿紡績機台数による効果としてとらえています。すなわち，長期的な分析の際の D は1812年時点での綿紡績機台数なので，短期的分析の際の結果をとらえる変数 Y_d (1812) です。そこで，混乱を避けるために長期的な結果をとらえる変数を $L_{Y_d}(t)$ と書いて $t=1840$ 年または $t=1887$ 年時点での綿紡績機台数を表します。長期的な効果として測定したいものは，実効距離が1803年時点と変わらなかった場合に1812年時点で実現していた綿紡績機台数があった場合に比べて，1840年，あるいは1887年時点での綿紡績機台数はどれくらい増えているか，すなわち $t=1840, 1887$ として，

$$L_{Y_{di}i}(t)-L_{Y_{d'i}i}(t)$$

をターゲットとします。この場合も $L_{Y_{di}i}(t)$ は観察可能ですが，$L_{Y_{d'i}i}(t)$ は観察できないことがこの問題のプログラム評価問題です。

次に，プログラム評価問題がどのように解決されてきたかいくつかの方法を解説します。繰り返しになりますが，重要なポイントは一定の過程のもとで，それぞれの方法はプログラムの因果効果をノンパラメトリックに同定するということです。

2）距離を定義するためにはロンドンからの距離と特定するほうが便利なのでしょうが，綿紡績機の輸入や市場までの距離としてはロンドンからの距離が妥当なのかは疑問ではあります。

3）綿紡績機についてはこの通りですが，J論文ではほかにも絹紡績機や革なめし機についても議論しており，それらについては年が異なります。

2.2 RCTによる解決方法

プログラム評価問題から，個人にとってのプログラム効果は測定できないので，代わりに平均的なプログラム効果（Average Treatment Effect: ATE）

$$E(Y_1-Y_0)=E(Y_1)-E(Y_0)$$

を推定することを考えてみましょう。これなら Y_1 のサンプル平均と Y_0 のサンプル平均の差で推定できるように見えます。しかし現実社会のなかで得られたデータ（observational data）を用いている場合には必ずしもそうではないのです[4]。

実際に観察できるのは，プログラムに参加した人たちの Y_1 と参加しなかった人たちの Y_0 なので，推定できるのは，

$$E(Y_1|D=1)-E(Y_0|D=0)$$

であり，$E(Y_1)-E(Y_0)$ ではありません。ここで，$E(Y_1|D=1)$ は $D=1$ の人たち，すなわちプログラムに参加した人たち，にとっての Y_1 の条件付き期待値，$E(Y_0|D=0)$ は $D=0$ の人たち，すなわちプログラムに参加しなかった人たち，にとっての Y_0 の条件付き期待値という意味です。

たとえば，

$$E(Y_1|D=1)-E(Y_0|D=0)$$

が正で大きいからといって，プログラムに平均的に効果があるとはいえません。プログラムに参加するような人の Y_1 の値は，参加しなかった人の Y_1 の値より大きい傾向があるかもしれないからです。より良い結果が得られると思うからこそプログラムに参加した，ということは十分にあり得ます[5]。参加した人たちと参加していない人たちという異なるグループを比較しているので，プログラムの効果を同じグループの人たちについて推定しているとはいえないのです。

$Y_i=D_iY_{1i}+(1-D_i)Y_{0i}$ と定義して Y_i を定数項と D_i に回帰して得られる

4）現実のデータをサンプルして得られるデータを観察データと呼び，無作為化比較実験により得られるデータ（experimental data）と区別します。

5）ずれの向きは場合によって色々あり得ます。

D_iの係数は，$\mathrm{Var}(D_i)>0$の場合$\mathrm{Cov}(Y_i, D_i)/\mathrm{Var}(D_i)$ ですが，これは，$E(Y_{1i}|D_i=1)-E(Y_{0i}|D_i=0)$ と一致します[6]。これが相関は因果関係を意味しないとよくいわれる所以です。異なるグループを比較しているのです。

プログラム評価問題があるなか，どのようにしてプログラムを評価するのかについて，さまざまな工夫が凝らされてきました。RCTはその代表的なものです。

RCTでは，結果変数とは独立に一定確率で対象に対してプログラムへの参加・不参加を割り当てます[7]。このように割り振られたプログラム参加の状態を，通常の場合と区別するために（Y_1^*, Y_0^*, D^*）で表すと，(Y_1^*, Y_0^*)とD^*は独立なので

$$E(Y_1^* \mid D^*=1)=E(Y_1^* \mid D^*=0)=E(Y_1^*)$$

かつ

$$E(Y_0^* \mid D^*=0)=E(Y_0^* \mid D^*=1)=E(Y_0^*)$$

となります。このうえでもし$E(Y_1^*)=E(Y_1)$ かつ$E(Y_0^*)=E(Y_0)$ なら，すなわち，RCTで得られるデータが現実に対応しているなら，観察データを用いた場合には推定できなかった平均的なプログラム効果が同じサンプル平均をとることで推定できます。

RCTのアイデアの基本はプログラムに割り当てられたグループと割り当てられなかったグループが母集団として平均的結果が同じという意味で同等である，ということです。同等のグループで比較するという考え方が因果推論の基本で，これから議論するさまざまな解決方法に共通しています。それぞれの手法はプログラムに参加したグループと参加しなかったグループとが

6）まず，
$\mathrm{Cov}(Y, D)=E[YD]-E[Y]E[D]=E[Y \mid D=1]\Pr(D=1)-\{E[Y \mid D=1]\Pr(D=1)+E[Y \mid D=0]\Pr(D=0)\}\Pr(D=1)=[E(Y_1 \mid D=1)-E(Y_0 \mid D=0)]\Pr(D=1)\Pr(D=0)$
なので，$\mathrm{Var}(D)=\mathrm{Cov}(D, D)=\Pr(D=1)\Pr(D=0)$ となり，$\mathrm{Var}(D)>0$なら，この比から結果が得られます。

7）RCTの前提はこの条件であり，当たり前ですが，現実の社会で試したから社会実験になるというわけではありません。日本ではいまでも社会実験と称していながら，この条件を満たす努力がされてもいないため，社会実験とはいえないものが多いです。

プログラムへの参加・不参加を除いて同等な母集団であることをどのように担保するかで異なります。RCT の場合は無作為にプログラムを割り当てることで母集団の同等性が担保されると仮定しているのです。

ここで RCT データの限界をいくつか議論しておきます。まず，RCT データで推定可能となるのは平均的効果で，たとえばプログラム効果の分布はもちろん知りたいところですが，RCT データを使っても推定できません。RCT データでも $Y_{1i}-Y_{0i}$ はどの i についても観察できないというプログラム評価問題が解決されたわけではないからです。平均的効果であれば

$$E(Y_1-Y_0)=E(Y_1)-E(Y_0)$$

なので，Y_1 と Y_0 それぞれの周辺分布が得られれば計算できます。Y_1-Y_0 の分布を計算するためには Y_1 と Y_0 の周辺分布では不十分で同時分布が必要ですが，プログラム評価問題から，それは得られません[8)]。

また RCT に関する以上の議論では，RCT が想定通り機能していることが大前提となっています。すなわち，先にも議論したように

$$E(Y_1^*|D^*=1)=E(Y_1^*|D^*=0)=E(Y_1^*)=E(Y_1)$$

かつ

$$E(Y_0^*|D^*=0)=E(Y_0^*|D^*=1)=E(Y_0^*)=E(Y_0)$$

が成立していることを仮定していますが，まず，プログラムへの割当段階では同じだった母集団も実際に割当後実験に残る母集団は同じではない可能性があります。たとえばプログラムから利益が得られると考えている人はプログラムに割り当てられない場合にもプログラムと同等な方途があればそれを採る可能性があり，$D^*=0$ の Y_0^* の分布と $D^*=1$ の Y_0^* の分布は異なる可能性があるので $E(Y_0^*|D^*=0)=E(Y_0^*)$ とはならないかもしれませんし，プログラムから利益を得られないと考えている人はプログラムに割り当てられても割当通りには参加しないかもしれないので，割当通り参加した人の間では $E(Y_1^*|D^*=1)=E(Y_1^*)$ とはならないかもしれません。ワクチンの RCT などでは偽薬が与えられて，対象者には実際の割当がわからないよう

---

8)　周辺分布が与えられると同時分布に制約はおかれます。

にしているのはこのような問題を避けるためですが，社会実験の場合本人に割当がわからないようにするのは難しいことです。たとえば失業者に職業訓練を与える効果を分析するために，米国で社会実験が行われましたが，その場合職業訓練を受けたかどうかを隠すことはできません。また，健康保険には理論的にはモラルハザードや逆選択の問題があるといわれており，その実際上の大きさを測定するための社会実験も行われました。その際は，本人がどのような保険を割り当てられたかを知っていることがそもそもの前提なので，それを隠すことはできないわけです。

また，RCT の仮定は，実験から得られる結果は現実の場合と平均が一致するという意味で同等だという仮定も含みますが，その仮定を満たすことがなかなか難しい場合もあります。たとえば健康保険の場合実験期間は限定されていますが，保険がどの期間有効かは医療需要に影響する可能性があります。より一般的には RCT で実現できる状況が現実に対応しているのか，という問題があります。たとえばリスクに対する行動を RCT で吟味する場合，RCT で実現できるリスクの複雑さは現実の複雑さに比較して規模的な違いがあるので，RCT で測定されたリスク回避尺度などがどれほど現実対応性があるかは疑問です。また，社会実験であることがわかっているわけですから，RCT に参加する人たちと参加していない人たちとが同等な母集団かどうかは吟味が必要です。その他，経済的・政治的に費用がかかり，またタイムリーにデータを利用できないなど多くの問題を RCT は抱えています。しかし，もちろん，仮定が近似的に成立する形で RCT が実現可能な場合には RCT は貴重な情報をもたらすことに間違いありません。

残念ながら経済学が考えたい問題のなかには RCT がそもそも不可能な場合も多くあります。本章で紹介している三つの論文が考えている問題などはどれもその典型でしょう。無作為に多くの人を強制移住させることはできませんし，それぞれの民族に異なる政治組織を無作為に割り当てることはできません。しかも興味の対象は長期的な影響なので，たとえ割当が無作為にできたとしても随分と気の長い研究になります。J 論文が考えている問題についても，実験的に保護政策を行うことには多くの障害があります。

そこで経済学では，RCT が可能な場合には RCT をさまざまな状況で実現しながらも，同時に観察データのなかから実験に近い状況を見つけ出しその状況を用いて実証分析を進めることにより，プログラム評価問題を解決するべく実験データの限界を超える努力が続けられています。自然実験（natural experiment）アプローチと呼ばれるものです。

2.3　自然実験による解決方法

2.3.1　自然実験による分析

自然実験による分析は少なくとも1970年代から実践されてきています。たとえば，Rosenzweig and Wolpin（1980）（以下RW論文と省略します）は，子供がもう一人いることにより母親の労働参加がどれくらい減るかという問題を考える際に自然実験的手法を使いました。この問題では$D_i=0$は子供が一人いる母親i，$D_i=1$は子供が二人いる母親i，を表しY_0，Y_1はそれぞれ子供が一人いる場合と二人いる場合の労働参加を表す2値変数（1なら労働参加，0なら不参加）とします。RW論文は，少なくとも一人の子供を持とうと思った母親に二人目の子供ができた場合の労働参加への影響の平均的効果

$$E(Y_1-Y_0\,|\,\text{少なくとも一人の子供を持とうと思った母親})$$

を双子という自然実験を用いて実証分析しています。$T=1$で母親に双子ができたことを表し，$T=0$で双子でなかったことを表すと，初めて子供ができた母親の無作為標本の中で子供が双子だった母親と双子でなかった母親の労働参加Yを比較すると，$T=1$の母親のYはY_1に対応し，$T=0$の母親のYはY_0に対応するので（「少なくとも一人の子供を持とうと思った母親」という条件を省略して以下書いていますが），

$$E(Y|T=1)-E(Y|T=0)=E(Y_1|T=1)-E(Y_0|T=0)$$

となります。もしTと（Y_0, Y_1）が独立なら右辺は$E(Y_1)-E(Y_0)$と等しいので$E(Y_1-Y_0)$が推定できます。しかし，高齢出産に双子が多い傾向があり，黒人の母親の間で双子が多いことが知られているので，RW論文では母親の年齢と母親が黒人かどうかのダミーの2変数をXで表し

$$E(Y_1|T=1,X)=E(Y_1|T=0,X) \text{ かつ}$$
$$E(Y_0|T=0,X)=E(Y_0|T=1,X) \quad (1)$$

を仮定します。この X で条件付けることで $E(Y_1-Y_0|X)$ を

$$E(Y_1|T=1,X)-E(Y_0|T=0,X)$$

により計算できます。

この分析での条件付け変数 X の役割は重要で，X で条件付けることで T と (Y_0,Y_1) が独立であることを担保しています。この条件付けは同定のために必要なものなので，根本的に重要です。もし，母親の出産時における年齢と黒人か非黒人かで条件付けした因果効果が興味の対象であればこの X で条件付けした平均値を報告すればよいのですが，条件付けしない平均的効果に興味があるのなら，繰り返し期待値を用いて，少なくとも一人の子供を持とうと思った母親が一人目の子供を出産した時点での X の周辺分布を用いて，平均的効果を計算することになります[9]。

このような条件付け変数 X の，因果効果を同定するための役割とは別に，X で条件付けることによって興味の対象となるグループを特定する場合があります。たとえば上記の場合であれば，母親の仕事形態や教育水準など，特定のグループ別の因果効果に興味があるかもしれません。どのようなグループについての因果効果に興味があるのかは研究者が同定の問題とは別に明確にする必要があります。

ここで注意すべき点として，$T=1$ を所与とした X の分布と $T=0$ を所与とした X の分布とは一般には異なり，それぞれのサポートがそもそも違う可能性があるということです。ある X の値については $T=1$ 又は $T=0$ どちらか一方だけしか存在しないかもしれないのです。すなわち，原理的に

$$E(Y_1|T=1,X)-E(Y_0|T=0,X)$$

の両辺が同時には定義されていない可能性があります。プログラム評価問題

9)　上記のように，RW 論文のアイデアを用いればもう一人子供が増えた場合の母親の労働参加への平均的効果を，関数形を特定することなく推定することができるのですが，RW 論文では回帰分析を用いた分析を行っています。

が母集団のレベルでも解決されていない可能性があるのです。上記の書き方，式（1）では明確ではないのですが，仮定（1）には両辺が定義できていることが前提としてあるので，$T=1$ を所与とした X の分布と $T=0$ を所与とした X の分布のサポートは同じだと仮定されているわけです。

RCT の場合には D^* は $(Y_0{}^*, Y_1{}^*)$ とは独立に生成されていて，D^* と $(Y_0{}^*, Y_1{}^*)$ の独立性を担保するためにとくに条件付けの X は必要ではありません。さらに，X が興味の対象を特定するために必要だとしても，D^* の生成方法が通常は D^* と X との独立性も担保するので，$D^*=1$ を所与とした X の分布と $D^*=0$ を所与とした X の分布とが異なる理由はありません。したがって二つの条件付き分布のサポートが異なるかもしれないという問題は RCT には存在しない，自然実験特有の問題です。

RCT では比較している二つの母集団が同等であるという点が少なくとも割当段階では保証されていることが強みです。RCT の弱みは，RCT の母集団が現実の母集団と同等か，という点が保障されていないという点です。

自然実験の強みは観察データであるという点で，現実との対応関係がつけやすい点です。しかし，自然実験でも現実との対応関係については別途議論が必要な場合がほとんどだと思います。たとえば RW 論文の場合でも我々が興味があるのは二人目の子供ができた場合であって，同時に二人の子供ができた場合ではないので，そのあたり，本当に興味があるパラメータと RW 論文の自然実験で推定されるパラメータとの間には，ずれがあるといわざるを得ません。

自然実験の弱みは，比較している母集団の同等性を担保するために多くの場合ある変数ベクトル X で条件付ける必要があるということで，このために，上記のようなサポートの問題が生じる可能性があります。この点に注意を払わずにパラメトリックな手法を用いると大きなバイアスが生じる可能性があるということを第3節で説明します。

ここでは「自然実験」とは何かということはとくに定義せず，具体例を通して説明しました。アイデアとしては仮定（1）が観察データで成立し，さらに T の値と D の値が1対1に対応する，ということです。

基本的に重要なポイントは T が本人の意思とは無関係に決まっているという点で，そのことが D の内生性から生じる多くの問題点を解決してくれるだろうという期待に基づいているわけです。

もちろん，双子の例ではTの値は本人の意思とは無関係であっても年齢や人種がTと関係し，また働くかどうかという（Y_0, Y_1）とも相関を持つと考えられるので，それらに条件付ける必要があるわけですが，子供をもう一人作るかどうかという意思決定であるDと（Y_0, Y_1）の関係に比べると，はるかにランダム性が高いだろうという期待が持てるということです。

B論文の場合，強制移住させられたかどうかというDの効果が対象となっています。この変数は定義上本人の意思とは無関係に決められるため，自然実験に直接対応していると解釈できるわけです。

2.3.2　B論文の強制移住に対応する自然実験

強制移住させられた経験が教育投資へどのような効果を持つかを社会実験により確認することはできません。2.1項にも記しましたが，B論文では第二次世界大戦後，ポーランドからソビエト連邦に編入されたクレスィ（Kresy）地方の人々が現在のポーランドの西部（旧ドイツ領）に強制移住させられたことを自然実験ととらえて実証研究に利用しています。この分析ではクレスィ地方に当時の先祖を持つ人々が$D=1$のグループ，この地方と現在の西部ポーランド（旧ドイツ領）以外に当時の先祖を持つ人々が$D=0$のグループです。重要なポイントは，強制移住対象グループとそうでなかったグループとがRCTと同様，同等の母集団だと考えられるかどうかです。B論文ではこの問題に対処するため，2通りの分析を行っています。一つは，同じ民族，言語，宗教の先祖で条件付けする方法で，それらを表す変数をXとして，この方法だと以前も議論したとおり，

$$E(Y_1 \mid D=1, X) = E(Y_1 \mid D=0, X) \text{ かつ}$$
$$E(Y_0 \mid D=0, X) = E(Y_0 \mid D=1, X)$$

を仮定します。

もう一つは，自然実験でもとくにシャープな回帰非連続分析と呼ばれる手法で，以下に説明するようにY_1，Y_0それぞれの回帰関数については連続性を仮定し，$D=1$の選択確率がある境界で0から1に変わる状況を使います[10]。B論文ではクレスィ境界線近傍（境界から150キロメートル内外）のポ

ーランド側の人々は強制移住の対象ではなく，ソビエト連邦側の人々は強制移住の対象だったので，$D=1$ の選択確率は 0 から 1 になることを使います。クレスィ境界の 150 キロメートル以内の内側（$X=X^-$）か外側（$X=X^+$）に先祖がいた人たちをダミー変数 X で表すと，この方法だと母集団をクレスィ境界の内外 150 キロメートル以内に限定したうえで

$$E(Y_1 \mid X^+) = E(Y_1 \mid X^-) \text{ かつ } E(Y_0 \mid X^+) = E(Y_0 \mid X^-) \qquad (2)$$

を仮定します。すなわち，クレスィ境界の 150 キロメートル内側に住んでいたか，150 キロメートル外側に住んでいたかは 150 キロメートル近傍の人たちに限れば平均的結果には影響しないという仮定です。この仮定を正当化できるかどうかは強制移住させられた当時，クレスィ境界線がどのように決まっていたのか，さらにポーランド側と外側であるソビエト連邦側とではどのような違いがあったのかなどが重要です。B 論文では，過去の歴史的経緯を遡り，クレスィ境界線が過去に何らかの歴史的取引に使われてはいないことを確認し，また自然条件が境界内外で異ならないことを議論しています。また，クレスィ境界線がローカルな住民の意向を組むことなく決められたことを文献を引用しながら主張しています。

クレスィ境界線内側の人は全員強制移住の対象ではないので，$E(Y_0 \mid X=X^-) = E(Y_0 \mid D=0, X=X^-)$，クレスィ境界線外側の人は全員強制移住の対象なので，$E(Y_1 \mid X=X^+) = E(Y_1 \mid D=1, X=X^+)$，となります。したがってこの仮定 (2) が正当化されるなら，

$$\begin{aligned} E(Y_1 - Y_0 \mid X=X^-) &= E(Y_1 - Y_0 \mid X=X^+) \\ &= E(Y_1 \mid D=1, X=X^+) - E(Y_0 \mid D=0, X=X^-) \end{aligned}$$

なので，クレスィ境界線上の人々についての強制移住させられた経験の効果が同定できます。

注意すべき点としては，二つの異なる手法で推定される平均的な因果効果

10)　英語では regression discontinuity analysis と呼ばれていて，sharp と fuzzy の 2 種類が区別されます。fuzzy な regression discontinuity analysis は選択確率が対象となる境界の近傍で非連続的に変わるけれど 0 から 1 に変わるわけではない場合です。Hahn et al.（2001）を参照してください。

は一般的には異なるという点です。どちらも平均的な因果効果を推定しているのですが，異なる母集団についての平均的因果効果です。第一のアプローチで推定されるのは，現在のポーランド中央部とクレスィ地方に当時住んでいた先祖を持つ人たちで強制移住対象グループを先祖とする人々を母集団とするのに対して，第二のアプローチでは，クレスィ境界近傍150キロメートル内外住民を先祖とする人たちを母集団としています。

2.4　操作変数法による解決方法

2.4.1　操作変数法の考え方

従来の操作変数の考え方は定数係数の主として線形係数モデルを前提としていました。この考え方はImbens and Angrist（1994）（以下IA論文と省略します）以降は大きく変わりました。はじめに見たように，因果効果の定義は $Y_{1i}-Y_{0i}$ であって，異なる i については異なる値を取ります。個々のレベルでは異なる効果の何らかの平均値を求めることが因果効果分析の主眼となっています。

この進展を概観するために，次の表記法を用います。$Y=DY_1+(1-D)Y_0$, 0と1を取る操作変数を Z, $Z=1$ のもとでのプログラム参加を表す変数を $D(1)$, $Z=0$ のもとでのプログラム参加を表す変数を $D(0)$ として，

$$Y(0)=D(0)Y_1+(1-D(0))Y_0 \text{ かつ } Y(1)=D(1)Y_1+(1-D(1))Y_0$$

とします。

IA論文は以下の定理を示しました。

定理〔LATE（Imbens and Angrist（1994）〕　もし，

1. $(Y_0, Y_1, D(0), D(1))$ と Z は独立。
2. $\Pr(D(0)\neq D(1))>0$.
3. $D(0)\leq D(1)$ 又は $D(1)\leq D(0)$ のどちらか一方だけが確率1で成立する。

1～3なら，次の関係が成立する：

$$\frac{E(Y\mid Z=1)-E(Y\mid Z=0)}{E(D\mid Z=1)-E(D\mid Z=1)}=E(Y_1-Y_0\mid D(1)\neq D(0)).$$

ここでは仮定の記述や表記の単純化のためにZが最初から2値だと仮定していますが，IA 論文の操作変数Zは一般の確率変数で，その二つの値の間での条件付き期待値の差の比が同様の期待値になることが示されています。

本定理の最初の二つの仮定1と2はZが操作変数として妥当だという仮定です。仮定1は（$Y(0), Y(1)$）からZが除外されているということで，仮定2はZはDと相関があるということです。仮定3は単調性（monotonicity）の仮定といわれ，通常の定数係数の線形係数モデルでは前提のモデルの仮定に含まれていますが，ここではそのようなモデルを前提としないので，明示的に仮定されています。

ここでは単純化のためにすべての仮定が条件付け変数Xなしに成立していることが前提となっていますが，もちろん，すべてを条件付け変数Xを加えて書いても同様の結果が成立するので，たとえば仮定1を，応用上

$$(Y_1, Y_0, D(0), D(1)) \text{ と } Z \text{ は } X \text{ で条件付けると独立}$$

という仮定に変更する必要があるなら，他の仮定や結論もすべてXで条件付けて考えればよいわけです。

この定理の左辺はデータから推定できるので，本定理の仮定のもとで，右辺が推定できることになります。右辺は彼らが Local Average Treatment Effect（LATE）と呼んだもので，$\{D(1) \neq D(0)\}$ という同一の母集団に対応する因果効果$Y_1 - Y_0$の期待値なので，この母集団に対する平均的因果効果が推定できることになります。これが本定理の最も重要なポイントです。

LATE をどのように解釈するのかは操作変数の性質によります。たとえば，$Z=0$と$Z=1$が二つの政策に対応しているなら，二つの政策のもとでプログラム参加の意思決定を変える母集団についてのプログラム効果というように解釈できます[11]。

11） LATE の解釈は操作変数によるもので，必ずしも興味の対象ではなく，又，構造推定と比較して必ずしも仮定が少ないというわけではないというポイントについては Heckman（1997），Deaton（2009），Heckman and Urzúa（2010）などがさまざまな形で議論しています。色々と批判は多いのですが，この解釈により操作変数法の妥当性が広く認知されました。この貢献とアプローチの有効性をさまざまな形で実証したことに対してジョシュア・アングリスト（Joshua D. Angrist）とヒード・インベンス（Guido W. Imbens）の両教授は2021年度のノーベル経済学賞をデービッド・カー

操作変数Zが0と1の2値の場合，LATE定理の左辺はYの定数とDとを回帰変数とする線形係数モデルを，1とZを操作変数として推定したDの係数の確率収束先$\mathrm{Cov}(Y, Z)/\mathrm{Cov}(D, Z)$と一致するので，LATE定理は操作変数を，因果効果の多様性を許した形で新たな正当化を行ったと評価されています。

IA論文でDは2値を取りますが，MP論文の場合のようにより一般の場合，操作変数法はどのように解釈できるのでしょうか。Angrist and Imbens (1995) はDが$\{0, 1, \cdots, J\}$の$J+1$個の値を取り，それに対応する結果の変数を$Y_0, \cdots, Y_J$で表すとき，次の定理を示しています。

定理〔ACR (Angrist and Imbens (1995)〕　もし，

1. $(Y_0, \cdots, Y_J, D(0), D(1))$と$Z$は独立。
2. $\Pr(D(0)$と$D(1)$の間にjがある$)>0$となる自然数jが少なくとも一つ存在する。
3. $D(0) \leq D(1)$又は$D(1) \leq D(0)$のどちらか一方だけが確率1で成立する。

1～3なら，次の関係が成立する：もし$D(0) \leq D(1)$なら

$$\frac{E(Y|Z=1)-E(Y|Z=0)}{E(D|Z=1)-E(D|Z=0)}=\sum_{j=1}^{J} \omega_j \cdot \beta_j \equiv \beta.$$

ここで，

$$\beta_j = E(Y_j - Y_{j-1}|D(1) \geq j > D(0)),$$

$$\omega_j = \frac{\Pr(D(1) \geq j > D(0))}{\sum_{k=1}^{J} \Pr(D(1) \geq k > D(0))}.$$

このβをAngrist and Imbens (1995) ではAverage Causal Response (ACR) と呼んでいます。もし$D(0) \geq D(1)$なら同様の結果が成立します。

ここで，$\{\omega_j\}_{j=1}^{J}$はそれぞれが0と1の間でその総和は1なので，βはβ_jの加重平均だといえます。ただし，このβ_jは解釈しにくいです。2値の場合で，$D(0) < D(1)$の場合には$D(0)=0$が確定しているので，$D(0) < D(1)$の母集団は操作変数が0から1に変わるときに意思決定が0から1に変わる

ド (David Card) 教授と共に受賞しています。

母集団だと確定し，$D(0)>D(1)$ の場合には $D(1)=0$ が確定しているので，操作変数が1から0に変わるときに意思決定が0から1に変わる母集団だと確定するのですが，D が3値以上取る場合は $D(0)<D(1)$ の場合でも $D(0)$ の値は確定せず，$D(0)=0$ の場合と $D(0)=1$ の場合があります。このことは，$D(0)=0$，$D(1)=2$ の母集団は $j=1$ と $j=2$ の項に二度出てくることを意味します[12]。

この定理の β はもし $D(0)\leq D(1)$ なら

$$\beta=\sum_{k=0}^{J-1}\sum_{j=k+1}^{J}\omega_{jk}E(Y_j-Y_k\,|\,D(1)=j,D(0)=k),$$

$$\omega_{jk}=\frac{\Pr(D(1)=j,D(0)=k)}{\Pr(D(1)>D(0))}$$

と書けます。この解釈では β は Z が $Z=0$ から $Z=1$ に変わったときに $D=k$ から $D=j$ に変わる母集団の因果効果 Y_j-Y_k の期待値の加重平均的効果です。このように解釈した方が，相互に排他的な母集団に分けたグループでの加重平均に書けているのでわかりやすいように思います。もし $k=j-1$ 以外の $\omega_{jk}=0$ なら両方の表現は同じになります。もし $D(0)\geq D(1)$ なら上記の $D(1)$ と $D(0)$ を入れ替えて定義し直せばよいのです。

ACR 定理で Z は2値を取りますが，より一般の場合，操作変数法はどのように解釈できるのでしょうか。Angrist and Imbens（1995）は D が $\{0, 1, \cdots, J\}$ の $J+1$ 個の値を取り，さらに Z が $\{0, 1, \cdots, K\}$ の $K+1$ 個の値を取る場合に，第一段階ですべての Z の値のダミーを入れて D に回帰して推定した Two Stage Least Squares（TSLS）を考察し，次の定理を示しています。

定理〔TSLS（Angrist and Imbens（1995）〕　もし $E(D|Z)$ と1を操作変数として，

$$Y=\alpha+\beta D+e$$

12）Angrist and Imbens（1995）では，このポイントについてレフェリーから指摘されたと断ったうえで，操作変数で D が1より大きく変わることは稀なので，自分たちの定義で大丈夫だと主張しています。すなわち，$\{D(1)\geq j>D(0)\}=\{D(1)=j, D(0)=j-1\}$ でそういう右辺以外の確率は0という主張です。実際そういう場合が多いのかもしれませんが，そうでない場合も以下に示すようにカバーしておいた方がよいように思われます。ちなみに私はこの論文のレフェリーではありません。

のモデルを推定すると，Dの係数の推定量の収束先β_zは，

$$\beta_z = \frac{\mathrm{Cov}(Y, E(D|Z))}{\mathrm{Cov}(D, E(D|Z))} = \sum_{k=1}^{K} \mu_k \beta_{k,k-1}.$$

ここで，

$$\beta_{k,k-1} = \frac{E(Y|Z=k) - E(Y|Z=k-1)}{E(D|Z=k) - E(D|Z=k-1)},$$

$$\mu_k = \frac{[E(D|Z=k) - E(D|Z=k-1)] \cdot [E(D|Z \geq k) - E(D|Z<k)] P(Z \geq k)[1-P(Z \geq k)]}{\sum_{\ell=0}^{K} \pi_\ell E(D|Z=\ell)[E(D|Z=\ell) - E(D)]},$$

$$\pi_\ell = \Pr(Z=\ell),$$

そしてもし$\ell < m$なら$E(D|Z=\ell) < E(D|Z=m)$のとき，$\mu_k \geq 0$かつ$\sum_{k=1}^{K} \mu = 1$。

ここで$\beta_{k,k-1}$はACR定理又はその再解釈を用いて解釈できますが，μ_kの解釈はわかりにくいです[13]。

TSLS定理では$E(D|Z)$を操作変数として用いていることに注意してください。通常のTSLSではしばしばDをZと1に線形回帰しています。

もし，操作変数の妥当性，あるいは単調性の仮定を確保するためにある変数Xで条件付けする必要があるなら，この定理はすべてXで条件付けられた形で成立しますが，その場合には推定方法は通常の場合とはかなり違ったものになります[14]。

2.4.2　J論文における操作変数

2.1項にも記したように，J論文では保護貿易の長期的な効果として1812年の綿紡績機台数の増加が1840年，1887年の綿紡績機台数に対して与える

13)　ここでμ_kの解釈が不明なのにはそれなりの理由があると思います。つまり，無作為に付与されるZの値を単に並べてその効果を定義している$\beta_{k,k-1}$は，もし同じZが与えられれば同じ意思決定をする母集団が複数の$\beta_{k,k-1}$に現れるという意味で，相互に排他的な母集団についての因果効果になっていないのです。すなわち，上でACRについて考察したような分析を操作変数についても行う必要があります。要するに$\beta_{k,k-1}$を$E(Y_j - Y_{j'}|D(k)=j, D(k-1)=j')$などに対応するものを用いて解釈すればよいわけで原理的には簡単ですが，導出は面倒なので，ここではこのままにします。ただし，操作変数の与え方についてはここで考察されているものだけでは操作変数Zで識別し得る母集団を記述するには不十分です。

14)　この形の定理が定理3としてAngrist and Imbens（1995）では議論されています。

因果効果を推定しています。この分析での $D_i = d$ は1812年の綿紡績機の台数で，Y_{id} は1840年，1887年の綿紡績機の台数，操作変数は該当地域と英国との「実効距離」です。この場合におけるLATEを解釈してみましょう。

もし実質的な距離を2点特定して，$z' < z$ とするなら，

$$\frac{E(Y|Z=z)-E(Y|Z=z')}{E(D|Z=z)-E(D|Z=z')}=\beta_{z,z'}$$

は，ACRの仮定のもと，$D(z') \leq D(z)$ を仮定して

$$\beta_{z,z'}=\sum_{k=0}^{J-1}\sum_{j=k+1}^{J}\omega_{jk}E(Y_j - Y_k | D(z)=j, D(z')=k),$$

$$\omega_{jk}=\frac{\Pr(D(z)=j, D(z')=k)}{\Pr(D(z')<D(z))}$$

となります。すなわち $\beta z, z'$ はフランスの各地域を，英国との実効距離が z と z' と違うことで1812年時点での綿紡績機の台数がそれぞれ j 台とそれより少ない k 台（ここで $k=0, \cdots, J-1; j=k+1, \cdots, J$）であるような地域に分類した場合に得られる，地域ごとの長期的な台数の平均的違いの加重平均となります[15)]。

J論文の場合に，ACR定理の仮定を吟味してみましょう。単調性の仮定は，英国との実質的な距離が増えた場合（すなわち，より保護されたとき），1812年時点での投資が減らなければよいわけです。これはその他の生産側の状況と需要側とが同等であれば満たされると思われます。また，ロンドンとの実効距離と（$Y_0, \cdots, Y_J, D(z), D(z')$）が独立である必要があるわけですが，こちらの仮定を担保するためにもその他の生産側状況と需要側とが同等であることが必要だろうと思います。

J論文では X として都市までの距離，識字率，一番近い炭鉱までの距離，川の流量（m^3/s）を用いています。都市までの距離が需要側の変数，識字率が労働者の質に関する変数，炭鉱までの距離や川の流量と合わせて生産側の状況をとらえる変数となっています。

では，このような自然実験や操作変数が存在しない場合にプログラムはどのように評価すべきでしょうか。それが従来の回帰分析を改良したマッチン

15)　どの地域がどこに分類されているのかは不明です。

グ法（matching method）です。

2.5　マッチング法

説得的な社会実験，自然実験や操作変数がない場合はどのように政策評価を行えばよいでしょうか。一つの立場は，本当に信頼できることがいえないときは黙して語らないことでしょう。しかし，黙して語らない間にも政策決定は行われ，粛々と事は進んで行きます。政策評価について何も情報がないなら，良くて「勘と度胸」，悪い場合には利益誘導により政策は決定されていくことになりかねません。現状ベストな手法を用いて政策をさまざまに評価し，それらの知見に基づいた議論のうえで政策を決めていくという立場は大変重要だと思います。

比較的広範囲で用いることができる手法として本項でマッチング法を，次項でパネル・データを用いた差の差の手法（difference-in-differences）を，単純な D が2値を取る場合に戻って紹介します。この手法は，後に説明するように，従来線形回帰モデルを用いた回帰分析で行われていた分析を改良したものです。

マッチング法は，観察データを用いながら，できる限り実験に近い状況を再現することを試みます。観察データの問題点は D と（Y_0, Y_1）が独立でないという点にありました。マッチング法は観察できる変数 X で条件付けることで（Y_0, Y_1）の期待値が D とは独立，すなわち X の周辺分布のサポート上の点で

$$
\begin{aligned}
&E(Y_0 \mid D=1, X) = E(Y_0 \mid D=0, X) \text{ かつ} \\
&E(Y_1 \mid D=1, X) = E(Y_1 \mid D=0, X) \qquad (3)
\end{aligned}
$$

だと仮定します。すなわち，本来観察できない，プログラムに参加する人たちがプログラムに参加しなかった場合の平均的結果 $E(Y_0 \mid D=1, X)$ が，同じ X をもつ，プログラムに参加しない人たちが実際にプログラムに参加しなかった場合に得られる平均的結果と等しいという仮定が最初の仮定です。次の仮定は本来観察できない，プログラムに参加しない人たちがプログラムに参加した場合の平均的結果 $E(Y_1 \mid D=0, X)$ が，同じ X をもつ，プログラムに参加する人たちが実際にプログラムに参加した場合に得られる平均的結

果と等しいという仮定です。RCTではXで条件付けることなく満たされていた条件を，Xで条件付ければ満たされると考えているともいえます。

B論文でのDは，強制移住させられた経験なので本人の意思とは無関係だという意味で自然実験だと考えられるのですが，方法論的にはマッチングが想定している状況に対応します。また，自然実験で想定されている仮定(1)は仮定(3)と対応しているので，同じ手法を用いて分析可能です。すなわち，すべての自然実験はマッチングと同じ手法で分析できるわけです。

次に条件(3)のもとで$E(Y_1-Y_0|X)$が同定できることを確認しましょう。この理由は次の関係が成り立つからです。

$$\begin{aligned} E(Y_1 \mid X) &= E(Y_1 \mid D=1,X)\Pr(D=1 \mid X) + E(Y_1 \mid D=0,X)\Pr(D=0|X) \\ &= E(Y_1 \mid D=1,X)\left[\Pr(D=1 \mid X) + \Pr(D=0 \mid X)\right] \\ &= E(Y_1 \mid D=1,X). \end{aligned}$$

同様に$E(Y_0 \mid X)=E(Y_0 \mid D=0, X)$が成り立ちます。ここで$E(Y_1 \mid D=1, X)$と$E(Y_0 \mid D=0, X)$はデータから同定できるので，$E(Y_1-Y_0 \mid X)$が同定できることになります。もし$E(Y_1-Y_0)$を推定したい場合には$X$の周辺分布で期待値を取ればよいことになります。

マッチング法の妥当性は，Xを揃えた$D=1$と$D=0$の人たちに限れば，そのグループ内ごとにはY_1やY_0がDと平均的な意味で無関係といえるかどうかによるわけです。つまり，どのようなXがデータとして使えるかは重要なポイントとなります。

2.5.1　B論文をマッチング法として再解釈

B論文では強制移住の効果を現実に起こったポーランドにおける強制移住という歴史に基づくデータを用いて分析しています。前にも議論したように，ここで重要なポイントは強制移住対象グループとそうでなかったグループとがRCTと同様，Xで条件付ければ平均的には同等の母集団だと考えられるかどうかです。実際に使われているXは，本人については性別，年齢，10年刻みの生まれ年ダミー，都市部ダミーで，先祖については先祖が都市部に住んでいたかのダミー，それに先祖の世代ダミー（親か祖父母か曾祖父母か）です。これらで条件付けることで強制移住のダミー変数（すなわち，先祖がクレスィ出身だというダミー）と教育年数が平均的には独立になるかでこのアプローチが有効かが決まります。

おそらく一番気になるのは先祖の民族や宗教，言語，教育に関する変数が含まれていない点です。当然著者もそのような変数が X として使えるなら使ったはずですが，おそらくそのような変数は使えなかったのでしょう。すなわち，マッチング法が有効かどうかはどのような変数が使えるかに依存します。

ちなみにB論文では，1939年時点でのクレスィ地方における識字率はポーランド中央部に比べてむしろ低かったことを示しています。この点，論文で議論されているように教育年数はむしろ低めに出る可能性もありますが，実証されているように正の効果が見つかった場合，強制移住の効果なのか，教育の大切さを身を持って経験した親あるいは祖父母が多かったからなのかについては疑問が残ります。

2.5.2　次元の呪い・サポート問題と傾向スコア

マッチング法を実際に用いる場合に，もう一つ重要な点が「X を揃える」というステップです。上で議論したように，

$$E(Y_1-Y_0\,|\,X)=E(Y_1\,|\,D=1,X)-E(Y_0\,|\,D=0,X)$$

なので，右辺を推定するわけですが，そのためには $D=1$ のサンプルそれぞれの X と同じ，または少なくとも近い X を持つサンプルを $D=0$ のサンプルから選んでくる必要があります。これがマッチング法と呼ばれる所以です。しかし，X の次元が高い場合には，たとえ $D=1$ を所与とした X の分布と $D=0$ を所与とした X の分布のサポートが同じだとしても，対応する X を見出すには大変多くのデータが必要となりますが，マッチングの仮定（3）を満たすためには，比較的多くの変数を用いたいわけです。この難しさは「次元の呪い（curse of dimensionality）」と呼ばれています。

ここで用いられる重要な結果が，Rosenbaum and Rubin（1983）によるものです。Rosenbaum and Rubin（1983）は，傾向スコア（propensity score）$P(X)=\Pr(D=1\,|\,X)$ を定義し，マッチングの仮定が満たされているなら $E(Y_1\,|\,D=1,P(X))=E(Y_1\,|\,D=0,P(X))$ と $E(Y_0\,|\,D=1,P(X))=E(Y_0\,|\,D=0,P(X))$ が満たされていることを示しました。すなわち，通常のマッチ

ングの仮定のもとでは，Xで揃える必要はなく，傾向スコアで揃えればよいのです。

この結果を用いることにより，傾向スコアが近似的に推定できることを前提として，次元の呪いの問題が解決されます。ただし，そのためには傾向スコアの推定モデルに関する仮定が必要となってきます。この問題については実際にマッチング法をどのように実装するかについて議論する第4節で議論します。

2.5.3　マッチング法と回帰分析との関係

マッチング法の次元の呪いの問題を避けるもう一つの方法は，線形係数モデルを使うというアプローチです。もし$r(x)=(1, r_1(x), \cdots, r_K(x))^T$を回帰ベクトルとして

$$E(Y_0 \mid D=1, X)=E(Y_0 \mid D=0, X)=r(X)^T\beta_0$$

かつ

$$E(Y_1 \mid D=1, X)=E(Y_1 \mid D=0, X)=r(X)^T\beta_1$$

と仮定するなら，Dと(Y_0, Y_1)それぞれの条件付き期待値とは無関係なので，$D=0$のサンプルだけを用いて最小二乗法（OLS）でβ_0を推定し，$D=1$のサンプルだけを用いてOLSでβ_1を推定すると，モデルが正しく特定されている限りβ_0とβ_1それぞれのOLS推定量は一致推定量となります。ここで

$$r(X)^T(\beta_1-\beta_0)=E(Y_1 \mid D=1, X)-E(Y_0 \mid D=0, X)=E(Y_1-Y_0 \mid X)$$

です。

この回帰分析は$Y=D \cdot Y_1+(1-D) \cdot Y_0$と定義して$Y$を$r(X)$と$r(X) \cdot D$に回帰しても$r(X) \cdot D$の係数として同様に得られます。すなわち，マッチングの仮定のもとでは，回帰モデルを仮定する限り，プログラム参加のダミー変数を説明変数とする従来の回帰分析が正当化されるのです。同定のための仮定（3）に追加する仮定は，$E(Y_0 \mid D=0, X)=r(X)^T\beta_0$と$E(Y_1 \mid D=1, X)=r(X)^T\beta_1$という関数形の仮定ですが，これはよく使われる仮定です。

ここで，あまり目立たない点ですが，上記の線形係数モデルを用いたアプローチは従来のアプローチとほぼ同じなのですが，結果的により一般的なモデルを扱っているという点を説明します。

従来のモデルでは，

$$Y_i = \alpha + \beta D_i + X_i'\gamma + u_i$$

といった定数係数モデルを前提としています。このモデルでは $Y_{1i} = \alpha + \beta + X_i'\gamma + u_i$ で $Y_{0i} = \alpha + X_i'\gamma + u_i$ なので，$Y_{1i} - Y_{0i} = \beta$ となり，プログラム効果に多様性は許していないモデルになっています。もちろん，D_i と X_i の交差項を含めて

$$Y_i = \alpha + \beta D_i + X_i'\gamma + D_i X_i'\delta + u_i$$

というモデルを考えるなら

$$Y_{1i} - Y_{0i} = \beta + X_i'\delta$$

となるので，多様性は許されるのですが，観察されている変数が異なることによる効果の多様性だけで X_i が同じなら効果も同じだというモデルになっています。

しかし

$$Y_{1i} = \alpha_1 + X_i'\beta_1 + u_{1i}, \quad E(u_{1i} \mid X_i) = 0$$
$$Y_{0i} = \alpha_0 + X_i'\beta_0 + u_{0i}, \quad E(u_{0i} \mid X_i) = 0$$

というモデルを前提とすると $Y_{1i} - Y_{0i} = \alpha_1 - \alpha_0 + X_i'(\beta_1 - \beta_0) + u_{1i} - u_{0i}$ なので，X_i が同じでも異なる因果効果があるモデルになっています。そしてこのモデルも

$Y_i = D_i Y_{1i} + (1 - D_i) Y_{0i}$ として

$$Y_i = [\alpha_0 + X_i'\beta_0 + D_i(\alpha_1 - \alpha_0) + D_i \cdot X_i'(\beta_1 - \beta_0)] + D_i u_{1i} + (1 - D_i) u_{0i}$$

で，

$$E[D_i u_{1i} + (1 - D_i) u_{0i} \mid X_i, D_i] = D_i E(u_{1i} \mid X_i, D_i) + (1 - D_i) E(u_{0i} \mid X_i, D_i)$$

となりますが，マッチングの仮定と上記の仮定から $E(u_{1i} \mid X_i, D_i) =$

$E(u_{1i} \mid X_i)=0$ かつ $E(u_{0i} \mid X_i, D_i)=E(u_{0i} \mid X_i)=0$ なので,

$$E[D_i u_{1i}+(1-D_i)u_{0i} \mid X_i, D_i]=0$$

となります。すなわち Y_i を $X_i, D_i, D_i \cdot X_i$ に回帰する OLS 推定量は, たとえばランダムサンプルなど, 通常の仮定のもとで $\alpha_0, \beta_0, \alpha_1-\alpha_0, \beta_1-\beta_0$ の一致推定量になっているわけです。

線形回帰モデルは従来から広く使われていて一見それほど問題のなさそうなアプローチですが, 第3節で議論するように, $D=1$ と $D=0$ それぞれのもとでの X の分布の違いに意識を向けることなく分析を推し進めてしまうという問題があります。

2.5.4　D が2値より多い場合

次に D が2値以上取る場合, $D \in \{0, 1, \cdots, J\}$ にマッチング法がどのように変更されるのかを考えましょう。この場合も仮定 (3) と同様に次のように仮定すれば因果効果が同定できます：すべての $d, d' \in \{0, 1, \cdots, J-1\}$ について

$$E(Y_d \mid D=d, X)=E(Y_d \mid D=d', X). \tag{4}$$

すなわち, X で条件付ければ, どのような D に直面したかは平均的な結果とは無関係だという仮定です。ここでは D が離散の場合を考えていますが, D が連続の値を取る場合も同様に書けます。

この仮定のもと,

$$E(Y_d \mid X)=\sum_{d'=0}^{J-1} E(Y_d \mid D=d', X)\Pr(D=d' \mid X)=E(Y_d \mid D=d, X)$$

なので, 任意 n の $d, d' \in \{0,1,\cdots, J-1\}$ について

$$E(Y_d-Y_{d'} \mid X)=(Y_d \mid D=d, X)-E(Y_{d'} \mid D=d', X)$$

となります。

注意すべき点などは基本的に2値の場合と同じです。一般の場合の仮定 (4) も, 2値の場合の仮定と同様に：$X \mid D=d, d=0, 1, \cdots, J-1$, すべてのサポートが共通であることが大前提となっています。

この場合もRosenbaum and Rubin（1983）と同様に傾向スコアを定義することで，次元の呪いやサポートの問題を緩和できることを，Imbens（2000）とLechner（2001）が示しています。この場合の傾向スコアは，

$$P_d(X)=\Pr(D=d\mid X)$$

で定義され，仮定（4）が満たされているなら，すべての$d\in\{0,1,\cdots,J-1\}$について$0<P_d(X)$のとき

$$E(Y_d\mid D=d,P_d(X))=E(Y_d\mid P_d(X)).$$

2値の場合には$P_0(X)=1-P_1(X)$なので，$P_1(X)$で条件付ければ$P_0(X)$で条件付けることと同じですが，一般の場合にはそうでないところに大きな違いがあります。すなわち2値の場合には

$$E(Y_1\mid D=1,P_1(X))-E(Y_0\mid D=0,P_1(X))=E(Y_1-Y_0\mid P_1(X))$$

となるのですが，一般の場合には

$$\begin{aligned}&E(Y_d\mid D=d,P_d(X))-E(Y_{d'}\mid D=d',P_{d'}(X))\\&\quad=E(Y_d\mid P_d(X))-E(Y_{d'}\mid P_{d'}(X))\end{aligned}$$

とはなっても，最後の形は異なる母集団についての平均的差なので，因果効果とは呼べません。

そこで，一般の場合には$E(Y_d\mid P_d(X))$を推定した後，繰り返し期待値を用いて$E(Y_d)$を同定する必要があります。もしある変数$\tilde{X}$で特定されるグループについての因果効果$E(Y_d-Y_{\mathrm{d}'}\mid\tilde{X})$が興味の対象であれば，まず$E(Y_d\mid\tilde{X},P_d(X))=E(Y_d\mid D=d,\tilde{X},P_d(X))$を用いて$E(Y_d\mid\tilde{X},P_d(X))$を同定し，これに繰り返し期待値を用いて$E(Y_d\mid\tilde{X})$を同定すればよいのです。

2.5.5　MP論文での分析

MP論文でのDはアフリカにおける植民地時代以前の民族的な政治組織のあり方をとらえる変数で，具体的には村レベルを超える政治組織の数です。村レベルの政治組織がない状態，一つある状態，二つある状態，三，四つある状態という四つの場合に分け，それらが現在の経済活動に対してどのよう

な長期的な因果効果を持ったかを実証分析しています。そのような分析をし得る自然実験を見出すことは困難なので，マッチング分析が用いられることになります。

この分析で仮定 (4) を満たすために用いられている X は，土地の性質(土地の標高，水面下の面積，首都からの距離，マラリアの影響度，農業に向いているかどうかなど) や他の資源 (石油，ダイヤモンドなど) への近接度です。

しかし，複雑な政治組織を作り上げるような民族は，恵まれた土地に勢力を持つのではないかとも考えられます。すなわち，本当に同じような土地柄で政治組織のあり方に違いがあるデータがあるのか，という疑問です。仮定(4) の表現を使うなら，D の値によって X の分布やそのサポートが大きく違うのではないかということです。MP 論文で使われている線形回帰モデルを使った分析ではそのような問題に答えてくれません。

2.5.6　B 論文での分析

B 論文では強制移住させられた経験を先祖がクレスィ地方出身だというダミーと同一視して分析していますが，そのダミーが 0 の場合の取り扱いはポーランド西部，中央部，海外をほぼ同一視して扱っています。しかし，ポーランド西部，中央部，海外では元々の教育に対する考え方などが異なっていた可能性があるので，B 論文についても最初から D の値を複数許容する形で分析すべきなのかもしれません。

2.6　差の差による分析

2.6.1　パネル・データを用いたプログラムの因果効果

これまでの分析は，クロスセクションのデータを前提としていました。もしパネル・データが使えるなら，マッチングの仮定とは異なる仮定で，多くの場合より説得的な仮定のもとでプログラムの因果効果が同定できます。その点を確認しておきましょう。ここではパネル・データの時系列を表すインデックスを t で書き，以下 $E(Y_1(t)-Y_0(t)\mid D(t)=1, X)$ を同定する問題を考えます。ここで想定されているプログラムには，一度だけ参加できて，プログラムに一度参加したら再度参加することはないと仮定します。たとえば大学教育などが多くの場合あてはまりますが，失業訓練プログラムは該当しません。ここで $D(t)=1$ は時点 t で初めてプログラムに参加したことを示し，それ以降（$s \geq t$）は $Y_1(s)$ が観察され，それ以前（$s<t$）では $Y_0(s)$ が観察されるとします。

プログラムには，一度だけ参加できて，プログラムに一度参加したら再度参加することはないという仮定は二つの意味で大切です。一つは，以下で議論する同定のための仮定を実質的に生かすためで，それを議論する際に説明します。もう一つは，繰り返しプログラムに参加できるなら二度目に参加したときの効果は一度目に参加した場合とは区別される必要が一般にはあるからです。もしワクチン接種のような状況で，有効性の期間が限定的ならこの問題はありません。

プログラム参加者の平均的因果効果 $E(Y_1(t)-Y_0(t) \mid D(t)=1, X)$ を同定するための仮定は，X の周辺分布のサポート上の点で，

$$
\begin{aligned}
&E(Y_0(t)-Y_0(t-1) \mid D(t)=1, X) \\
&\quad =E(Y_0(t)-Y_0(t-1) \mid D(t)=0, X)
\end{aligned} \tag{5}
$$

が成立することです。プログラム参加者とプログラム非参加者を比べた場合，X を揃える限り，プログラムに参加していないの場合の平均的トレンドは同じだという仮定です。右辺は $D(t)=0$ の人たちに対する期待値なので，パネル・データから同定できますが，左辺は $D(t)=1$ の人たち（時点 t で初めてプログラムに参加した人たち）に対する期待値なので，それ以前でのプログラムに参加していない場合の結果である $Y_0(t-1)$ は観察可能ですが $Y_0(t)$ は観察不可能です。

この条件のもとで $E(Y_1(t)-Y_0(t) \mid D(t)=1, X)$ が同定できることを確認するためにまず次の等式が成立することを確認します。

$$
\begin{aligned}
&E(Y_1(t)-Y_0(t) \mid D(t)=1, X) \\
&\quad =E(Y_1(t)-Y_0(t-1) \mid D(t)=1, X)-E(Y_0(t)-Y_0(t-1) \mid D(t)=1, X) \\
&\quad =E(Y_1(t)-Y_0(t-1) \mid D(t)=1, X)-E(Y_0(t)-Y_0(t-1) \mid D(t)=0, X).
\end{aligned}
$$

第一の等式の右辺は左辺から $E(Y_0(t-1) \mid D(t)=1, X)$ を引いて，同じものを足したものです。ここで第一の等式の右辺の第一項 $E(Y_1(t)-Y_0(t-1)$

$\mid D(t)=1, X)$ はデータから直接同定できますが，第二項 $E(Y_0(t)-Y_0(t-1) \mid D(t)=1, X)$ は先ほど確認したように，データからは同定できません。しかし仮定 (5) から第二項は $E(Y_0(t)-Y_0(t-1) \mid D(t)=0, X)$ に等しいので，第二の等式が成り立ちます。第二の等式の第二項はデータから同定できるので，結局 $E(Y_1(t)-Y_0(t) \mid D(t)=1, X)$ が同定できます。

以上の議論で，$E(Y_1(t)-Y_0(t-1) \mid D(t)=1, X)$ がデータから同定できるのは $D(t)=1$ のサンプルはすべて $t-1$ 時点では $D(t-1)=0$ だったからです。もし繰り返しプログラムに参加できるのなら，$D(t-1)=0$ とは断定できず，サンプルセレクションの問題が生じてしまいます。また $E(Y_0(t)-Y_0(t-1) \mid D(t)=0, X)$ がデータから同定できるのも同様に，$D(t)=0$ のサンプルはすべて $t-1$ 時点では $D(t-1)=0$ だったからです。

マッチングの仮定では，

$$E(Y_0 \mid D=1, X)=E(Y_0 \mid D=0, X)$$

というプログラムに参加しない場合の結果のレベルに対しての仮定だったのですが，パネルデータの場合には

$$E(Y_0(t)-Y_0(t-1) \mid D(t)=1, X)=E(Y_0(t)-Y_0(t-1) \mid D(t)=0, X)$$

という非参加の場合の結果の変化についての仮定です。この仮定はプログラムに参加しない場合の結果のレベルに対しての仮定ではなく，結果の変化に関しての仮定です。たとえばある個人にとっては参加することが有利だとしても，参加しない場合の結果が時間を通して平均的に変わらないなら，どのタイミングでプログラムに参加するかはランダムだといえるかもしれません。この意味で，仮定 (5) の方がマッチングの仮定よりは妥当性が高い場合が多いだろうと思います。ある個人がプログラムに参加するかどうかは参加した場合としなかった場合との結果の違いを予測して決めることが多いことを考えると，マッチングの仮定は非参加の場合の結果の変化は X でとらえられているという仮定に対応します。個人が X ではとらえられていない，非参加の場合の結果の変化に対する情報に基づいて参加を決めているなら，マッチングの仮定は満たされません。

追加的に，もし X の周辺分布のサポート上の点で，

$$E(Y_1(t)-Y_0(t-1)\mid D(t)=1,X)$$
$$=E(Y_1(t)-Y_0(t-1)\mid D(t)=0,X) \tag{6}$$

が成り立つなら同様にプログラム非参加者の平均的因果効果$E(Y_1(t)-Y_0(t)|D(t)=0,X)$を同定できます。さらに

$$E(Y_1(t)-Y_0(t)\mid X)=E(Y_1(t)-Y_0(t)|D(t)=1,X)P(X)$$
$$+E(Y_1(t)-Y_0(t)\mid D(t)=0,X)(1-P(X))$$

で，傾向スコア$P(X)$は同定できるので，仮定(5)と仮定(6)のもとでプログラムの平均的効果が同定できます。

ただし，この場合に必要な仮定(6)は仮定(5)とは異なり，ゲインに関する仮定なので，その妥当性はマッチングの仮定と同様に，Xによってゲインがよく予測できているかどうかにかかっています。プログラム参加者に対する因果効果の方が平均的な因果効果よりロバストに同定できるわけです。

パネル・データの場合についても，マッチングの場合と同様に次元の呪いという問題はありますが，マッチングの場合と同様に傾向スコアを用いた分析が可能です。

さらに，プログラムが2値より多い場合もマッチングの場合とまったく同様に仮定を拡張できます。すなわち，パネル・データの場合には，Xの周辺分布のサポート上の点ですべての$d\in\{0,1,\cdots,J-1\}$について

$$E(Y_0(t)-Y_0(t-1)\mid D(t)=d,X)=E(Y_0(t)-Y_0(t-1)\mid D(t)=0,X)$$

が成り立てば$E(Y_d(t)-Y_0(t)\mid D(t)=d,X)$が同定できて，さらに$X$の周辺分布のサポート上の点ですべての$d,d'\in\{1,\cdots,J-1\}$について

$$E(Y_d(t)-Y_0(t-1)\mid D(t)=d,X)=E(Y_d(t)-Y_0(t-1)\mid D(t)=d',X)$$

が成り立てば$E(Y_d(t)-Y_0(t)\mid D(t)=d',X)$が同定できるので，$E(Y_d(t)-Y_0(t)\mid X)$が同定できます。

この場合にも傾向スコアを$P_d(X)=\Pr(D(t)=d|X)$と定義し，以前と同様の分析が可能です。

2.6.2　J論文の幼稚産業保護政策に対応する自然実験

J論文では，幼稚産業保護政策の短期的効果として，1812年時点での綿紡績機の台数が，ロンドンまでの実効距離の違いによりどう影響されたかを実証分析しています。ここで，iを地域（department），tを時点として，この地域とロンドンの間の時点tでの実効距離を政策変数$D_i(t)$として用いています。この分析では$D_i(t)$は距離なので連続変数となり，対応する$Y_{di}(t)$は同地域，同時点で実効距離がdの場合の綿紡績機の台数です。

この場合には政策前$t_0-1=1803$での実効距離d_0があり，それがどれだけ変わったかによる効果が興味のあるパラメータなので，政策導入期$t_0=1812$での実効距離をdとして，どれだけ平均的な効果があったのか，すなわち，

$$E(Y_{di}(t_0)-Y_{d_0i}(t_0)\mid D_i(t_0)=d, D_i(t_0-1)=d_0, X_i)$$

がターゲットのパラメータとなります。この場合には実効距離がd_0の地域が$D(t)=0$の地域の役割を果たすので，仮定は，

$$\begin{aligned}&E(Y_{d_0}(t_0)-Y_{d_0}(t_0-1)\mid D(t_0)=d, D(t_0-1)=d_0, X)\\&\quad=E(Y_{d_0}(t_0)-Y_{d_0}(t_0-1)\mid D(t_0)=d_0, D(t_0-1)=d_0, X)\end{aligned}$$

となります。すなわち，実効距離がd_0のままだった地域とdに変わった地域では実効距離が変わらなかった場合のトレンドは平均的には同じだったという仮定です。

それではどのようなXを考える必要があるか吟味してみましょう。実効距離が変わらなかったときの綿紡績機台数の平均的トレンドが同じであるためには，生産側と需要側の条件がおおむね同様である必要があります。そこで仮定（5）を満たすためには，Xとして需要側変数とロンドンとの実効距離以外の生産側をとらえる変数を用いればよいと思います。

J論文では，綿紡績機台数を1811年時点での地域人口一人当たりにして分析しています。また，Xとして長期の分析と同様に都市までの距離，識字率，一番近い炭鉱までの距離，川の流量（m^3/s）を用いています。2.4.2にも議論したように，都市までの距離が需要側の変数，識字率が労働者の質に関する変数，炭鉱までの距離や川の流量と合わせて生産側の状況をとらえる変数となっています。

その他この実証分析特有の問題としてデータの単位が地域で個人ではないので，隣接地域の実効距離が大きく変わった場合には実効距離が変わらなくても影響がないとはいえません，そのような地域間の関係性について議論すべきだろうと思います。

また，たとえば政策導入時期での実効距離 d_0 が最小値のあたりの地域には実効距離が変わらなかった地域はない可能性が高いので，そのような地域は比較対象から外す必要があるかもしれません。

3　因果効果のパラメトリック分析とその潜在的バイアスについて：パラメトリック分析の問題点

以上，プログラムの因果効果がさまざまな仮定のもとで同定できることを確認してきました。それらの仮定はノンパラメトリックな形で書かれており，パラメトリックな仮定は不要です。

ところが，ここで紹介している3本の論文を含め，多くの実証分析は相変わらずパラメトリックな仮定に基づく回帰分析を用いています。もちろん，パラメトリックな分析でも注意深く分析を行うなら，結局のところノンパラメトリック，あるいはセミパラメトリックな分析と大差ない結果が得られますが，その場合には潜在的なバイアスとしてどれくらいのものを無視しているのか，あるいは推定量の分散の計算に妥当性があるのか，といった問題を棚上げにした分析を行っていることになります。

そこで，以下，現状多くの場合に用いられているパラメトリックな分析にはどのような問題があり，どのような点に注意を払いながら分析を進める必要があるのかについて議論します。

これまでに説明したように線形係数の回帰分析を用いれば，次元の呪いの問題は容易に回避できます。上でも議論したように，$E(Y_1 | D=1, X)$ を推定するには $D=1$ のサンプルを用いて Y_1 を X に回帰し，$E(Y_0 | D=0, X)$ を推定するには $D=0$ のサンプルを用いて Y_0 を X に回帰すればよいわけです。そして，このアプローチはマッチングの仮定のもとで従来考えられている観察できる多様性に加えて，観察できない多様性も許容するという，従来のモデルより広範な妥当性を持つモデルを前提としているということも説明しま

図1　Xの分布の違いによる近似関数への影響

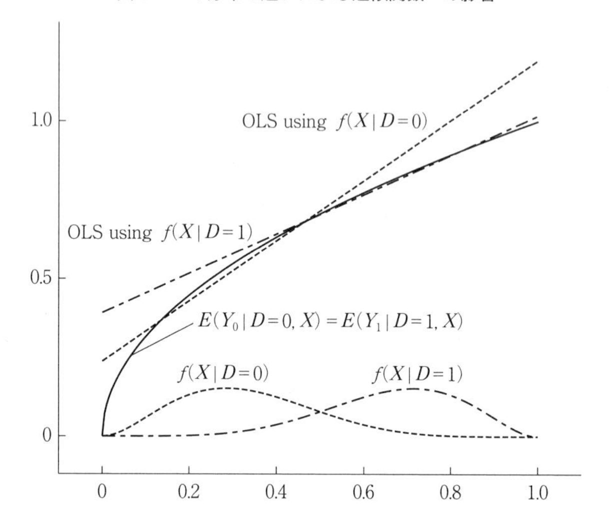

した。

もし線形係数の回帰モデルが妥当であればこれで問題はないのですが，線形係数の回帰モデルはあくまで近似なので，このことを真面目に考えると，このアプローチには問題があることに気づきます。

図1を参照してください。

マッチングの仮定（3）は満たされているとして，便宜上Xのサポートは(0,1）区間だと仮定しています。この図ではさらに$E(Y_1|D=1,X)=E(Y_0|D=0,X)$の場合，つまり，プログラム効果は0の場合を考えます。ここで，$E(Y_1|D=1,X)$と$E(Y_0|D=0,X)$とをXの線形関数足す定数項を最小二乗法で推定するとします。この場合，$E(Y_1|D=1,X)$の近似（OLS推定量の収束先）はXの$D=1$の場合の分布関数$f(x|D=1)$（図の一点破線の密度関数）を使った以下の最小化問題

$$\min_{a_1,b_1}\int_0^1[E(Y_1|D=1,x)-(a_1+b_1x)]^2f(x|D=1)dx$$

の解（図の一点破線の直線）となり，$E(Y_0|D=0,X)$の近似（OLS推定量の収束先）はXの$D=0$の場合の分布関数$f(x|D=0)$（図の破線の密度関数）を使った以下の最小化問題

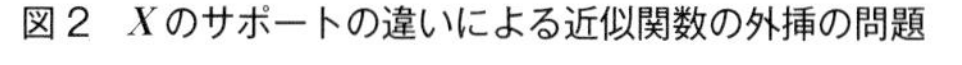
図2　Xのサポートの違いによる近似関数の外挿の問題

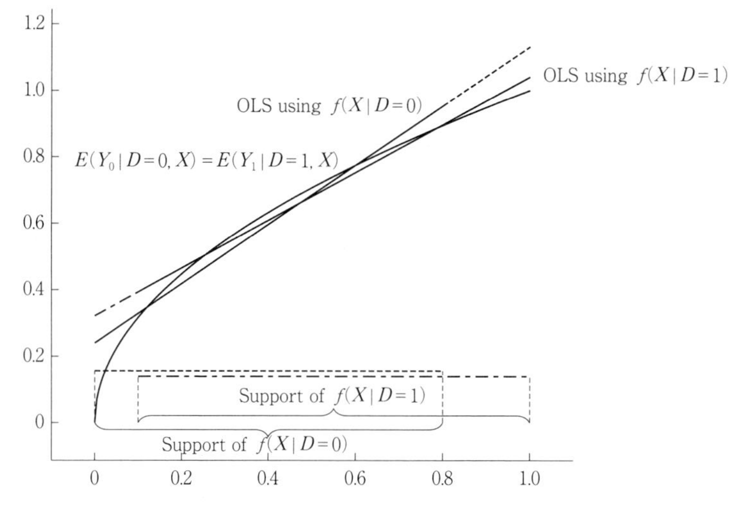

$$\min_{a_0, b_0}\int_0^1[E(Y_0|D=0,x)-(a_0+b_0x)]^2f(x|D=0)dx$$

の解（図の破線の直線）となります。図1の場合のように，$f(x|D=1)$ と $f(x|D=0)$ が違えば，この近似関数も異なります。つまり，プログラム効果があるように見えてしまうわけです16)。

この問題は傾向スコアを用いたとしても同じです。サンプルのうち，$D=1$ のサンプルは結局プログラムに参加したのだから傾向スコアは1方向に偏りがちで，$D=0$ のサンプルは結局プログラムに参加しなかったのだから傾向スコアは0方向に偏りがちです。

図1の場合は，Xのサポートは $f(x|D=1)$ と $f(x|D=0)$ について $(0,1)$ で同じだと仮定しています。しかし，一般的にはこの二つは異なるかもしれず，その場合にはさらに注意を払わないと外挿の問題が生じます。

図2を参照してください。

図2ではサポートの問題に特化するためにXの分布は $f(x|D=1)$ と $f(x|D=0)$ どちらも一様分布だとして，$f(x|D=1)$ は $(0.1, 1)$ がサポート，$f(x|D=0)$ は $(0, 0.8)$ がサポートだとします。

16)　図中の密度関数のスケールは y 軸には対応していません。

まずこの場合には，マッチングの仮定（3）が満たされていないことに注意が必要です。なぜなら，仮定（3）の左辺は$f(x|D=1)$のサポート上，すなわち（0.1, 1）の上で定義されていて，右辺は$f(x|D=0)$のサポート上，すなわち（0, 0.8）の上で定義されているので，両辺共に定義されているのは（0.1, 0.8）の区間上だけですが，仮定（3）は$f(x)$のサポート上，すなわち（0, 1）上で成立する必要があります。

両辺が同時に得られない区間，この例だと（0, 0.1）と（0.8, 1）の区間上では$E(Y_1|D=1, X)-E(Y_0|D=0, X)$が計算できないのです。すなわち，そもそもマッチング法による因果効果は$f(x|D=1)$のサポートと$f(x|D=0)$のサポートの共通部分にのみ定義されているものなのです。ところが，パラメトリックな関数を推定していると，この問題を見過ごしてしまい，本来はない情報があたかもあるかのように推論してしまいます。

もしXの次元が1か2ならプロットによって，サポートが重なる部分を同定することは比較的に簡単ですが，高次元になると共通のサポートを得るのに図は使えません。

通常の線形回帰モデルを使ってマッチングの仮定を活かそうとするアプローチは，線形回帰モデルが近似でしかないことから生じる，潜在的に大きなバイアス問題を回避できないので，ベストプラクティスとはいえません。

それではこの問題はどのように回避すればよいのでしょうか。次節でこの問題を考えてみましょう。

4　説明変数のノンパラメトリック・セミパラメトリックな取り扱い方について：マッチング分析

以下マッチング分析について次元の呪いを避けながら，かつ関数形を仮定することなく説明変数を用いて，その分布のグループ間での違いに目配りするにはどうすればよいかを説明します。差の差の分析や操作変数法についても同様の分析は可能ですが，ここでは省略します。

マッチング分析を次元の呪いを避けながら実装するために重要となるのが傾向スコアによる分析です。Rosenbaum and Rubin（1983）による結果から，マッチングの仮定が満たされているなら傾向スコアで条件付ければよいので，まず傾向スコアを推定して，推定された傾向スコアを用いて共通のサポートを推定すればよいし，共通のサポート上の関数は一次元の関数なので，次元の呪いに直面することなくノンパラメトリックに推定することも可能です。

手順は次の通りです。①傾向スコアの推定。②傾向スコアの共通サポートの推定。③共通サポート上で $E(Y_1 | D=1, P(X))$ と $E(Y_0 | D=0, P(X))$ を推定し，$E(Y_1 | D=1, P(X)) - E(Y_0 | D=0, P(X))$ により $E(Y_1 - Y_0 | P(X))$ を推定。④この結果を用いて $E(Y_1 - Y_0)$ を共通のサポート上で定義し直したものを推定。以上4ステップになります。もしある特定のグループについての平均的効果を推定する場合にはそのグループに限定して上記①〜④を行うことになります。以下，それぞれのステップについてもう少し詳しく説明します[17]。

4.1　傾向スコアの推定

傾向スコアを推定する段階で分析で使う X を特定する必要があります[18]。選んだ X を使って傾向スコアをノンパラメトリックに推定できれば関数形の仮定を完全に排除できますが，X の次元がそもそも高いから傾向スコアを用いているわけです。実際にはパラメトリックなモデル，たとえばロジットやプロビットモデルと X のフレキブルな関数形を用いることで傾向スコアを推定する場合が多いです。X の十分にフレキブルな関数形を用いれば，パラメトリックな仮定のもとでも X の任意の傾向スコアを近似できるからです。

読者は関数形の仮定をどうせ置くなら線形回帰モデルでよいではないかという疑問を持たれるかもしれません。その事情は前節で説明した通りです。結果の方に関数形の形を置くと，それが直接プログラムの因果効果に関してのバイアスを生みます。傾向スコアはこれから説明する通り，サポートの問題とウェイトの問題を解決するために用いるので，X のフレキブルな関数形を用いている限り，因果効果の推定に大きなバイアスを生むとは考えにく

17)　Stata では teffects psmatch など，R では MatchIt パッケージなどが傾向スコア・マッチングを行うプログラムで広く用いられています。

18)　機械学習の進展とともにどのように X を多くの候補の中から「自動的に」選ぶかという方向で研究は進んでいます。Belloni, Chernozhukov, and Hansen（2014), Belloni et al.（2017）や Chernozhukov et al.（forthcoming）の研究から始められることを勧めます。

いのです。もちろんこれは希望的な観測かもしれず，傾向スコアの特定を統計的にテストする必要はあります。

4.2　傾向スコアの共通サポートの推定

傾向スコアを推定すれば，それを用いて，傾向スコアの $D=1$ の分布と傾向スコアの $D=0$ の分布とが推定できます。以下具体的にロジットを用いた $\hat{\theta}$ として，傾向スコアを

$$P(X;\hat{\theta})=\frac{\exp\left(r(X)'\hat{\theta}\right)}{1+\exp\left(r(X)'\hat{\theta}\right)}$$

とし，$\hat{\theta}$ をロジットによる最尤推定量だとします。最尤推定量を用いて n 個のサンプルそれぞれについて傾向スコア $\{P(X_i;\hat{\theta})\}_{i=1}^{n}$ を計算し，$D=1$ のグループと $D=0$ のグループそれぞれについて $P(X_i;\hat{\theta})$ の密度関数をヒストグラムを書く要領で推定することになります。求めたいのは，二つの推定された密度関数の共通サポートです。

$P(X_i;\hat{\theta})$ は0と1の間の値を取るので，$D=1$ のグループと $D=0$ のグループの密度関数はどちらも $[0,1]$ 区間上の密度関数になります。ヒストグラムのようにセルを考えてその数を M とすると，区間の幅は $\Delta=1/M$，セルは $[0,\Delta)$，$[\Delta,2\Delta),\cdots$，$[1-\Delta,\Delta)$ の M 個です。各 $j=1,\cdots,M$ についてセル $C_j=[(j-1)\Delta,j\Delta)$ と定義し，セル C_j の中央の値を p_j と定義します[19]。このとき $D=1$ のグループの密度関数はセル C_j 上では

$$\hat{f}(p_j\,|\,D=1)=\frac{C_j\text{上の}D=1\text{のサンプル数}}{D=1\text{のサンプル数}}$$

で推定することになります。同様に

$$\hat{f}(p_j\,|\,D=0)=\frac{C_j\text{上の}D=0\text{のサンプル数}}{D=0\text{のサンプル数}}$$

を定義します。この密度関数の推定方法はカーネル法と呼ばれているものの特殊例ですが，密度関数の推定量だといえるためには Δ で割る必要があります。サポートの問題を考えるためには関係ないですが。この推定量を数式で書くと次のようになります。以下では $1\{A\}$ で A が真なら1を取り，偽

19)　$p_j=(j-1/2)\Delta$ です。

なら0を取る関数を書いて，$j=1,\cdots,M$ について

$$\hat{f}(p_j|D=1)=\frac{\sum_{i=1}^{n}D_i 1\{|P(X_i;\hat{\theta})-p_j|\leq \Delta/2\}}{\Delta\sum_{i=1}^{n}D_i}.$$

この推定方法の問題点は，$1\{A\}$ という関数が p_j の $\Delta/2$ 近傍の点をすべて同等に扱っている点で，より近い点にはより多くのウェイトを与えた方が理論的には効率的な推定ができることがわかっています。

こう表現するとわかることですが，この推定量はセルを定義することなく［0,1］の任意の点，p_j で計算することができます。すなわち，任意の点で左右それぞれ $\Delta/2$ の近傍にある $D=1$ に対応する $P(X_i;\hat{\theta})$ の数を $D=1$ の数で割ればよいのです。

共通のサポートを $\mathcal{P}$ と書いてその推定量を $\hat{\mathcal{P}}$ と書くと，

$$\hat{\mathcal{P}}_\delta=\{p\in[0,1];\hat{f}(p|D=1)\geq\delta,\ \hat{f}(p|D=0)\geq\delta\}$$

となります。ここでは δ は非負の定数で，たとえば共通のサポートが $D=1$ のグループと $D=0$ のグループそれぞれ少なくとも5%を含む点を共通のサポートの推定量とするなら $\delta=0.05/\Delta$ を選ぶことになります[20]。

注意する必要があるのは，共通サポートを求めるのは，次にその共通サポートの上で $E(Y_1|D=1,P(X))$ と $E(Y_0|D=0,P(X))$ を推定したいからだという点です。つまり，二つのヒストグラムの共通のセルであっても，$D=1$ のグループか $D=0$ のグループかどちらか一方について $P(X_i;\hat{\theta})$ の点がそのセルに少ない場合にはそのグループのセル上で $E(Y_1|D=1,P(X))$ 又は $E(Y_0|D=0,P(X))$ の推定量の分散が大きくなるので，そういった点は排除する必要があります。目安としては一つのセルに両方のグループが少なくとも20〜30入っているようなセルを共通のサポートとして選ぶのが無難だろうと思います[21]。

20）密度関数の推定量として Δ で割っていないなら，$\delta=0.05$ となります。

21）この推定方法で重要な選択肢は M です。M を大きく取るとセル幅は小さくなるので，密度関数の推定量のバイアスは小さくなりますが，分散は大きくなります。密度関数の推定についてはSilverman（1986）が良い入門書です。何カ所かでは納得するために計算したくなる部分もありますが，ほとんど寝転がって読めるような本です。

4.3　共通サポート上で $E(Y_1 | D=1, P(X))$ と $E(Y_0 | D=0, P(X))$ を推定

共通のサポートが得られたら，後は各セル上で $E(Y_1 | D=1, P(X))$ と $E(Y_0 | D=0, P(X))$ を推定すればよいわけです。$D=1$ のグループと $D=0$ のグループそれぞれについて各セル上の Y の値の平均値を計算すれば，それが $E(Y_1 | D=1, P(X))$ と $E(Y_0 | D=0, P(X))$ の推定量になります。

具体的には，

$$\hat{E}(Y_1 | D=1, P(X)=p)=\frac{\sum_{i=1}^{n} D_i Y_i 1\{|P(X_i;\hat{\theta})-p| \leq \Delta/2\}}{\sum_{i=1}^{n} D_i 1\{|P(X_i;\hat{\theta})-p| \leq \Delta/2\}},$$

となります。この推定方法はカーネル法と呼ばれているものの特殊例です。分母が任意の点 p で左右それぞれ $\Delta/2$ の近傍にある $D=1$ に対応する $P(X_i;\hat{\theta})$ の数，分子はそれらの点に対応する Y_i の和で，その比は各セル上の平均値になります。同様に

$$\hat{E}(Y_0 | D=0, P(X)=p)=\frac{\sum_{i=1}^{n} (1-D_i) Y_i 1\{|P(X_i;\hat{\theta})-p| \leq \Delta/2\}}{\sum_{i=1}^{n} (1-D_i) 1\{|P(X_i;\hat{\theta})-p| \leq \Delta/2\}},$$

となります。

マッチングの仮定のもとでは $E(Y_1 | D=1, P(X))=E(Y_1 | P(X))$ かつ $E(Y_0 | D=0, P(X))=E(Y_0 | P(X))$ であるので $p \in \hat{\mathcal{P}}$ について $E(Y_1 | D=1, P(X)=p)$ と $E(Y_0 | D=0, P(X)=p)$ の推定量の差が $E(Y_1-Y_0 | P(X)=p)$ の推定量となります。すなわち $p \in \hat{\mathcal{P}}$ について

$$\hat{E}(Y_1-Y_0 | P(X)=p)=\hat{E}(Y_1 | D=1, P(X)=p)-\hat{E}(Y_0 | D=0, P(X)=p)$$

です。

4.4　$E(Y_1-Y_0)$ の推定

繰り返し期待値を用いると $E(Y_1-Y_0)=E[E(Y_1-Y_0 | P(X))]$ なので，もし共通のサポートが $P(X)$ の取り得るすべての値，すなわち [0, 1] 区間なら $E(Y_1-Y_0)$ が同定できます。しかし共通のサポートが [0, 1] でないなら，同定できるパラメータを定義し直して，それを推定することになります。パラメトリックなアプローチを採ると，同定できないパラメータをあたかも

推定していることになります。

実際に推定できるものは $E(Y_1 - Y_0 \mid P(X) \in \mathcal{P})$ です。これについても繰り返し期待値は適用できて，

$$
\begin{aligned}
&E(Y_1 - Y_0 \mid P(X) \in \mathcal{P}) \\
&\quad = E[E(Y_1 - Y_0 \mid P(X), P(X) \in \mathcal{P}) \mid P(X) \in \mathcal{P}]
\end{aligned}
$$

なので，共通のサポートで求めた $E(Y_1 \mid D=1, P(X))$ と $E(Y_0 \mid D=0, P(X))$ の推定量を用いて $E(Y_1 - Y_0 \mid P(X) \in \mathcal{P})$ が推定できます。

具体的には

$$
\hat{E}(Y_1 - Y_0 \mid P(X) \in \mathcal{P}) = \frac{\sum_{i=1}^{n} \hat{E}(Y_1 - Y_0 \mid P(X) = P(X_i; \hat{\theta})) 1\{P(X_i; \hat{\theta}) \in \hat{\mathcal{P}}\}}{\sum_{i=1}^{n} 1\{P(X_i; \hat{\theta}) \in \hat{\mathcal{P}}\}},
$$

です。分母は共通サポート上の総サンプル数，分子は共通サポート上の $\hat{E}(Y_1 - Y_0 \mid P(X) = P(X_i; \hat{\theta}))$ の総和なので，この比は共通サポート上での $E(Y_1 - Y_0 \mid P(X))$ の推定量の平均値になります。

ここまではプログラムの平均的な因果効果の推定を考えてきました。もしプログラムが全員参加を求めるものでなく，自主的な参加を旨とするなら，関心のあるプログラムの因果効果は $E(Y_1 - Y_0)$ ではなく $E(Y_1 - Y_0 \mid D=1)$ となります。この場合も，$E(Y_1 - Y_0 \mid D=1)$ は推定できず，共通サポート上にターゲットを置き換える必要があり，やはり同様に共通サポートと $E(Y_1 \mid D=1, P(X))$ と $E(Y_0 \mid D=0, P(X))$ の推定量を求めるのですが，最後のステップで使う分布が全体の傾向スコアの分布から，$D=1$ のグループの傾向スコアの分布に変わります。すなわち

$$
\hat{E}(Y_1 - Y_0 \mid D=1,\ P(X) \in \mathcal{P}) = \frac{\sum_{i=1}^{n} \hat{E}(Y_1 - Y_0 \mid P(X) = P(X_i; \hat{\theta})) D_i 1\{P(X_i; \hat{\theta}) \in \hat{\mathcal{P}}\}}{\sum_{i=1}^{n} D_i 1\{P(X_i; \hat{\theta}) \in \hat{\mathcal{P}}\}},
$$

となります。このように関心のあるプログラムの因果効果が何かによって使うべき説明変数の分布を使えるところがマッチング分析の強みです。

さらに，特定のグループ，たとえばある年齢層や性別についての因果効果を求めたいのであれば分析のはじめにそのターゲット層のサブサンプルに限定してすべての分析を上記のように行えばよいわけです[22]。

5　おわりに

プログラム評価の方法はこの30年間急激に進歩を続けていて，それらを用いた実証分析の成果には目を見張るものがあります。この章ではこの進歩の根底にある，筆者が重要だと思っている点いくつかについて説明しました。それらの重要性にもかかわらず，従来の回帰分析や操作変数法の結果を単に再解釈すればよいといった風潮があるような気がするからです。

医学の進歩は解剖による知見を出発点として生理学的知見は顕微鏡・レントゲン・MRI・fMRIなどの技術的進歩に支えられてきました。経済学も同様にケネー（François Quesnay）の『経済表』から現在の国民経済勘定，National Transfer Accountsに至る解剖学的知見を基礎として，生理学的知見の技術的側面を計量経済学のさまざまな道具が支え，さらに実験経済学やニューロ・エコノミックスが経済の生理学的知見を提供してくれるようになってきています。線形回帰モデルや線形モデルを前提とする差の差の手法や操作変数法に固執することは，電子顕微鏡が進歩を続けるなか，従来の顕微鏡で研究を続けるようなものだと思うのです。

もちろん，ここで紹介したプログラム評価の手法は非常に単純化された何らかの平均的な因果効果を推論する手法なので，経済学的に意味ある因果効果がすべてこのような単純な枠組みでとらえられるのかは不明です。そういった方向についてもさらなる研究が必要に思われます。

* 本章を執筆するにあたり具体的な文献として議論した経済史に関する論文はすべて東京大学の岡崎哲二氏に選んでいただきました。また有斐閣の藤田裕子氏には忍耐強く執筆を勧めていただきました。記してお二人に感謝いたします。

参考文献

Angrist, Joshua D. and Guido W. Imbens（1995）“Two-Stage Least Squares Estimation of Average Causal Effects in Models With Variable Treatment Intensity,” *Journal of the American Statistical Association*, 90（430）, pp. 431–442.

Becker, Sascha O., Irena Grosfeld, Pauline Grosjean, Nico Voigtländer, and Ekaterina Zhuravskaya（2020）“Forced Migration and Human Capital: Evidence from Post-

22）以上の詳細はHeckman, Ichimura, and Todd（1997, 1998）で解説しています。

WWII Population Transfers," *American Economic Review*, 110 (5), pp. 1430–1463.

Belloni, Alexandre, Victor Chernozhukov, and Christian B. Hansen (2014) "Inference on Treatment Effects after Selection among High-Dimensional Controls," *Review of Economic Studies*, 81 (2), pp. 608–650.

Belloni, Alexandre, Victor Chernozhukov, Ivan Fernández-Val, and Christian B. Hansen (2017) "Program Evaluation and Causal Inference with High-Dimensional Data," *Econometrica*, 85 (1), pp. 233–298.

Chernozhukov, Victor, Mert Demirer, Esther Duflo, and Ivan Fernández-Val (forthcoming) "Generic Machine Learning Inference on Heterogeneous Treatment Effects in Randomized Experiments, with an Application to Immunization in India," *Econometrica*.

Deaton, Angus S. (2009) "Instruments of Development: Randomization in the Tropics, and the Search for the Elusive Keys to Economic Development," *Proceedings of the British Academy*, 2008 Lectures 162, pp. 123–160.

Hahn, Jinyong, Petra Todd, and Wilbert Van der Klaauw (2001) "Identification and Estimation of Treatment Effects with a Regression-Discontinuity Design," *Econometrica*, 69 (1), pp. 201–209.

Heckman, James J. (1997) "Instrumental Variables: A Study of Implicit Behavioral Assumptions Used in Making Program Evaluations," *Journal of Human Resources*, 32 (3), pp. 441–462.

Heckman, James J., Hidehiko Ichimura, and Petra E. Todd (1997) "Matching as an Econometric Evaluation Estimator: Evidence from Evaluating a Job Training Programme," *Review of Economic Studies*, 64 (4), pp. 605–654.

Heckman, James J., Hidehiko Ichimura, and Petra E. Todd (1998) "Matching As An Econometric Evaluation Estimator," *Review of Economic Studies*, 65 (2), pp. 261–294.

Heckman, James J. and Sergio Urzúa (2010) "Comparing IV with Structural Models: What Simple IV Can and Cannot Identify," *Journal of Econometrics*, 156 (1), pp. 27–37.

Holland, Paul W. (1986) "Statistics and Causal Inference," *Journal of the American Statistical Association*, 81 (396), pp. 945–960.

Imbens, Guido W. (2000) "The Role of the Propensity Score in Estimating Dose-Response Functions," *Biometrika*, 87 (3), pp. 706–710.

Imbens, Guido W. and Joshua D. Angrist (1994) "Identification and Estimation of Local Average Treatment Effects," *Econometrica*, 62 (2), pp. 467–475.

Juhász, Réka (2018) "Temporary Protection and Technology Adoption: Evidence from the Napoleonic Blockade," *American Economic Review*, 108 (11), pp. 3339–3376.

Lechner, Michael (2001) "Identification and Estimation of Causal Effects of Multiple Treatments under the Conditional Independence Assumption," in M. Lechner and F. Pfeiffer eds. *Econometric Evaluations of Labour Market Policies*, Heidelberg: Physica, pp. 43–58.

Michalopoulos, Stelios and Elias Papaioannou（2013）“Pre-Colonial Ethnic Institutions and Contemporary African Development,” *Econometrica*, 81（1）, pp. 113–152.

Murdock, George P.（1967）*Ethnographic Atlas*, University of Pittsburgh Press.

Neyman, Jerzy S.（1990［1923］）“On the Application of Probability Theory to Agricultural Experiments. Essay on Principles. Section 9,” in D. M. Dabrowska and T. P. Speed Trans. and eds. *Statistical Science*, 5（4）, pp. 465–472.

Rosenbaum, Paul R., and Donald B. Rubin（1983）“The Central Role of the Propensity Score in Observational Studies for Causal Effects,” *Biometrika*, 70（1）, pp. 41–55.

Rosenzweig, Mark R. and Kenneth I. Wolpin（1980）“Life-Cycle Labor Supply and Fertility: Causal Inferences from Household Models,” *Journal of Political Economy*, 88（2）, pp. 328–348.

Rubin, Donald B.（1990）“Comment: Neyman（1923）and Causal Inference in Experiments and Observational Studies,” *Statistical Science*, 5（4）, pp. 472–480.

Silverman, B. W.（1986）*Density Estimation for Statistics and Data Analysis*, Chapman and Hall.

Speed, Terrence P.（1990）“Introductory Remarks on Neyman（1923）,” *Statistical Science*, 5（4）, pp. 463–464.

Stock, James H. and Mark W. Watson（2019）*Introduction to Econometrics*, 4th edition, Pearson.

西山慶彦・新谷元嗣・川口大司・奥井亮（2019）『計量経済学』有斐閣。

第Ⅲ部

史料とデータの使い方・考え方

第7章

日本の企業史料(1)
大 企 業

粕 谷 誠

キーワード
企業史料，業界紙，公文書，
企業史料館，公的史料館，大学

本章では企業史料のうち大企業の史料について述べます。まず企業史料とは何かについて簡単に触れ，一次史料ではない業界紙などの重要性，公文書と企業文書の違いについて説明し，さらに企業史料の閲覧のあり方，企業史料館，公的史料館，大学等に所蔵される史料のコレクションを説明し，海外に所蔵されている日本企業の史料について紹介します。

1 企業史料とは

企業にかかわる史料にはさまざまなものがあり得ます。たとえば，①当該企業が刊行した年史である社史や当該企業の創業者の伝記，②当該企業が属する業界の新聞・雑誌や経済雑誌・一般雑誌，③政府などが刊行した調査書，④企業が株主に向けて刊行する『営業報告書』や企業が証券取引法（金融商品取引法）に基づいて提出する『有価証券報告書』，⑤工場見学の案内の際などに配布される企業パンフレット，⑥当該企業内で従業員向けに刊行される社内報，⑦企業内で経営者・従業員が公開を予定しないで作成する企業内部史料，などがあり得るでしょう。

このなかで①から③はいかに企業に関して重要な情報を含んでいたとしても，図書館などで容易に読むことができますから，企業史料とよばないのが普通でしょう。もっとも戦前期の営業報告書の多くは，企業史料統合データ

図 1　企業史料とは

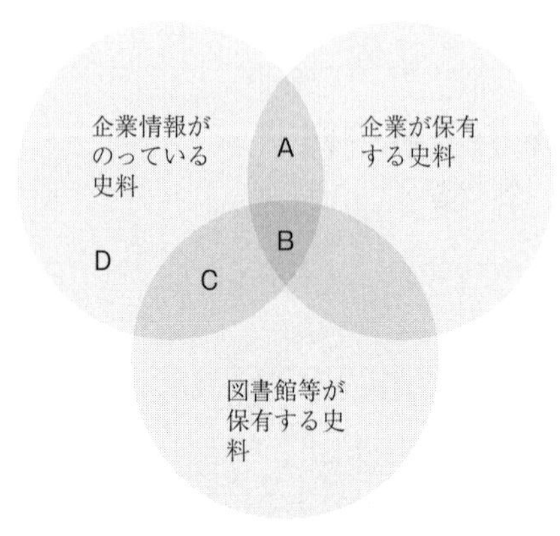

（出所）　筆者作成。

ベースによりオンライン上で閲覧できるようになりましたが，当該企業とか特定の文書館でしか見られない場合もあり，この場合は企業史料といえるかもしれません[1)]。また⑦の史料が企業ではないところに所蔵されているケースもあり得ます。たとえば，退職者が企業の史料を地方の文書館に寄贈した場合とか，企業の史料が何らかの理由で文書館に寄贈された場合です。

企業史料について，当該企業が保有しているか否か，図書館等が保有しているか否か，当該企業の情報が含まれているか否か，の三つの観点から分類してみます（図 1）。このなかで史料的価値が最も高いのは，企業情報が豊富で，かつ滅多に見ることができない A ということになるでしょう。また C であっても A の史料が文書館に寄贈された場合や企業が少部数だけ作成した史料が文書館等に所蔵されている場合は，それに準じるといえます。

しかしこうした状況は史料の刊行やオンラインでの公開により変化します。たとえば日本銀行による調査など一部でしか見られなかった史料が日本銀行調査局編（1955-1961，1961-1974，1978-1996）として刊行され，また旧三井銀行が所蔵していた史料の一部が山口和雄ほか編（1977-1978）として刊行され，さらに公益財団法人三井文庫などが所蔵していた三井物産の支店長会議の議事録が三井物産（2004-2005）として刊行され，図書館等で容易に読むことができるようになりました。これらの史料は「読むことによって差別化で

1）　ジャパン・デジタル・アーカイブズセンター（J-DAC）
https://j-dac.jp/infolib/meta_pub/G0000004kigyo で営業報告書の閲覧が可能です。

きる」ものから，公刊によって（その分野を研究する者にとっては）是非とも読まねばならない史料に変わったといえるでしょう。これらの例にとどまらず，非常に多くの史料が刊行されたり，オンラインで公開されたりしており，常に注意を払っておく必要があります。

2　業界紙（誌）や経済雑誌の有効性

本来の意味での企業史料ではないが，業界紙（誌）や経済雑誌が研究にとって重要なデータソースであることはいうまでもないでしょう。ある企業は同一市場で競合企業と競争しており，その業界全体についての知識を持っていることが必要だからです。企業の内部史料を読む前にこれらを精査し，必要な前提知識を持っていないと，内部史料に書いてあることの意味が理解できないことも多いのです。また雑誌に書いてあるひとつひとつの記事は断片的な情報であっても，長い期間にわたって収集することができれば，そこから有用な情報が得られることもありますし，内部史料では得られない情報が得られる場合もあります。

銀行業を例に取れば，『銀行通信録』，『大阪銀行通信録』および『中央銀行会通信録』という東京・大阪・名古屋の銀行集会所によって刊行された月刊誌は，所属各銀行店舗の預貸金額，手形交換金額，人事のほか，公社債の発行・引受や当時の問題に関する銀行家の認識などが記載されており，明治期から刊行されていることもあり，きわめて有用です。これらは今日では復刻されており，図書館で容易に読むことができます。また戦間期には，『銀行研究』および『銀行論叢』という雑誌も刊行され始め，個別銀行に関するデータとくに数値データは得られないものの，銀行経営や金融問題に関する当時の銀行家や学者の認識を知ることができます。銀行法などの規制について，業界やその周辺にいる人たちがどのような認識を持っていたのか，というような問題を検討するうえでは重要な史料となり得ます。

さらに銀行業は，1893年に銀行条例が施行されると政府（大蔵省）の規制下に置かれたため，官庁統計によるデータも豊富です。まず『銀行営業報告』（『銀行局年報』）には，日本銀行など特殊銀行のデータとともに普通銀行のデータが道府県ごとに，しかも預金・貸出額とともに金利のデータが含まれています。また『銀行総覧』は道府県ごとに銀行の店舗や経営者に関するデータが含まれていますし，『銀行便覧』は合わせて5回刊行されており，『銀行営業報告』とほぼ同じ構成で，特殊銀行や普通銀行について記述しています。『銀行局年報』，『銀行総覧』，『銀行便覧』は復刻されているほか，国立国会図書館のホームページでデジタル公開されているものもあります。それぞれの産業でこうした業界紙（誌）や官庁統計が刊行されている場合は，まず目を通す必要があります。

同様のことは『東京経済雑誌』，『東洋経済新報』，『エコノミスト』および『ダイヤモンド』といった一般経済雑誌についてもいえて，個別企業の状況について論評を加えている場合もあります。かつては雑誌を実際に開いて，目次を見たりしながら，記事を探していかなければなりませんでしたが，今日ではオンラインで読めるものもあり，記事の検索ができるので，効率的に必要な情報に到達することができます。

また営業報告書が入手できない場合でも，商法の規定により株式会社であれば貸借対照表を新聞などで公表することになっており，企業が所在する土地の新聞を見ていけば，貸借対照表を得られることが多いです。そして報告の主体として取締役や監査役の名前が列挙されていることが多いので，役員についても把握できます。東京・大阪で刊行され，後に全国紙となっていく『朝日新聞』，『毎日新聞』（『東京日日新聞』）および『読売新聞』は，創刊からオンラインで記事検索ができるようになっており，広告も検索できます。ただし株式会社でないとこの方法は使えないので，時代が遡るほど制約が大きくなります。

3　公文書と企業文書

官庁が作成する文書は公文書であり，その一部である行政文書は現在では公開請求の対象となり得ます。民主的国家においては，政府の保有する情報は究極的には国民のものであるから，個人・法人・国家の利益を損ねない範囲で，その閲覧を請求する「権利」があるということになります。地方自治体についてもほぼ同様です。これらの文書のうち現用文書でないものは，国立公文書館とか地方自治体の文書館に収められ，閲覧することが可能です。

これに対して個人の情報はプライバシー保護の対象になり，それは法人においても同様です。もちろん納税の義務があるから，税務当局に対しては情報が開示されます。また金融商品取引法や会社法あるいは取引所の上場基準に規定されるようなさまざまな開示義務が存在します。これらは法律や規則でとくに開示が義務づけられているもので，それ以外の情報については，開示の対象外となります。ゆえに研究者は，研究にあたり，企業文書の閲覧を「御願いする」立場にあることになりますが，これは経営者にインタビューを御願いし，同意いただけた場合に限り実施できるのとまったく同じであるといえます。公文書と企業文書のこの基本的な相違を理解しておくことは重要です。

企業文書を外部者に閲覧させる義務はないのですが，コストをかけてまでわざわざ閲覧させてくれる企業があることについては，工場見学と対比させて考えてみることも有用でしょう。企業が工場見学を許す義務はありませんが，実施してくれる企業がかなり多いのは，PR（Public Relations）やCSR（Corporate Social Responsibility）の一環と考えられているからでしょう。参加者にけががあってはならないとか食品企業では衛生上の理由から，見学できるエリアが限定されていますが，企業にとっては見せても大丈夫なところ，あるいは見てほしいところを公開しているということでしょう。企業秘密にかかわるなど不都合なエリアは見学の対象外となります。製造企業でいえば，最終組立ラインは見学させてもらえるケースが多いですが，部品加工の部分は見せてもらえることが少なく（火花などが飛び散り危険でもあります），設計の現場をみせてもらえることはないといえます。すなわち工場見学は工場側の管理のもとに行われており，見学者は工場側の設定する規則に従わねばならず，ほとんどの場合に写真の撮影は認められません。企業文書についてもこれとの対比で考えることができますが，閲覧を許可したことによって企業の売上が増加する可能性はほぼゼロですから，史料の重要性を認識した企業が学術研究のために，CSRとして行っているということでしょう。

4　企業史料の閲覧

工場見学と同様に企業は，史料の閲覧にもさまざまな規則を設定しますが，閲覧に関する規則と史料を利用した成果の公表に関する規則に分けることができます。前者についていえば，第一に企業史料を閲覧する場合に紹介を必要とすることがあります。これは閲覧者の身元を明らかにするとともに，紹介者に迷惑がかからないように閲覧者が行動することが期待されていると解釈できるでしょう。第二に史料が外部に拡散してしまっては困るので，史料の筆写のみを認めて，ハードコピーや写真撮影が認められないことがあります（ハードコピーを取ると史料が傷むということもあります）。大量の史料を読まなければならないときにはこの条件はかなり厳しい制約となります。根気と時間が必要になりますが，史料の保存場所に近い研究者ならば乗り越えられるものの，遠隔地の研究者にとっては禁止的な条件となるケースもあり得るでしょう。

第三には目録が公開されないことがあります。公的な史料館では目録が作成され，公開されることがほとんどで，目録から史料を特定し，史料番号などを記入して請求します。どんな史料を持っているのかも公開の対象となっているわけです。もちろん何らかの問題意識をもって史料の閲覧に行くのですが，史料目録を見ているうちに，「こんな史料があるのだ」と気がつき，その史料を見ていくうちに最初に予定していたのとは異なるテーマの論文ができあがっていく，ということもないわけではありません。史料目録は史料との「出会い」を容易にしてくれる重要なツールなのです。ところが企業史料では目録を見せてもらえないケースも多く，担当者（史料の専門家であるアーキビスト〔archivist〕とよばれます）に「こういったことがわかる史料はありますか」とおたずねして，「こういった史料があります」という返答をいただいて，史料の閲覧に進むことになりますが，「そういった史料はありません」という返答に接することも残念ながら少なくありません。ほとんどの場合は企業において史料目録が作成されてあるのでしょうが，どういった史料を保有しているのかは明らかにしない，ということです。であるからなるべく広い範囲の指定をしたくなりますが，「保有されている史料を全部見せてください」といっても担当者はとまどうばかりで，やはりかなり絞り込んだテーマで相談することになるので，明確な問題意識を持っていることが，目録がある場合よりもより強く求められるといえます。先行研究がその企業の史料を利用している場合は，そこからあたりをつけていくことになりますが，まったく同じ史料と同じ問題意識では別の論文を書けないので，自分の問題意識を明確にしておかねばなりません。

第四は閲覧できる史料に制限がある場合です。閲覧に供して，企業にマイナスの影響があることを企業はリスクと認識しますから，閲覧に供する史料を企業は選別します。それを大枠でくくる条件として，古い史料ならリスクも小さいという判断が働くこともあり，100年あるいは70年より以前の史料なら閲覧可能，ということがあります。一般的に日本では，戦前期の史料を閲覧できる可能性が戦後史料のそれよりも高いといえます。またその企業のみにかかわる史料なら閲覧可能だが，取引先がでてくるような場合は困難であることも多くあります。製造企業の場合は製造にかかわる史料なら問題ないケースがありますが，金融機関や商社などは取引先がわからないと研究できないテーマも多く，制約はより厳しいといえます。

続いて史料を利用した研究成果の公表に関する規則では，成果発表前の草稿を企業に提出し，そのチェックを受けることが義務づけられることがあります。欧米の企業史料ではこうした誓約を行うことが一般的であり，日本でもしばしばみられます。企業も草稿を読んでチェックするわけで，少なからぬ手間をかけているのですが，このプロセスがあることで企業としても史料閲覧の許可を可能としている側面もあります。企業側から草稿の修正を求められることもあり，その場合には対応する必要があります。すでに公開情報となっている場合（企業の役員になっていたなど）を別として，個人名がでてくる記述はできる限り避け，匿名化したり，集計を行ったりしてその結果のみを示すようにするなどの工夫が求められます。

5　企業史料館

企業史料を企業が保管し，閲覧に供する場合もありますが，企業史料館，地方公共団体の文書館，大学等の図書館で閲覧に供されることも多くあります。後者のケースでは，史料の所有権も文書館等に移す寄贈の場合と，所有権は企業にあり，その管理・閲覧業務を委託する寄託（deposit）の場合があります。寄贈（donation）の場合は閲覧条件を文書館が独自に決定できますが，寄託の場合は企業が制約を置くことも多く，閲覧にあたって企業の許可を必要とすることもあります。また企業史料館のなかには，ある企業の史料のみを所蔵するもののほか，複数の企業が共同で設置し，複数企業の史料を所蔵するものもあります。

ここでは代表的な史料館として，三井文庫，三菱史料館，住友史料館について紹介し，さらに公的史料館にも企業史料が所蔵されている例を紹介していきましょう。

5.1　三井文庫

三井文庫は旧三井財閥の企業史料を中心に収集・保管し，閲覧に供してくれています[2)]。三井内部に三井家編纂室が設けられ，やがて三井文庫となりましたが，財閥解体に伴い敷地建物が文部省史料館（現在，国文学研究資料館）に譲渡され，史料は同館に寄託となっていました。1965年に三井グループ各社によって財団法人三井文庫が設立され，寄託していた史料の返還を受け，史料の公開を行うとともに，三井文庫（1971-1977，1980-2001）が刊行され，さらに毎年『三井文庫論叢』が刊行されています。

三井文庫は戦前期の三井各社に関する史料のほか三井各家の史料も所蔵しており，そのほか三井各社から寄託を受けた史料も管理しています（企業から寄託されている史料を閲覧するには，企業の許可が必要)。そして今日も新しい史料の公開が着々と進んでいます。江戸時代から20世紀初頭までの史料である『三井家記録文書』と三井物産・三井銀行・三井合名会社の資料が中心で，その数は膨大ですが，関東大震災で焼失したためか，20世紀初頭から1923年までの史料がほかの時代と比べると数が少ないようです。

『三井家記録文書』の目録は，時代別や企業別に整理されていないため，閲覧室でまず目録と格闘する必要があり，閲覧したい史料を探し出すまでが大変でしたが，2016年に目録がホームページで公開され，史料館を訪れる前に事前に必要史料を選別することができるようになりました（そのほかの史料は閲覧室での冊子目録で検索します)。このほか三井文庫（1993-2007）として目録が刊行されています。さらに従来は史料のハードコピーが許可されていましたが，2013年から史料の写真撮影が許可されるようになりました。

2）　公益財団法人三井文庫ホームページ。http://www.mitsui-bunko.or.jp/index.html

これらの措置により三井文庫は閲覧者，とくに遠隔地の閲覧者にとって，飛躍的に利用しやすくなったといえます。

5.2　三菱史料館

三菱史料館は，三菱の歴史に関する史料を収集・保管・公開することと三菱を含む日本の産業発展史の調査・研究を行うために，1996年に三菱経済研究所の付属施設として併設されました3)。三菱は戦前以来，『三菱社誌』の編纂を行い，経済調査のために三菱経済研究所を設立していましたが，戦後もその作業を行うとともに，創業者・経営者の伝記である『岩崎弥太郎伝』，『岩崎弥之助伝』，『岩崎久弥伝』および『岩崎小弥太伝』を刊行していました。三菱史料館の所蔵史料は，その際に収集された史料を中心にしており，さらに三菱各社から史料の寄贈・寄託を受けて，その数は今日も増加しています。さらに研究成果として『三菱史料館論集』が毎年刊行され，研究員による論文のほか，広く一般に三菱の研究論文が公募され，掲載されています。

三菱史料館が所蔵する史料は閲覧室備え付けのコンピュータで目録の検索が行えるほか，アーキビストに相談すると史料について教えてくれます。三菱の祖業である海運のほか，鉱山，銀行，商事などさまざまな企業の史料を読むことができますが，史料はマイクロフィルムに収められており（現在はデジタル化も進んでいます），それを閲覧し，必要な場合は複写できます。史料閲覧には予約が必要なので，注意が必要です。

5.3　住友史料館

住友家は家史編纂事業を行っており，家史編纂室を設置しましたが，財閥解体により住友グループ各社により修史室が設けられました。これが1987年に住友史料館となり，住友家と住友グループ各社の事業史に関する諸資料の収集・整理・保存を行っています4)。住友史料館はこのほか，『住友史料叢書』で史料の翻刻を行い，研究叢書である『泉屋叢考』を刊行し，住友の歴史をまとめた『住友の歴史』（上・下巻）を発刊したほか，毎年研究紀要

---

3)　公益財団法人三菱経済研究所ホームページ。http://www.meri.or.jp/

4)　住友史料館ホームページ。https://www.shiryokan.jp/

である『住友史料館報』を発行しています。

住友史料館では別子銅山などにかかわる近世史料と住友各社の実際報告書などの近代史料が公開され，公開史料の一覧がホームページに掲載されていますが，史料保護の観点から近世史料は複製本で，近代史料はデジタルデータでの閲覧となっており，複写も許可されます。史料の閲覧日が火曜日と水曜日に限られ，閲覧にあたっては予約が必要です。

5.4　公的史料館に所蔵される企業史料

このほか公的史料館に企業史料が所蔵されていることも多いので，いくつかの例を紹介しておきましょう。外務省の外交史料館は外交に関する史料を収集していますが，戦前期外務省記録のとくに3門通商やE門財政，経済，産業，貿易には，外国に進出した企業に関する史料が豊富に含まれています[5]。外交史料館の外務省記録などの史料は，国立公文書館アジア歴史資料センターのホームページで公開されており，手軽に閲覧し，ダウンロードできます。

さらに国立公文書館にはさまざまな史料が保存されていますが，行政文書のなかの財務省のなかに閉鎖機関清算関係の史料が含まれており，閉鎖機関となった数多くの企業の史料をつくば分館で閲覧することができ，現在では東京本館で閲覧することができるようになりました（国立公文書館デジタルアーカイブで史料検索が可能）。閉鎖機関には戦時金融金庫・資金統合銀行などの国内企業，日本石炭などの統制会社，満州中央銀行・満州重工業開発などの外地企業などが含まれますが，当然ながら第二次世界大戦期の史料が多くなっています[6]。

地方の文書館にその地方の企業史料が寄贈になるケースもあります。旧埼玉銀行（現在の埼玉りそな銀行につながる）が社史編纂のために収集した史料が埼玉県立浦和図書館文書館（現在，埼玉県立文書館）に寄贈されたため，旧埼玉銀行とその前身銀行に関する史料が閲覧可能になっています（埼玉県立浦和図書館文書館 1975）[7]。

5）国立公文書館アジア歴史資料センターホームページ。https://www.jacar.go.jp/
6）国立公文書館デジタルアーカイブ。https://www.digital.archives.go.jp/
7）埼玉県立文書館ホームページ。https://monjo.spec.ed.jp/

北海道拓殖銀行は1997年に破綻しましたが，同行が史料室に所蔵していた史料は北海道開拓記念館に寄贈されました。現在は北海道博物館において特別観覧の手続きを取れば閲覧することが可能で，目録も北海道開拓記念館編（2000）として刊行されています[8]。これとは別に，定款，取締役会議事録，登記簿，他行との合併関係書類，職員向け広報紙などの史料が北海道立文書館に所蔵され，公開されており，史料の検索も可能です[9]。

このほか企業が府県庁を通じて考課状（営業報告書）を提出していたため，地方の行政文書に考課状や官庁への伺い・願いなどの文書が所蔵されていることもあります。1880年代の三井銀行の考課状は三井文庫にもほとんど残されていませんが，東京都公文書館には1888年上期，1889年下期，1890年上期の3つの考課状が所蔵されています[10]。ところが不思議なことにこの考課状には本店の預金額・貸出額の数値しか掲げられておらず，全店貸借対照表が含まれていない一方で，利益金額は全店合算の数値が記載されています（粕谷 2002，39頁）。こうした考課状が作成されていたことから，三井銀行では江戸時代の三井両替店の営業報告のあり方と同じく，利益金額のみ全店の数値を合算し，全店貸借対照表を作成していなかったことが示唆され，経営管理がきわめてルースであったことが推定されます。江戸時代には外部負債がきわめて少なかったので（自己資本比率8割から9割），こうした手法でもそれほど大きな問題は生じませんでしたが，預金銀行化が進んでいた明治中期には，大きな問題をはらみ得るもので，事実同行は1890年代初頭に経営危機を迎え，外部から中上川彦次郎を招聘せざるを得なくなりました。社史にはこの時期の預金額の推移が記載されておらず，三井文庫にも営業報告書が所蔵されておらず，筆者は藁にもすがる思いで東京都公文書館に探しに行きましたが，全店の預金額は得られなかったものの，その代わりに経営管理の稚拙さを知り得たわけです。

8）北海道博物館ホームページ。https://www.hm.pref.hokkaido.lg.jp/study/material_use/

9）北海道立文書館ホームページ。https://www.pref.hokkaido.lg.jp/sm/mnj/

10）東京都公文書館ホームページ。http://www.soumu.metro.tokyo.lg.jp/01soumu/archives/

6　大学が所蔵する企業史料

6.1　東京大学経済学部資料室

東京大学経済学部資料室は，横浜正金銀行と山一證券の史料を保有しています。横浜正金銀行は戦前日本の外国為替業務を担った特殊銀行で，戦後に閉鎖機関に指定されましたが，その店舗と従業員をもとに東京銀行が設立されました。東京銀行が三菱銀行と合併して東京三菱銀行になったあと，旧横浜正金銀行の史料が武田晴人氏の尽力で，さまざまな経緯をへて資料室に運び込まれました[11)]。現在では史料がマイクロフィルム化されており，また丸善（丸善雄松堂）により第1期から第13期までが販売され，全国の図書館にも所蔵されています。史料の目録は武田（2008）として刊行されているほか，東京大学のOPACでも検索できます。横浜正金銀行本店が関東大震災で被災したので，横浜正金銀行の史料は関東大震災以降とくに1930年代の史料が多くなっています。

山一證券は小池国三が始めた株式仲買店が発展した証券会社で，戦後は四大証券の一角となりましたが，証券恐慌で取り付けを受け，日本銀行の特別融資を受けました。その後経営の再建に成功しましたが，1997年に再び経営破綻し，自主廃業となりました。破綻当時山一證券では社史の編纂が進んでいましたが，社史の執筆メンバーの一人であった伊藤正直氏の尽力により，社史編纂室にあった史料（第一次）と社内現用文書（第二次）が管財人との交渉の末，資料室に運び込まれました[12)]。第二次分の史料の多くは非公開ですが，第一次分は公開されており，オンラインでの目録検索も可能です。また極東書店によりマイクロフィルムもしくはデジタル史料の形態で販売され，全国の図書館でも閲覧可能となっています。山一證券の史料は関東大震災以前の史料が少なく，戦時期以降の史料が中心となっています。横浜正金銀行とあわせ，関東大震災の被害の大きさが実感できるといえます。

11）東京大学経済学部資料室ホームページ。http://www.lib.e.u-tokyo.ac.jp/?page_id=1946

12）東京大学経済学部資料室ホームページ。http://www.lib.e.u-tokyo.ac.jp/?page_id=1944

6.2　大阪大学大学院経済学研究科

大阪大学大学院経済学研究科はさまざまな史料を所蔵していますが，江戸時代の十人両替もつとめた鴻池善右衛門家の史料がとくに有名で，その他中小規模の両替商の文書，農村文書，明治の豪商の田中市兵衛家の文書なども所蔵しています。このほか江戸時代の米方両替に発し，明治以降に加島銀行や大同生命保険を経営した加島屋広岡家（NHKの連続テレビ小説の「あさが来た」のモデルといわれます）とこれらの企業の史料が大同生命保険から寄託されています[13]。

6.3　神戸大学

神戸大学経済経営研究所および大学院経済学研究科は，オーストラリアとの羊毛貿易で成長し，戦後は総合商社となった兼松，戦前期日本を代表する紡績会社で，戦後は化粧品や食品などに多角化したが，2007年に経営破綻した鐘紡，戦前期に日本を代表する在華紡（日本紡績会社の中国現地工場や現地法人）であった内外綿（戦後は新内外綿となる）などの史料を所蔵しています[14]。兼松については，天野・井川（1999）として目録が刊行されており，また神戸大学経済経営研究所編（2004-2013，2006-2007）として史料が復刻されているほか，鐘紡については，デジタル・アーカイブとして整備されていますが，利用には申請を行って許可を得ることが必要です[15]。また内外綿については史料目録の作成が行われています[16]。

7　海外の史料館が所蔵する企業史料

7.1　The National Archives at College Park, Maryland

海外の史料館に日本企業の史料が所蔵されていることもあります。最も有

13）　大阪大学大学院経済学研究科経済史・経営史資料室ホームページ。http://www2.econ.osaka-u.ac.jp/history/

14）　神戸大学経済経営研究所付属企業資料総合センターホームページ。https://www.rieb.kobe-u.ac.jp/center/

15）　https://centerdb.rieb.kobe-u.ac.jp/kanebodb/

16）　https://www.rieb.kobe-u.ac.jp/research/publication/newsletter/column_back-issues/file/column082.pdf

名なのは，ワシントンDCの近郊にあるNational Archives at College Park, Marylandでしょう[17]。日本がアメリカと戦争状態になったときにアメリカにある日本の資産は凍結されました。当時アメリカで活動していた日本企業の現用文書も接収されたのですが，それが公開されているのがこの史料館です。当時アメリカで活動していた三井物産，三菱商事，大倉組，横浜正金銀行，三井銀行などの企業史料を閲覧することができますが，1941年当時に支店（現地法人）に存在していた文書ですので，1920年代以降の史料が中心です。史料の多くが日本語で記載されていますが，もちろん英語で記載されているものもあります。

『横浜市史』編纂の過程で上山和雄氏らを中心に精力的に史料調査が始められ，その一部は横浜市史編集室編（1997）などとして復刻されています。その後も多くの日本人研究者によって盛んに調査が行われており，現地で偶然に知り合いに会うこともあります。目録で史料を検索し，出納を依頼しますが，史料ボックスのなかに何が入っているのかは目録ではわからないため，期待を込めて箱を開くことになります。史料の写真撮影も可能で，効率的に史料調査が行えます。

7.2 National Archives of Australia

アメリカと同様の事態がオーストラリアでも発生しており，National Archives of Australiaにも日本企業の史料が所蔵され，兼松などの羊毛取引を行った商社の史料が多く含まれていました。ところがオーストラリア国立文書館の日本企業の史料は，2018年に日本の国立公文書館に寄贈され，閲覧できることとなりました。国立公文書館デジタルアーカイブで検索することが可能です。

なお2017年に上山和雄氏らを中心に「在外日本企業史料研究会」が設立され，海外にある日本企業の史料に関する情報交換とその史料を用いた研究の促進が行われるようになりました。これからのいっそうの研究の進展が期待されます。

17）National Archivesホームページ。https://www.archives.gov/dc-metro/college-park

7.3　海外企業の史料にでてくる日本企業

以上は海外に所蔵されている日本企業が作成した史料のうち有名なものですが，このほか海外の主体が作成した史料に日本企業が記載されていることも数多くあります。この場合は史料が現地の言語で作成されるのが普通です。ここではその一例を紹介します。London Metropolitan Archives には，かつて Guildhall Library Manuscript Section に所蔵されていた史料の多くが移管されており，戦前期の有数のマーチャント・バンカーであった Kleinwort, Sons and Company の史料も所蔵されています[18)]。そのなかには Clients Accounts Ledger が含まれ，三井物産などとの取引も記されています。

8　企業史料と研究

これまで紹介してきた企業史料は有名なものばかりで，すでに多くの研究者が利用し，論文を書いており，これらの史料を読めば，すぐに新しい発見ができるというほど簡単なものではありません。誰も読んだことのない史料であれば，新しい発見をできる可能性が高くなりますが，それらの所在を見つけ出し，所蔵者と交渉し，閲覧と論文執筆を許可してもらうのは簡単なことではなく，長い時間を必要とすることが多いといえます。新しい史料を見つける努力をするのと同時に，既存の史料を新しい視点で読み直すこと，ある史料と別の史料を組み合わせて新しい発見をすることが求められるといえるでしょう。それには既存の研究を深く読み込むとともに，それにこだわりすぎず，柔軟な発想をもつことが求められますが，それには既存の研究が参照していなかったような研究を読むことや理論を身につけることが必要となるでしょう。

参考文献

天野雅敏・井川一宏編（1999）『兼松資料目録――神戸大学経済経営研究所所蔵』神戸大学経済経営研究所附属経営分析文献センター。
粕谷誠（2002）『豪商の明治――三井家の家業再編過程の分析』名古屋大学出版会。

---

18)　London Metropolitan Archives ホームページ。
https://www.cityoflondon.gov.uk/things-to-do/history-and-heritage/london-metropolitan-archives/

神戸大学経済経営研究所編（2004-2013）『兼松資料叢書（大正編）日豪間通信 大正期シドニー来状　第1-7巻』神戸大学経済経営研究所。

神戸大学経済経営研究所編（2006-2007）『兼松資料叢書（商店史料）兼松商店史料　第1・2巻』神戸大学経済経営研究所。

埼玉県立浦和図書館文書館編（1975）『埼玉県地方金融史料目録』埼玉県立浦和図書館文書館。

武田晴人編（2008）『横浜正金銀行資料仮目録』東京大学経済学部図書館資料室。

日本銀行調査局編（1955-1961）『日本金融史資料　明治大正編』別巻目次総覧とも全26巻，大蔵省印刷局。

日本銀行調査局編（1961-1974）『日本金融史資料　昭和編』全35巻，大蔵省印刷局。

日本銀行調査局編（1978-1996）『日本金融史資料　昭和続編』付録とも全29巻，大蔵省印刷局（一部は日本銀行金融研究局編，もしくは日本銀行金融研究所編）。

北海道開拓記念館編（2000）『北海道拓殖銀行資料目録　1・2』北海道開拓記念館。

三井物産著・三井文庫監修（2004-2005）『三井物産支店長会議議事録』全16巻，丸善。

三井文庫編（1971-1977）『三井事業史　資料篇　一・二・三・四上・四下』三井文庫。

三井文庫編（1980-2001）『三井事業史　本篇　第一巻，第二巻，第三巻上・第三巻中・第三巻下』三井文庫。

三井文庫編（1993-2007）『三井文庫所蔵史料　第1-13集』三井文庫。

山口和雄ほか編（1977-1978）『三井銀行史料』全6巻，日本経営史研究所。

横浜市史編集室編（1997）『横浜市史Ⅱ　資料編6　北米における総合商社』横浜市。

Column 企業史料と業界・政府史料

企業史料によって研究を進めるときには，ケース・スタディの手法を採用することが多いといえます。とくにある企業の史料が豊富に得られる場合は，シングル・ケースで分析を進めることになりがちです。ある企業のことはものすごくよくわかります。これは素晴らしいことで，大発見かも知れません。しかしそこで分かったことにどの程度の「代表性」があるのかの判断は難しいことになります（本当にその企業のデータしか得られない場合は，厳密には判断が不可能というべきでしょう）。これが小さな企業をケースとしている場合には，他の企業もそうだったろうと推認することが可能なようにも思われますが，大企業や一番手企業をケースとする場合，ものすごく稀なことが起こった（から大企業や一番手企業だった）のか，それともほかの企業でも多かれ少なかれ起きていた（しかしほかの要因で大企業や一番手企業になった）のか判断がつきかねます。これは悩ましい問題です。せっかく苦労して調べ上げた「事実」がどう一般化できるのか分からなければ，結論が書けないからです。

大量の史料を長い時間かけて読んでいるとその企業への「親しみ」がわいてきます。そして自分の発見したことが「特別の意味」を持っていたと考えたくなってきます。しかしこれはとても危険な誘惑です。せっかく史料に即して事実を確定しても，その結論が単なる「思い込み」「好み」に基づいていることになりかねないからです。このときに役に立つのが，業界や政府の史料によって，企業史料によって得られる深さではないにしても，他の企業と同じ土俵で比較してみるという態度です。

私の二つの経験を述べます。第一は1880年代の三井物産ロンドン支店のケースです。三井文庫の史料により当時のロンドン支店が，米の取引から機械などの取引へと多角化していったことが分かりました。これは三井物産の当時の幹部の類い希な活躍によるものと考えていました。しかし『明治十七年上半期　通商彙編』という政府史料からは，当時の大倉組（大倉商事の前身）・高田組（高田商会の前身）も三井物産のロンドン支店より規模が劣るが，ほぼ同じような活動をしており，イギリスの紡績機械の契約をこれらの会社がとることも十分にあり得て，それを取った場合にのちの展開がどうなったか分からないと考えるようになり，ケースから得られた知見を相対化できました。このような情報が別の時点で得られたらすごいと思ってずいぶんと探しましたが，それはかないませんでした（粕谷誠『豪商の明治』名古屋大学出版会，2002年）。

第二は戦間期の外国為替取引です。戦前期には横浜正金銀行が随一の外国為替銀行で，大企業と取引していたことが，いろいろな研究でもいわれ，外交史料館にある史料にもそのような記述が散見されました。そのときに上海日本商工会議所が1935年に刊行した『上海内外商工案内』というパンフレットには，上海の日本商人・企業の取引銀行がそれらの資本金とともに書いてあるのを発見しました。それを集計してみると確かに横浜正金銀行の取引先に大企業が多いが，中小の商人・企業と取引がないわけでもなく，台湾銀行や三井銀行などと明確に一線がひける程の差が取引先の資本金にないことが分かりました。これも当時の外国為替銀行の競争状態を知る上で大きな助けとなりました。『上海内外商工案内』は他の年次にも刊行されていましたが他の年次には取引先銀行の記載がありませんでした。またロンドンやニューヨークでこうしたパンフレットが刊行されていないか調べましたが，残念ながらみつかりませんでした。その意味では一時点の一都市の事例がどこまで一般性を持つのかは確かめられていないといえます（粕谷誠『戦前日本のユニバーサルバンク』名古屋大学出版会，2020年）。

第8章

日本の企業史料(2)
中小企業

谷本 雅之

キーワード
企業史料，中小企業者，経営史料
問屋制経営，決算帳簿，官庁統計，
問題設定，私文書

本章では，日本の「中小企業」を取り上げ，どのような史料利用の可能性があり，そこからどのような歴史像が導き出されてきたのかを，いくつかの研究事例の紹介を通じて示すことを目指します。

1 はじめに

まずはじめに，本章で対象とする「中小企業」の範囲と意味合いについて，述べておきましょう。

現代日本の中小企業基本法は，「中小企業者」の範囲をたとえば製造業では資本金・出資金の総額が3億円以下の会社並びに常時使用する従業者数が300人以下の会社及び個人と定めています[1)]。本章で扱う「中小企業」も，経営規模としては概ねこの範囲に入っていますが，しかしその意味合いは，時期によって異なることに留意が必要です。1963年に制定された上記の中小企業基本法は，中小企業政策の推進を目的としており，その政策対象者を明確にするために「中小企業者」の範囲が定められていました。その背後に

1） ちなみに卸売業ではそれぞれ1億円以下，100人以下に，小売業では5千万円以下，50人以下となります。なお同法では，「小規模企業者」の範囲設定には資本金の規定はなく，常時使用する従業者数が製造業で概ね20人以下，商業又はサービス業では5人以下と定めています。

は，同時代における有力企業としての大規模経営の存在がありました。「中小企業」は，並存する大企業とは明確に異なる性格の企業群として考えられていたのです。

しかし，これらの大企業群の存在自体，歴史的な産物であり，産業発展における位置づけは時期によって等し並みではありません。徳川時代にも従業者数1000人を超える大経営は存在し，流通・金融部門では大きな位置を占めていましたが，しかし産業全体でみれば，三井家など一部の商家に限られていました。開港・維新を経るなかで，大規模企業が製造業，鉱業，商業，銀行などの諸部門に出現，発展をしていきますが，日露戦争後の1909年においても，鉱工業部門で1000人以上の大規模事業所で雇用される従業者数は，全体の10％程度でした（沢井・谷本 2016，147頁）。別言するならば，日本の経済史・経営史研究の対象には，産業発展の中軸的な担い手が大企業とはいい難い時代や産業部門が，少なからず含まれているのです。以上を踏まえ，本章では，大企業との対比から定義される「中小企業」のみならず，大経営不在のなかで産業発展の主たる担い手として捉えられるべき経営を「中小企業」に含め，考察の対象とします。

2　産地織物業のケース

2.1　流通史料からの接近

徳川時代以来，リーディング産業の一つとして重視されながら，「大企業」のプレゼンスが必ずしも高くならなかった織物業は，本章で着目する「中小企業」の意味内容をよく伝える事例です。実際，織物業は，幕末日本の経済発展の達成度を非農業部門の生産形態によって計ろうとした1930年代のマニュファクチュア（工場制手工業）論争において，主たる例証の場でした。また，欧米の経済史学界でも，産業革命に先立つ農村工業の展開に着目した1970～80年代の「プロト（原基的）工業化」論が，改めて農村工業の代表として織物業に注目しています[2)]。しかし，たとえば徳川期から明治期にかけての織物業者の経営史料となると，非常に限られているのが実状でした。戦

2）日本の研究史は谷本（2000），プロト工業化論はOgilvie and Cerman（1996）を参照。

前期のマニュファクチュアの存在をめぐる議論は，郷土史や調査報告，藩政史料などの文献史料の記述を根拠とするものが多く，突出した絹織物生産地であった京都・西陣に関しても，同時代の情報源としては株仲間関係の文書類などが中心を占めていました（本庄 1930 など）。第二次世界大戦後になると，農村調査の盛行によって地方（じかた）文書の発掘が進み，織物業に関しても，新たな実証水準での研究が現れてきます。たとえば，愛知県西部の尾西地方の起（おこし）村には，織機（手織り機）を数台から十数台備えた作業場が天保期（1830～40年代）には存在していたことが明らかにされ（塩沢・川浦 1957），大阪府南部の和泉地方の宇多大津村でも，奉公人を十数人抱える織物業者の存在が示されました（津田 1960）。ただし，いずれも村方の名主・庄屋文書に含まれる調査報告が情報源であったことが指摘されねばなりません。織物業経営の収益―費用構造も議論されましたが，依拠されている経営データは，天保期の農学者・大蔵永常が著した『広益国産考』でなされている試算でした（川浦 1965）。

織物業者の経営史料が得難いことの一因は，斯業の浮沈が大きく経営体として長期の継続性に欠けることが考えられますが，より根本的な要因として，織物業の製造現場の零細性が挙げられるでしょう。実際，綿織物業における製織作業は，とくに早い時期には農家副業で行われるケースが多かったのです。一方，高級絹織物生産に特化した西陣の専業的な織屋は，男性織工中心の職人的な仕事場に近い面がありました。いずれも帳簿によって取引や財務を体系的に管理し，それを伝えていく経営体としての性格は弱かったのです。そうしたなかで，製造業の営みに密接な経営史料として浮かび上がってくるのが，農村に基盤を置く織物仲買などの，農村商人です。

早稲田大学の経済史家と足利の同業者団体の協力のもとに成った『足利織物史』は，19世紀に入って成長する絹織物産地・足利（栃木県）で活動した織物買次商の経営史料の分析を通じて，幕末期の織物流通の実態を，在地レベルで明らかにしました。また農村部の小俣村在住の「織元」大川家の経営史料によって，同家が数台から十台程度の手織機を「内機」として備え，奉公人を織手として用いるとともに，準備加工を施した原料生糸を外部の織り手に配布し製織作業を依頼する「賃織」業も営んでいた事実が，経営帳簿からの情報に基づいて明らかにされました（早稲田大学経済史学会 1960）。これ以降，織物産地における買次商・原料糸商の経営史料の発掘が進んでいきます。山口和雄編著『日本産業金融史研究――織物金融篇』は，足利地方のほか，桐生（群馬県），知多（愛知県），下館（茨城県），播州（兵庫県）といった多くの織物産地の買次商・原料系商の経営史料を発掘・利用しており，明治期の産業化の時期を対象とした流通経営史料による織物産地の分析としては，一つの集大成になっています（山口編著 1974）。では，農村在住の中小規模の経営体では，どのような帳簿が作られ，そこからどのようなことが読み取れるのでしょうか。以下，入間地方（埼玉県南西部）宮寺村の織物仲買商・細渕家を事例として，具体的にみていきましょう[3)]。なお対象とする幕末・明治前期では，開港による経済的影響が大きなトピックとなり，在来的な産業への輸入圧力をめぐる論争も起こっています。入間地方のミクロの個別経営の史料が，マクロ経済に関する論争に寄与し得る面があることも，あわせて示したいと思います。

細渕家の経営活動の起点は，自村および近隣農村からの縞木綿の買い入れで，それを示していたのが「坪方仕入帳」でした。「坪」は農村を意味し，同帳簿には農村での仕入活動が日並（出来事が生じた順）に記録されていました。安政 3（1856）年 10 月の場合，宮寺村とその周辺農村から 1，2 反の零細な単位で，ほぼ毎日のように織物を買い入れていたことがわかります。そこには原料供給との関連（綿替制・糸替制）は見られません。同年の 1 カ月間の同一仕入先当たり平均反数は 1.4 反，1882（明治 15）年でも 5.3 反でしたから，当時の手織り機（高機）1 台で十分に製織可能な反数でした。つまり仲買商の仕入記録から，農家副業的な生産者の存在形態が推測できるのです。

この系統の帳簿は安政 3（1856）年から 1883（明治 16）年まで断続的に残っていますが，1865（慶応元）年以降，それまでの細渕常吉名義から，儀助，大助，勝太郎へと変化していきます。3 者はいずれも細渕家の一員でしたので，当主・細渕常吉と家族員との経営内での業務分担の様相が浮かび上がってきます。常吉自身は別の形で仕入活動を展開しており，それが常吉名義の「市坪仕入帳」に記録されています。「市坪仕入帳」では，年間仕入反数が 100 反を超える仕入先が出現し，そうした中核的な取引先とは，6 と 10 の日

3)　本項の入間織物業に関する史実は谷本（1998），第 2 章によっています。

(各月の6, 16, 26日および1, 10, 20日) に取引が集中していたことから, 近隣の飯能市 (六斎市で市日が6, 10日) で織物仕入れを行っていたことがわかります。すなわち細渕家は,「坪買」とともに市を介した仕入活動によって仕入範囲の拡大と大口仕入先の確保を実現していたのです。

その背後には, 縞木綿販売量の増大がありました。細渕家は販売を日並の帳簿である「市日記」で管理しており, 1回の取引ごとに日付と取引先, 織物の種類ごとの販売反数, 販売額が順に記録されています。まずその集計から, 推定される販売反数が, 安政期の3000反程度から1872, 73 (明治5, 6) 年頃の3万反にまで達していたことがわかります。また販売先の商人名・住所さらに取引日と市日の照合から, 安政期には近隣の城下町・川越在住の商人および宮寺村近辺の商人に対して, 宮寺村に近接した扇町屋市, 飯能市で行われていた取引が, 販売量の拡大する明治初頭には, 南関東の一大織物市に成長していた八王子市での, 同地の買次商に向けた販売へと大きく変化していたことも判明します。その背後には, 開港による早期の輸入綿糸の導入が二子縞(ふたごじま)などの新製品開発を促しつつ, 入間地方の縞木綿生産の活性化に繋がっていた事実があります。細渕家の木綿糸仕入れに関する帳簿 (ただし残存状況は断片的) は, この点を傍証しています。開港による輸入綿布の流入が想定される時期においても, 少なくとも取扱量を急拡大する経営体が存在していたのであり, 綿布輸入が, 農村工業に立脚した綿布生産に取って代わったとはいえない可能性を示唆するものでした。生産に関するマクロ・レベルの定量的なデータ利用が難しい場合——1870年代以前は概ねそうです——には, その位置づけに慎重な検討を要するものの, ミクロ・レベルの経営史料が, マクロの経済動向を推定するうえでも貴重な手がかりとなるのです。

では, 拡大する営業活動はどのようにファイナンスされていたのでしょうか。それを明らかにするには, 上記の2種の帳簿 (「仕入帳」と「市日記」) の代金決済に関する記載の読解が鍵となります。安政期には, 仕入れ, 販売ともに, 取引の反数ごとに金額が記され, それぞれについて, 前者は「出金」, 後者は「請取」の文言が付記されていました。すなわち決済は, 現金による即金支払でした。これに対して,「市日記」では取引単位の大口化とともに, 代金の一部が取引時には未払分として記帳される例が増大していきます。この未払分は随時支払われ長期の貸金にはなっていませんが，その間新たな販売も行われるので，とくに大口販売先に対しては売掛金（＝信用供与）が増加することとなります。さらに明治初年にかけて，細渕家は八王子商人から代金として，販売先商人の名前をつけた手形（中野久次郎であれば中久手形）を受けとるようになっていきました。これは販売先振出しの約束手形と考えられるので，売掛債権が証券化されたといえます。他方，「市坪仕入帳」では，大口の仕入先に対して，支払手段として現金以外による決済が増大しました。たとえば上記の「中久手形」であり，これは約束手形が流動化され，決済手段として流通していたことを物語っています。もう一つ注目されるのは「為替ふり」で，これは細渕家が代金支払いに際して，「為替」を振り出して決済していることを示すものです。ただしこれは現代の意味における「為替手形」ではなく，徳川時代では「振手形」の名称で知られる金融業者に宛てた小切手の類であったことが，当該金融業者との取引記録である「為替証書之通」などの史料から判明します。「振手形」の存在は，大坂の両替商金融では指摘されていたことですが，それが関東農村でも行われていたことが判明したといえます。細渕家の取引帳簿によって，自生的な手形の流動化と，それを支える在地の金融業者が介在した手形流通機構の存在が浮かび上がってくるのです。

2.2　問屋制経営

明治中期に入ると，織物業の生産の場は，輸入力織機を備え，時に雇用労働者数が1000人を超える規模となる機械制紡績会社の兼営織布工場と，農村工業の系譜を引く産地織物業に二分されることになります。この後者が中小織物業者の活動の場でした。機械制大工場に伍して中小規模の経営体が存続・増加するのは，近代日本の経済発展の一つの特徴であったといえますが，それを，大経営が中小経営を自らの経営利害のもとに再編成する，いわゆる二重構造の形成と位置づけるか，もしくは中小経営にも発展のダイナミズムを認める，複層的発展の特質を示す現象と評価するかは，議論があるところです。それを考察するには，中小経営の経営実態とそこでのダイナミズムを探ることが求められます。阿部武司『日本における産地綿織物業の展開』は，和泉（大阪府）と播州（兵庫県）の二つの織物生産地について，機業家の経営史料に基づいて原料綿糸の購入から織物の生産，販売までの一連の過程を分析し，日露戦争後の1910年代以降，安価な国産力織機を導入して中小工場化した織元が，輸出を伸ばし，戦間期の綿織物生産の発展を牽引していたことを明らかにしました（阿部 1989）。そこには，中小織物業者の経営発展の一つの道筋が示されています。ただし，力織機化以前の明治中後期の織物産地では，織元が直接製織工程を担う作業場を持たず，生産の場を経営外部——主に農家副業——に置く，問屋制家内工業の形態をとることが多かったのです。そのダイナミズムを検討することは，分散型の生産組織の産業発展における意義を問うことにもなります。それは生産組織としての工場制の効率性をめぐる議論——工場制論争——について，実証的に寄与することにも繋がる問題でした。

工場制論争とは，産業革命論における基本問題——なぜ工場制が近代の経済発展を担う生産組織として採用されたのか——への通説的（あるいは古典的）な解答が，新たに発明された機械（作業機および原動機）の要請する最適な生産規模が労働者の一作業場への集中を不可避とし，機械制工場の成立を促したとするのに対して，機械化という技術選択の問題と，工場＝集中作業場の採用という組織選択の問題を分離し，生産組織としての工場制（集中作業場）自体の，生産効率上の優位性いかんを問うた論争です。オリヴァー・E. ウィリアムソン（Oliver Eaton Williamson）は，労働者の監督の必要性や原料着服などによって経営に課せられる費用——取引費用——の節約に資する点に，工場への作業集中の効果を主張し，11の項目を挙げて工場制と問屋制の優劣を論じたうえで，工場制9対問屋制5のスコアで，工場制（集中作業場）がより効率的であるとしました（Williamson 1985, pp. 226, 230）。しかしこのウィリアムソンの結論は，同じリストに対して6対7で問屋制に軍配を上げるS. R. H. ジョーンズ（S. R. H. Jones）によって反駁されています（Jones 1994, p. 52）。ここに，分散的な生産組織——問屋制——の存在理由が，すぐれて実証的な問題であることが示されています。

これらの問題を念頭に，前項の入間地方の事例を見てみましょう[4)]。入間地方では明治中期以降，問屋制家内工業形態での綿織物生産が発展したこと

4）以下，本項の入間地方の問屋制をめぐる史実は，谷本（1998），第7章によっています。

が知られていますが，滝沢熊吉家はその中でも有力な存在でした。同家文書には『出機帳』（のち『賃織物受渡台帳』）と題される一連の帳簿が1890年代から1920年代半ばまで，約30年間にわたって残されています。原料糸（縦糸・横糸）の受け渡しから製品織物の集荷，工賃の受け渡しまで，「賃織」との取引がこの台帳によって管理されていました。このデータから，集荷先の分布，取引頻度や継続性，工賃の分布と推移等，分散型の生産組織における取引の実態を具体的に分析することができます。

一例としてここでは，生産組織の分散性が不可避的に発生させるコストである「漏出（interface leakage）」についてみてみましょう。織物業においてそれは，賃織側の原料着服行為として現れるものであり，実際入間地方でも，賃織側による原料糸の「抜き取り」は，しばしば指摘される事実でした。しかし，費用発生の原理的な不可避性が，一義的に費用負担の程度を決定するわけではありません。問われるべきは，こうしたコストへの織元側の対応とその有効性です。先の滝沢家の賃織りとの取引データからは，取引ごとに渡した原料糸と回収した製品織物の双方について，重量が記載されていました。1890年代末以降，重量で計った歩留まり率（織物／原料糸）は，発注動向＝景気変動と逆相関の関係を描くようになっていました。好況期に歩留まりが低下し，不況期には上昇しているのです。これは織元が，事実上余分な糸を賃織に渡し，好況期の賃織獲得競争に対処していたことを意味しています。この段階での賃織の原料糸の留保は，織元によって制御可能な，戦略的な操作の対象となっていました。「着服行為」の源泉となる織元と賃織との情報の非対称性は，織元の原料管理によって解消に向かっていたといえます。

織元は一方で，管理コストの抑制も図っていました。まず滝沢家は発注地域を，織元自身の居住する村とその周辺農村に凝縮しました。この施策は見回り時間の節約によって，監視コストの低減に繋がるとともに，「輸送コスト」の比重の低下をも可能とします。また，滝沢家は1896～1925年の30年間，少ないときでも年間60戸弱，多いときには200戸近い賃織へ織物製織の委託を行っていましたが，発注行動の中心は5年以上にわたって発注関係を続ける中核的な賃織との取引でした。中核と周辺の二様の賃織の編成は，好況期の賃織確保と不況期の柔軟性という，生産調整にかかわる二つの課題への対処策であるとともに，近隣に在住する中核的な賃織との接触密度を深めることで，見回りのコストを低減させる効果がありました。継続的な取引関係自体，賃織に信用を損なうような行動——着服行為——を抑制させる「管理」遂行の一つの方策でした。入間地方の問屋制家内工業は，取引コストを抑制することで分散型生産組織のデメリットを一定程度克服し，相対的に賃金コストの低い農家副業形態での就業を，基幹的な労働力として利用し得ていました。

このように滝沢熊吉家の事例は，問屋制の採用が生産効率の観点からも合理的な，生産組織の選択の結果であった可能性が示されています。そこには工場化を指向しない産業発展のダイナミズムが含意されるとともに，取引費用に対する量的な操作可能性の明示によって，工場制論争に対する実証的な問題提起ともなっていたのです。

3　経営帳簿の諸形態とその内容

以上の織物業の事例では原料仕入れ，製品販売，賃織への発注管理といった，取引活動を記録する経営帳簿から，どのようなことが読み取れるのかを見てきました。本節では，経営活動全体を統括する総勘定元帳系統の帳簿について見ていきましょう。この種の帳簿は，大規模な経営体ではすでに近世期から体系化されたものが作られており，会計学・会計史の視点からの検討も盛んです。1000人を超える奉公人を抱える三井家経営の研究はその代表的なものですが，雇用規模で十数人から百人程度の，近世においては中規模ともいえる経営体においても，それなりに体系的な経営帳簿のシステムが整えられていました。

3.1　経営報告としての決算帳簿

伊勢（三重県）の射和（いざわ）に本家を置き，江戸と土浦（茨城県）で多角的な事業展開を行った国分勘兵衛（こくぶかんべえ）家は，18世紀初めに江戸で独立開業し，徳川時代には最大で，江戸店で25人程度，土浦店では見世（みせ）方で30人弱，蔵方で30人程度の雇用労働を抱える商家・醸造家でした[5)]。1870年代末に土浦店

5)　本節での国分勘兵衛家に関する叙述は，日本経営史研究所編（2015）第1章（谷本雅之稿）に依拠しています。日本経営史研究所編（2020）には，同家経営史料の一部

を廃止し醸造経営から手を引いた後は東京日本橋で食料品卸業に専念し，醤油と洋酒（ビール）取り扱いの拡大によって，1900（明治33）年頃には50人強の店員を擁する営業規模となっています。営業の現場，たとえば江戸店では醤油帳，本帳，出入帳，大福帳，判取帳などの帳簿群が作成され醤油の入荷，出荷，金銭の出納，売掛金や支払いの管理がなされていたことが後の記録からわかっていますが，江戸・東京が震災・戦災に見舞われたことなどの影響もあって，ほとんどが失われています。その一方で，本家の射和には，江戸店，土浦店からの営業報告がかなり体系的に残されていました。日々の記録が月単位で集計され，毎月，射和の国分勘兵衛宛に送られていたのが「月〆帳」です。文久期（1860年代前半）の江戸店の例を挙げれば，その内容は金銀出方，金銀入方，醤油出方，醤油入方，樽之方，塩之方，味噌之方に分かれ，金銭出納状況と当時江戸店が取り扱っていた醤油，明樽，塩および味噌の販売と仕入れの月単位での集計値がまとめられています。そのうえで，年１回（幕末の慶応期〔1860年代半ば〕からは盆前・盆後の年２回），決算記録として作成されていたのが「目録」でした。

目録の実際の内容を，事業経営が一つのピークを迎えた寛政期（1790年代）を事例に見ていきましょう。土浦店では，最初に「見世目録」の項が設定されています。古着売，穀物売，酒之売，塩之売などの物品販売部門では，年間の販売額と仕入額が示され，その差額がそれぞれの「利」として算出されます。質屋業では年間の貸付総額が「請質元」と表わされ，そこでの金利収入が「利」となります。「利寄」は種々の貸金利息を集計したものです。これら「利」の合計から，諸費用が差し引かれたものが見世の「商内利（あきない）」，すなわち「見世利」とされました。諸費用のなかには，諸掛のほか，店員の給金（見世給金，寛政７〔1795〕年は25人分）や飯米代，質物損失などが計上されていました。

これに続くのが醤油醸造部門の「蔵目録」です。まず，醤油販売の金額と樽数が，江戸仕切り，現金売り，小売り，掛売り，御用醤油，御家中に分けて書き上げられ，それに副産物としての醤油粕の販売額，および在庫投資となる醤油有物の金額が加わっています。続く「右之元」の項は，期首の醤油

が翻刻されています。

在庫の評価額に，醤油の原材料費（大豆，小麦，塩，縄，薪）が計上されています。この二つそれぞれの合計値の差額から，蔵掛（諸費用），蔵で働く人々の給金（寛政7年，23人分），諸職人・日雇の賃金，普請方（蔵の建築修繕費）などの諸費用を差し引いたものが蔵の「商内利」である「蔵利」とされました。目録では，この二つの「商内利」の合計値を出し，そこから以下のような支出を差し引いた金額を，当該年度の最終的な利益としていました。これがプラスなら「延」，マイナスならば「不足」と表記されています。

支出の中身は，年度によって変化しますが，路用（旅費），借入利息，年賦金の返済，無尽掛け金，賄方（国分本家や親類の喜早家の家計費），伊勢為登金（射和の本家への送金），射和本家の奉公人の給金，本家の普請費用などからなっていました。最後に来るのは「惣勘定目録」で，期末（通常は翌年正月）の貸借残高の書き上げを基本としています。貸（資産）の項目には見世の商品在庫，蔵の原料在庫，仕込中の醤油諸味（仕掛品）などの実物流動資産，諸種の貸金からなる金融資産，およびそれまでの赤字年の「不足」を集計した金額が計上されています。借り（負債）には，大口の資金調達先であった西村三郎右衛門からの借入金のほか，借入金や預り金に加えて過去の「延」を足し合わせた金額が挙がっていました。なお江戸店の目録も，土浦店の見世目録とほぼ同じ帳簿構成でした。

以上の会計処理では，見世と蔵の勘定で損益計算を行ったうえで，惣勘定として貸借計算を実施しており，両者の最終利益――商内利から算出した「延」と惣勘定の「借り」項目中に含まれる当年利益＝「延」――の金額を一致させていました。損益計算の部分では，「商内利」は営業利益の概念にほぼ一致しており，事業活動の成果を的確に表現するものとなっていました。一方，会計処理上は「最終利益」の概念でとらえられる「延」「不足」ですが，本家への支出である「賄」や伊勢為登金などがすでに費用として控除されているため，現在の考え方から見れば，利益処分との区別が明確ではないとの指摘もあり得ます。しかしそれは，概念上の混乱というよりは，近世商家の実態を反映するものでした。射和の本家が単なる出資者ではなく，江戸，土浦の店舗とともに事業経営を担う主体であったとすれば，本家関係の費用――賄や普請――なども，家計支出ではなく，国分家の事業経営そのものの存続にかかわる費用との考え方が採られていたとしても，不思議ではありません。また，本家や当主への送金額は，定額が定められていたと見られるため，事業の収支と家計の収支が混同されているわけでもありませんでした。その点に鑑みれば，国分家の事業経営において，家計と経営の分離は果たされていたというべきでしょう。近世商家の制度的な枠組みのなか，国分家の帳簿体系は，合理的な事業経営の基盤として機能していたのです。

3.2　現場の経営活動

国分家の史料群は，主に伊勢の本家に残されており，上述のように，営業の現場，たとえば江戸店そのものの経営史料は東京の震災・戦災などの影響もあって，あまり残されていませんでした。このように，江戸・東京を拠点とする経営体の記録が，決算報告の形で地方の本家に残されていることは，地方在住の商家が三都で営業活動を行う事例の多かった近世期ではしばしばみられることでした。決算帳簿は，経営全体の動向やパフォーマンスを見るうえで，最も適合的であり，かつ，経営内部における報告であるために，現在の情報公開を目的とした財務諸表に比べて，記されている情報量も多い点が，研究のうえでも大きな利点となります。いわゆる伊勢商人，近江商人系統の近世期の商家経営の研究が，決算帳簿の分析を中心に多くの成果を挙げてきたのはこのためです。国分の事例は，そうした経営史料の可能性が，大商家経営に限られるものではなかったことを示しています。

これに対して，日々の経営活動の諸局面を記録した経営史料が伝わっているのは，主に経営活動の現場が大都市以外に置かれているケースです。農村在住の地主経営史料はその典型であり，まとまった研究史を形成していますが（大石編著 1985 などを参照），非農業部門にほぼ特化した経営でも，醸造業や商業部門では，数十人規模の雇用を抱える経営体が遅くとも 18 世紀からは存在しました。先の国分の土浦店の醤油醸造はその一例でしたが，明治初年代に廃止されたため，同地での経営活動は途絶えています。しかし 18 世紀後半以降，江戸向けに出荷量を増加させた銚子および野田の醤油産地には，現代まで経営を継続する経営体が複数存在しました。銚子のヤマサ醤油はその一つです[6)]。ヤマサ醤油を営む浜口儀兵衛家は，もともと紀州（和歌

6）　本項のヤマサ醤油に関する史実は林編（1990）によっています。

山県）有田郡広（ひろ）村に居住しており，銚子での醬油生産開始後も，長らく広村に本拠を置いていました。この本家と経営の現場が離れていたことが，経営報告を目的とする決算関係の史料群が近世期に関しては，銚子のヤマサ醬油に残されていない一因であったと推察されますが，その一方で，経営活動全般を統括する「大福帳」と題された大部の横帳が残されていました。その冊数は，18世紀初から帳簿体系の改革が行われ「総勘定元帳」に替わる1880年代末まで，計160冊余に及びました。帳簿の基本的な構造は，醬油経営の諸局面（原料や容器の調達，雇用労働管理，製品販売）に関する取引の記録と，そこでの債権管理ですが，貸金や不動産（銚子や江戸での貸家経営）に関する活動を統括するための記帳もあり，いずれも項目を立てて，1年間の活動が帳簿の当該項目部分に付け込まれています。基本的に個々の経営活動のフローの把握が図られており，その点で，期末のストックと年間のフローの集計値を中心とした店卸帳系統の帳簿（国分の目録も同様）とは異なる内容となっています。

試みに醬油販売に関する記載を見てみましょう。販売記録を付け込む部分では，項目が地域名と人名の場合があり，比較的大口の取引先では人名での項目立てがなされていました。項目内では日並に醬油の販売樽数，金額，および販売先の人名（項目立てが地名の場合）が記載されていました。そして取引先からの入金が日付と金額の記載として現れます。入金までは，この販売額は売掛金として考えられており，実際，ここでの記帳が売掛金発生の証拠ともなっていたようです。「大福帳」を債権管理の帳簿とする見方があるのは，このためです。以上が醬油販売に関する基本的な記帳のあり方ですが，中核的な販売先である江戸の醬油問屋の場合には，やや異なった様相が浮かび上がってきます。それぞれの問屋名で立てられた項目のなかで，日並に醬油樽数の記載が現れるのは同じですが，そこでは送付樽数が随時記録されるだけで金額の記載がなく，その代わりに時折，問屋から送られてきた金銭の受け取りの記録が加わりました。そして年2回，「仕切り」と記されたまとまった記帳が現れます。この一連の過程を追うことで，以下の江戸問屋と醸造家との取引の特徴を読み解くことができます。

醸造家は江戸問屋に向けて，定期的にある程度まとまった樽数の醬油を送付しました。問屋は受けとった醬油を販売する一方，見詰（みつめ）金と称する内金を，文政期（1810～20年代）には年に2回，明治前期には毎月，醸造家に送付していました。その過程で生ずる債権・債務（醸造家が受け取るべき醬油代金と見詰金との差）を決済するのが，年2回の「仕切り」です。近世期において，問屋は「委託販売」を基本的な業務とすることが同時代的にも指摘され，実際，江戸・東京の醬油問屋が醸造家から受け取っていた「口銭」は委託手数料に相当しました。「委託販売」の原則からいえば，「仕切り」での作業は，半年間の販売額（個々の販売過程で実現した価格×樽数）を集計し，そこから諸費用（河岸揚賃――運輸関係の諸費用，蔵敷料――倉庫の保管料）および販売手数料（口銭―販売額の一定割合）を差し引いた金額と，見詰金との差を確定すること，およびその時点で売れ残った製品の処理（返品など）を確定することです。しかし実際は，その半年に送られてきた樽数に，単一の仕切り値段を掛け合わせ，その金額を半年間の問屋による販売額としていたことがわかります。この販売額と見詰金の差が，決済の対象となる金額なのです。したがって，仕切り値段を低く設定し，この金額を実際の製品販売額よりも小さくするならば，問屋は口銭とはべつに，その差額を手に入れることができました。一方で，「委託販売」であれば生じる可能性のある「売残り」品の返品の事実が記帳からはほとんど認められないので，事実上売残りのリスクは問屋側が負担していたといえます。そのため問屋側としても，少なくともリスク分は，実際の販売額よりも小さくなるように，「仕切り値段」を設定しなければなりませんでした。このように，「仕切り」に際して設定される「仕切り値段」こそが，利益配分の最大の決定因であり，ここに，仕切値段をめぐる問屋との交渉が，醬油醸造家にとって最大の関心事であったことの根拠を見出すことができます。実際，有力江戸問屋は比較的少数であったので，交渉に際して問屋側が優位に立っていたことは想像に難くありません。それに対抗する手段は，醸造家の団結です。宝暦期（18世紀後半）に成立した「銚子醬油仲間」の重要な役割は，江戸問屋との仕切り値段の交渉でした。文政期（1810年代）の「関東八組造醬油仲間」（銚子，野田ほか計八つの仲間組織の連合体）の結成も，銚子醬油仲間による交渉の成功――「仕切り値段」の1割増――を契機としていたのです。

4　経営史料が得難い場合：東京の中小工業史のケース

以上，中小規模の企業・経営史料にどのような特徴があり，そこからどのようなことが読み取れるのかを，具体的なケースに即して見てきました。他方，企業経営の継続性に乏しく，経営史料自体が失われているケースが少なくないのも，中小企業の特徴であり，その特徴は前述のように，日本では都市部においてより顕著です。以下では，経営史料以外からの情報収集の可能性に関して，大都市・東京立地の中小工業部門を事例に見ていきましょう。

明治維新後，武士階層の消滅に伴う人口流出を経験した東京は，日露戦争後から第一次世界大戦期にかけ，綿紡績業の集積する大阪府に次いで，多くの商工業従事者を抱える都市へと変貌をとげました。以後，1930年代から戦時期にかけての金属・機械工業の成長を経て，1980年代に至るまで，東京は工業生産の集積地としての地位を保っています。それは京浜工業地帯の発展の一角を占めるものであったといえますが，中小工場の集積地――城東（墨田区・葛飾区など）・城南（大田区など）――を大きな核としている点で，神奈川県域に広がる臨海の大規模工場地帯とは，対比されるべき性格を備えていました。実際，大田区に代表される東京の機械工業集積は，中小企業論・産業集積論の重要な研究対象として，多くの現状分析的な調査・研究がなされています。しかし大都市住民の流動性の高さに加え，関東大震災と第二次世界大戦による戦災が，経営史料の継承・保存に関して多大の負の影響を与えたことも確かです。東京を活動の場とする中小企業について，経営史料を用いた歴史研究はほとんど見られないのが現状です。

その一方で，近代日本の工業分野に関しては，比較的良質・豊富な官庁統計が存在していました。たとえば，農商務省（のち商工省）による『工場統計表』[7]です。1900年前後の先行的な試み（『全国工場統計表』）を経て，1909（明治42）年以降の『工場統計表』は，原則としてすべての製造業分野の民間工場に関して，産業分類ごとに，府県別および規模別の生産額，工場数，従業者数といった基本的なデータを掲載し，かつほぼ連年刊行されるように

7）『工場統計表』の刊行は1938年度までで，1939年度以降は『工業統計表』となります。以下の叙述は『工場統計表』の時期を対象としています。

なりました。20世紀前半，欧米の先進工業国でも，官庁が工業に関するこのような包括的かつ基本的な情報を連年刊行しているケースはみられません[8)]。1929年以降は，生産額のみならず，投入費用（原材料費，原燃料費，人件費）と付加価値額が加わっています。本章の視点からは，とくに雇用従業員数に基づく工場規模別のデータが重要で，中小企業に関する生産関連情報を特定することができます。

もっとも，『工場統計表』は年次によって定義に変動はあるものの，基本的には従業者数5人以上の作業場が調査対象でした。従業者5人未満の作業場について，同水準の内容を持つ統計データは得られないのですが，全人口の就業に関する情報を含んでいる点で，『国勢調査』は零細な事業活動を捕捉するうえで一つの手がかりとなります。とくに産業・職業分類とともに「従業上の地位」（業主・労働者・職員）が強く意識されていたことは，工業への従業が必ずしも工場での被雇用だけではなく，自営業的な就業形態が多かった歴史的現実に鑑みて意義深いといえます。ラフな計算ではありますが，『工場統計表』の従業者数と『国勢調査』の製造業就業者数の差を従業者5人未満の作業場就業者とみなすと，それが1920年の東京市・製造業就業者数の70％余を占めていたとの推測もあります（谷本 2005a）。また工業従業者数と従業の地位別，男女別，年齢別，そして産業別のデータから，東京市において20代男性の有配偶率が，労働者・職員に比して業主が20％ポイント以上高かったことも判明しました。独立開業者（業主）にとって家族労働者としての配偶者の存在が，経営上，重要な意味を有していた可能性が，定量的に示唆されているのです（谷本 2002，2005a）。

さらに地方政府が独自に行う統計調査や産業調査では，より立ち入った企業・産業関連の情報が含まれるケースが少なくありません。東京市役所による『工業調査書』（1932年調査，1934年刊行）は，市域に現存する工場の全数調査を試み，産業別の生産額，加工額および，投入に関する情報――従業者

8）たとえば，イギリス，アメリカでは工業部門の生産額は，製造業センサス（Census of Production, Census of Manufactures）によって把握されていますが，その刊行頻度はイギリスでは第一次世界大戦前に1回，戦間期に4回程度であり，アメリカでも1904～37年で13回でした。19世紀に遡り得るドイツの営業統計も，刊行の頻度は人口調査を目的とした『国勢調査』と同程度です。

数（家族・徒弟を含む），賃金，原材料費，減価償却費など――を従業員規模別および資本金規模別にまとめています。二重構造論の主要論点の一つであった工場規模別の賃金格差の存在を戦前期について指摘した梅村又次の先駆的見解も，同書のデータを主たる根拠としていました（梅村 1971）。そのほか，東京市による1930年代初頭の『小工業調査』『問屋制小工業調査』などの中小・零細企業に特化した調査では，業者が取り結ぶ取引関係にも関心が向けられており，都市部に展開する分散型生産組織の実態を浮かび上がらせるものとなっています。

もっとも，以上の統計・調査報告では，データは通常，カテゴリー別の集計値として掲載されています。それを個々の工場・事業所のデータに分解するには，個別の調査票（個票）に当たる必要がありますが，少なくとも戦前期については，上述の調査報告のもととなった個票がまとまった形で残されているケースはほとんど知られていません。この点は，たとえば『国勢調査(Population Census)』の調査個票が原則として保管され，一定期間後に公開されることが定められているイギリスやアメリカに比して，研究上の大きな制約となっています[9]。ただし，工場に関しては，農商務省によって1904年から不定期に刊行された『(全国）工場通覧』が工場ごとに工場主名，従業員数，動力機数などの基本情報を掲載しており，個票データを束ねた工場名簿としての性格を有していました。同様の工場名簿の類は，対象地域を限ってみれば，20世紀に入ったころから，少なからぬ数の刊行を見ています。今泉飛鳥は，日露戦争後から戦間期に至る，東京府・東京市を対象とした各種の工場名簿を集め，異時点間の工場名をマッチングさせることによって，中小機械工場の独立開業の様相やその存続期間を分析し，工場の集積する地域における新工場の存続率が有意に高かったことを見出しています（今泉 2008）。工場集積が独立開業や経営存続に対して正の外部効果を有することを定量的に裏づけた成果として，都市産業史や産業集積論への貢献を指摘できます。さまざまな形で刊行されている業界名簿も，工場（従業者5人以上）に達しない零細工場・作業場の捕捉や，製造部門に属さない関連業者――問

9）　アメリカでは80年，イギリスでは100年を経過した国勢調査の個票が，それを保存・管理する国立の資料館によって公開・閲覧に供せられ，近年はウェブサイト上での閲覧も可能になっています。

屋・商人等――に関する個別情報の取得の面で，利用価値は小さくありません。また，特許庁が保管・公刊している特許・実用新案・意匠の登録記録も，事業者に関する個別情報の有力な源泉の一つといえます。個別経営に関する諸種の情報源としては，業界雑誌も有用です。戦間期東京の玩具工業の事例では，玩具問屋の組合が発行する『東京玩具商報』が，各商店へのインタビュー記事の連載，特許・実用新案・意匠登録情報の掲載，製品広告などを通じて，統計や調査報告では得られない，個々の経営に関する質的な情報を提供しています。たとえば自社製品に対する模倣品への注意を喚起する意見広告からは，流行性の高い玩具産業で意匠・アイディアの模倣・盗用が，どのように行われ，それはどのような生産組織の特徴と結びついていたのかを読み取ることができます（谷本 2005b)。

最後に，個別企業史料ではありませんが，上記の公刊史料とも異なる情報源として，業界団体・組合の内部史料の可能性に触れておきましょう。江戸期においては株仲間の存在が知られていますが，明治維新による「株仲間解放」がなされた後にも，再び同業組合・産業組合として業界団体が法認されました。これら組合・業界団体が上記の『東京玩具商報』などの公刊物とともに，一次史料的な内部史料を保存していることを期待できるケースは少なくありません。そこには組合・団体自体の活動記録や会計記録とともに，たとえば行政からの調査依頼や，補助金交付等の中小企業政策への対応のため，傘下企業の個別情報を調査・集成した諸書類が含まれていることがあります。個別企業に比して存続性が高いこれらの団体は，中小企業に関する一次的な情報の給源として，最も可能性の高いものの一つといえるでしょう。

5　おわりに

本章では，織物仲買商，問屋制経営主，近世商家，醸造家，都市中小工場を事例に，企業史料の内容および企業史料以外での情報の所在について述べてきました。もっとも中小規模の企業といえども，そこに複数の出資者が存在すれば，考課状や営業報告書の形で経営情報を経営外に開示する必要が生じます。経営の継続性が高い企業では，会社史や創業者等の自伝・伝記などが刊行されている可能性もあります。これら大企業の場合とも共通する企業史料・企業情報も，当然その利用可能性は追求されるべきものです。総じていえば，中小企業の企業史料・情報への歴史的アプローチには，多様な可能性と方法があるということです。その核となる個別経営史料の体系的な発掘・整理が，現在に至るまで各地で営々と続いており，研究対象とすることが可能な企業経営のリストは確実に豊富化しつつあります。中小企業を対象とする企業史料・情報の利用可能性は，必ずしも小さくありません。

むしろ問われるのは，企業史料に向かう際の，問題設定や視角でしょう。大企業は，それ自体の有する産業・経済への影響力の大きさから，研究対象としての存在価値を自明視できる面があります。しかし中小企業経営は，そうではありません。個別企業への理解が深まることが，どのように経済史・経営史研究に対して意義を持つことになるのでしょうか。「無名」であるのが中小企業の特徴であるとすれば，問題設定がなければ探索すべき企業史料自体も見えてきません。中小企業の企業史料を経済史・経営史研究の豊かな源泉とするには，とりわけ研究者側の問題設定と関心のあり様が問われるのです。

参考文献

阿部武司（1989）『日本における産地綿織物業の展開』東京大学出版会。
今泉飛鳥（2008）「産業集積の肯定的効果と集積内工場の特徴――明治後期の東京府における機械関連工業を対象に」『歴史と経済』第51巻1号，19–33頁。
梅村又次（1971）『労働力の構造と雇用問題』岩波書店。
大石嘉一郎編著（1985）『近代日本における地主経営の展開――岡山県牛窓町西服部家の研究』御茶の水書房。
川浦康次（1965）『幕藩体制解体期の経済構造』御茶の水書房。
沢井実・谷本雅之（2016）『日本経済史――近世から現代まで』有斐閣。
塩沢君夫・川浦康次（1957）『寄生地主制論――ブルジョア的発展との関連』御茶の水書房。
谷本雅之（1998）『日本における在来的経済発展と織物業――市場形成と家族経済』名古屋大学出版会。
谷本雅之（2000）「厳マニュ論争とプロト工業化論」石井寛治・原朗・武田晴人編『日本経済史　1　幕末維新期』東京大学出版会，207–216頁。
谷本雅之（2002）「近代日本の都市『小経営』――『東京市市勢調査』を素材として」中村隆英・藤井信幸編著『都市化と在来産業』日本経済評論社，3–49頁。
谷本雅之（2005a）「戦間期日本の都市小工業――東京府の場合」中村哲編著『東アジア近代経済の形成と発展　東アジア資本主義形成史　I』日本評論社，201–224頁。
谷本雅之（2005b）「分散型生産組織の“新展開”――戦間期日本の玩具工業」岡崎哲二

編『生産組織の経済史』東京大学出版会，231–290頁。
津田秀夫（1960）「幕末期の雇傭労働について」『土地制度史学』第2巻4号，13–44頁。
日本経営史研究所編（2015）『国分三百年史』国分株式会社。
日本経営史研究所編（2020）『国分三百年史　史料』国分株式会社。
林玲子編（1990）『醬油醸造業史の研究』吉川弘文館。
本庄栄治郎（1930）『西陣研究　増訂改版』改造社。
山口和雄編著（1974）『日本産業金融史研究――織物金融篇』東京大学出版会。
早稲田大学経済史学会（1960）『足利織物史　上』足利繊維同業会。
Jones, S. R. H.（1994）“The Origins of the Factory System in Great Britain: Technology, Transaction Costs, or Exploitation?” in M. W. Kirby and M. B. Rose eds. *Business Enterprise in Modern Britain: From the Eighteenth to the Twentieth Century*, Routledge.
Ogilvie, S. C. and M. Cerman eds.（1996）*European Proto-Industrialization*, Cambridge: Cambridge University Press.
Williamson, O. E.（1985）*The Economic Institutions of Capitalism: Firms, Markets, Relational Contracting*, New York: Free Press.

Column 中小企業史料を探す

経済史・経営史の研究者が，日本の企業史料に出会う契機はいくつかあります。企業アーカイブスや文書館・史料館（あるいはその機能を備えた博物館）に所蔵され，公開が原則となっている史料へのアクセスはその一つであり，研究の王道でもあります。一方で，私文書である企業史料は，外部者への閲覧の許諾が所蔵者の意思決定のもとにあり，史料利用が研究者と所蔵者との固有の関係の構築に支えられているケースが少なくありません。たとえば企業が企画する会社史編纂へ執筆者として研究者が参画する際に閲覧・利用する企業史料は，多くの場合，編纂室関係者以外には原則的に非公開です。史料所蔵者と関係性を構築したうえで，史料整理から史料利用までを特定の研究グループが遂行し，実証性の高い研究成果を生み出しているケースもあります。実際のところ，日本経済史・経営史の研究者は，一般公開と原則非公開を二つの極に，その時々の現実に応じて，多様な史料利用形態のもとで研究を遂行してきたといってよいでしょう。

初めて本格的な研究に着手する学生・大学院生の立場から見れば，会社史編纂や特定の研究グループへの参画には外生的な要因が大きく，あらかじめそれを研究遂行の前提とすることは難しいでしょう。一方で，一般公開を原則とする企業アーカイブス，とくに日本のそれは経済界を代表するような有力企業グループのものにほぼ限られており，文書館・史料館等への企業史料の寄託・寄贈も，かつてよりは進展がみられるとはいえ，欧米のアーカイブスや公共図書館・大学図書館のレベルには達していないようです。研究者には公的機関の所蔵史料に視野を限ることなく，幅広く史料利用の可能性を追求することが求められています。以下参考として，本文でも引用した筆者の入間織物業史研究での経験を記しておきます。

研究を始めるに当たって設定した課題は，日本における農村工業の展開と産業革命（ないしは本格的工業化）との関連性の検討です。当時の学界では，幕末開港によるイギリス綿布輸入の圧力が，在来の産業発展に与えた影響をめぐって論争がなされていたこともあり，研究の対象を幕末・明治前期の農村綿織物業史に定めました。織物業史は比較的蓄積の厚い分野であり，公刊史資料や統計書等から得られる情報は，ほぼ汲みつくされているように当時の筆者には思われました。研究を深化させるには新たな情報が必要で，それには綿織物業に関連した業者の経営史料が有力な手がかりとなります。しかし，企業アーカイブス（三井文庫）をもつ近世来の有力商家・三井家は，三都の有力繊維問屋ではあったものの，幕末・明治期の綿織物生産の現場からは遠く，筆者の関心には合致しませんでした。特定の研究グループによる研究が桐生・足利の織物業者に関して存在していましたが，人的関係が無いために，そこへの参画も難しいように思われました。新たに利用可能な史料探索が必要となったわけですが，農村工業を対象とする場合，あらかじめ有力企業の目星がついているわけではありません。そこで，明治政府の最初の生産統計調査である『明治七年府県物産表』などを参考に，綿織物業の生産量が多かった地域を府県レベルで特定し，その地域の史料所在情報のなかから，織物業に関連する業者を探索することとしました。手がかりとなったのは，自治体史編纂事業のなかで精力的に行われていた地域史料の発掘・整理です。少なからぬ編纂室が当該自治体に所在する旧家，企業，業界団体等の所蔵文書整理を行い，調査目録を作成・発行していました。これらの史料目録の収集に努めていた国文学研究資料館・史料館で，有力織物生産県であった埼玉県内発行の史料目録を積み上げ，幕末・明治前期の織物関係の帳簿群を含む目録を探しました。そこで出会ったのが，入間市史編さん室編の細渕家文書目録です。文書類は，市史編さん室によって整理され，寄託を受けてそのままの形で保管されていました。

この史料の閲覧・利用を許されたことが，筆者が入間地方の織物業史を研究対象とする最大の契機となります。以後の史料探索の方向は，細渕家文書の解読と，そこから得られるデータの整理・集計のなかから定められていきました。有力販売先となる八王子・中野久次郎に関する『昭島市史』の叙述等から，同家文書が昭島市史編さん委員会にマイクロフィルム化されて保管されていることを知り，また編纂室関係者を通じて中野家に直接伺う機会も得ました。八王子商人の販売先に近江商人系の小林吟次郎（丁吟）や伊藤忠三郎（伊藤忠）が現れることも判明し，前者のアーカイブスである近江商人郷土館，後者の承継企業である伊藤忠商事および丸紅の社史編纂室を訪ね，関連資料の閲覧を行いました。さらに，丁吟の販路が東北地方に広がっていることから，需要地側の史料の探索を行い，先の国文学研究資料館・史料館所蔵の秋田県大館・栗森家の文書が，丁吟等からの綿布購入を記録する仕入帳を複数年にわたって所収していることを見出しました。他方，織物仕入先となっていた周辺農村に関しては，所沢市史編さん室が調査・整理した岩岡家文書（庄屋文書）に，明治前期の村方の産業調査史料が含まれていることがわかり，同編さん室所蔵の写真版を利用して，農家副業形態による織物生産の状況を定量的に示すことができました。織物原料となるイギリス製綿糸が，東京・横浜の輸入綿糸商との取引によって地域にもたらされていたことも，入間市史編さん室が調査対象としていた滝沢弁吉家文書所収の店卸帳から確認されました。

以上のように，1980年代の筆者の史料探索は，当時隆盛であった自治体史編纂事業へ大きく依存しています。自治体史の編纂に公的な位置づけが与えられていたことが，関係者の個人的な好意・尽力とともに，駆け出しの大学院生に一般公開とは異なる形で史料閲覧へ門戸を開く基盤となっていたように思われます。状況が変化したとはいえ，現在でも自治体史あるいは会社史編纂事業が，企業史料の発掘・整理の重要な契機であることは確かです。史料と出会うためには，史料の所蔵者・機関へ多様なアプローチを試みる必要があります。なお自治体史編纂室が収集した史料群が文書館・史料館へ移管され，一般に公開されている事例も少なくありません。自治体史編纂の遺産は，企業史料利用の一般的可能性を広げたといえます。

中小企業の企業史料の探索は，不確実性に彩られた暗中模索の過程です。しかし特定企業に対象が限定されない分，可能性に満ちた試みでもあります。この不確実性と可能性の並存した史料探索過程も，歴史研究の醍醐味の一つであると，筆者は考えています。

第9章

日本の農村史料

小島 庸平

キーワード
公文書，私文書，資料整理，
インターリンケージ取引，
コンピュータ技術

本章では，近現代を中心に，日本の農村史料を公文書と私文書に大別し，その性格と保存の状況，およびこれらを利用した具体的な研究の事例と可能性について紹介します。

1 はじめに

近現代の日本農業・農村史は，日本経済史を構成する諸領域のなかでは，史料の利用可能性という点で相対的に恵まれた部類に属しているように思われます。一定のフォーマットに基づく行政による住民把握は，都市部以上に広く深く浸透しており，ある地域に生きた一人ひとりの経済活動や生のあり方について，細部にまで立ち入って検討できる場合が少なからず存在します。また，都市部と比較すれば，住民の移動はそこまで頻繁ではなかったため，巨大な資産家ではない人々の家でも，貴重な史資料が「発見」されることは現在でも珍しくありません。近年のパソコンやデジタルカメラの普及は，膨大な史資料群に対する研究者の処理能力を飛躍的に高めており，1990年代から2000年代にかけてしばしば「停滞」を指摘されてきた農業・農村史研究の領域では，こうした技術進歩の恩恵もあって，豊かな可能性が切り開かれつつあります。

本章では，主として近現代を中心に，日本の農村史料を公文書と私文書に大別し，その性格と保存の状況，およびこれらを利用した具体的な研究の事例と可能性について紹介します。

2　公文書

日本の地方自治体は，課税額の確定や衛生環境の保全，住民に対する助成金の支給等々のために，個人の就労状況や家族構成，所得・資産の金額，あるいは医療機関の受診履歴や健康状態などにかかわる膨大な情報を，継続的に収集・蓄積してきました。これらの多くは，「個人情報」として保護＝秘匿の対象とされ，保管すること自体が所蔵者にとってリスクとなりかねない性質を持っています。公文書管理については圧倒的に後進国であるといわざるを得ない日本では，行政の「効率化」を名目に，数多くの貴重な史資料が廃棄され続けてきました（瀬畑 2011，55，276 頁）。2017 年には，千葉県文書館が収蔵公文書のうち 1 万 3000 冊以上を廃棄・移動し，その過程で県の事務に瑕疵があったことを公式に謝罪しています（宮間 2017）。

しかし，史料を利用する側の立場からここで強調したいのは，そうした悪しき「効率化」にもかかわらず，必ずしもすべてが処分されてしまったわけではない，という事実です。以下では，廃棄を免れた数少ない個票類や行政文書を利用し，アクセス可能な情報を丁寧に拾い集めていくことで，いかなる研究の可能性が開かれるのかについて議論してみたいと思います。なお，ここでは，「公文書」を「非都市部の地方自治体，または部落・財産区，各種学校などの公共団体が，業務を遂行する過程で作成した史資料」として緩やかに定義していますが，府県文書については沼尻（2010）等に譲り，市町村以下の地方自治体で作成された文書に対象を限定して議論します。

とはいえ，市町村以下の自治体で作成された公文書も広範囲にわたります。たとえば，長野県下伊那郡座光寺村の役場文書（座光寺麻績資料館蔵）は，議会・財政・統計・産業・民生・税務・庶務・農業・林業・消防・土木・無尽・遺族・人事・学校・社寺・合併という 17 項目に分類されていました。このすべてを取り上げることは紙幅の制約のために不可能ですから，以下，とくに経済史で重要となる数量的なデータに注目して解説することにします。

2.1 センサス・個表類

佐藤（1995, 14頁）によると，戦前日本の統計調査は，①全国レベルでの相互調整機関・方法規程を欠いており，②道府県レベルで事実上の相互調整機能が果たされ，③郡市町村レベルでの実情に応じた多様な調査方法が採用されてきました。そのため，「戦前期の統計資料を利用するばあい，これらの点（多様な調査方法の内実――引用者）が実際どうなっていたかについて，最低限の見通しを持たなければ，データを正しく解釈することは望めない。したがって，このような情報が数値情報と共に提供される必要がある」とされています。戦前期に作成された統計的な情報に基づいた分析を行う場合，その作成プロセスにまで遡った検討を行うことが，数値を正しく読み取るうえでは望まれます。

この点，地方自治体に残された史料を見ると，個票の写しとともに実施方法を指示した通達や講習会の記録が綴られている場合があり，作成のプロセスにまで遡った検討が可能です。たとえば，長野県下伊那郡の三穂村役場『昭和十三年六月　農家調査一件』（飯田市三穂自治振興センター蔵）には，各世帯の土地所有状況や兼業の内容を記入した「農家調査票」とともに，長野県「農家調査市町村主任会議事項」（1938年6月22日）という会議録や，ガリ版刷りの調査方法に関する通達が合綴されていました。この調査は，日本で初めて専業農家と兼業農家とを区別した全国調査として知られており，その成果が農林大臣官房統計課編（1941）として刊行されていますから，全国ないし長野県のなかで三穂村を位置づけるうえでも便利です。農家経営の詳細な情報を村内の全世帯について得ることのできるこうした個票が，調査の方法を示す史料とともに綴られていれば，当時の農村の姿をミクロ・レベルで明らかにするうえで大きな助けとなるでしょう。

ただし，こうした調査個票は大変珍しく，発見できたとすればそれはきわめて幸運なことです。こうした個票類を容易に得ることができない場合，その代替となるような史料は，どこに求めればよいのでしょうか。

2.2 戸数割賦課額にかかわる史料

筆者が初めて農村の公文書に触れた際，最初に教えられたのは『村会議事録』の重要性でした。『村会議事録』は，文字通り村会での議題を記録した史料ですから，経済史に関心を持つ調査者の注意を直ちに引きつけるものではないかもしれません。しかし，当時も今も市町村の予算編成を議論する場は市町村議会であり，戦前期における市町村の歳入源として最も重要な税目であった村税戸数割の賦課額は，村会の議決を経て決定するものとされていました。そのため，村内のほぼ全世帯に対する賦課額を一覧表にした史料である「戸数割賦課額議決書」は，原則として『村会議事録』に綴られています。『村会議事録』は，地方自治の根幹となる史料として永年保存を原則としているため，各町村で最も残存している可能性が高い史料の一つですから，これを見ることができれば，村内のほぼ全世帯の経済階層を明らかにすることができるはずです[1)]。実際，南（1996）は，同史料のこうした特性を利用して，広く全国から戸数割の賦課額情報を収集してジニ係数を算出した優れた成果で，所得分布に対する関心が高まった近年の研究にも大きな影響を与えました。調査個票が得られなくとも，村民の相対的な資産と所得の分布については，戸数割賦課額を検討することによってかなりの確率で明らかにすることができます。

ただし，戸数割の賦課額を決定する方法は，全国で少なくとも 442 通りが存在したとされ（田中 1929，24 頁），統一された方法によって住民の課税情報が収集されたものではありませんでした。また，家族構成員のうち 14 歳未満，60 歳以上，「不具廃疾者」のそれぞれの人数に応じて課税所得から控除するものとされており，その控除額も自治体によってまちまちでした（佐藤 1992）。したがって，戸数割賦課額を厳密に検討するには，課税方法や控除の水準を知る必要があり，統計調査の場合と同様に，その作成のプロセスにまで遡った検討が必要です。

そうした検討を最も厳密な意味で行うためには，戸数割賦課額を決定するプロセスについて，可能な限り理解を深めておく必要があります。その際，理想的には，課税事務を遂行する過程で作成された『所得調査簿』を利用します。表 1 には，筆者が実際に閲覧した長野県埴科郡五加村と，徳島県名西

1)　ただし，課税標準に対する乗率のみを議決し，各戸の賦課額の算出を市町村等に委ねるものが全体の 4 分の 1 程度存在しており，このような市町村では議会関係文書を見ても，個々の住民に関するデータを得ることは残念ながらできません（佐藤 1992，227 頁）。

表1　長野県埴科郡五加村・徳島県名西郡神領村の『所得調査簿』記載事項一覧

五加村				神領村	
1900～09年	1911～21年	1918～21年	1922～39年	1937～38年	
田	本村田	本村田	田自作	特別税戸数割資料調査表	田自作
畑	同畑	本村畑	田貸ノ分		田受作
宅	同宅地	本村雑地	田借ノ分		田入作
生繭	他町村田	本村宅地	畑自作		畑自作
貸金	同畑	他町村田	畑貸ノ分		畑受作
田荒	同宅地	他町村畑	畑借ノ分		畑入作
畑荒	国税営業税	他町村雑地	養蚕		山
株	県税営業税	他町村宅地	工男・工女		蚕
報酬	貸金	国税営業税	勤労		貸金
営業	株	県税営業税	貸家		伐採
	繭	県税雑種税	給料		給料・日雇
		株券	賞与		貸家
		養蚕・製糸用	貸金利子	戸数割資力斟酌資料	宅地
		養蚕・蚕種用	配当		田
		貸借金	販売業		畑
			預金		山林
			他町村土地		家屋
					貸金・裕金
					有価証券
					生活状態

（注）　五加村の『所得調査簿』のうち，1910年のみ水損のため頁を繰れず未確認。
（出所）　各村『所得調査簿』より作成。

郡神領村の『所得調査簿』の記載事項を掲げました[2)]。地域や時期によって，調査項目が大きく異なっており，一口に戸数割賦課額といっても，把握された所得項目に違いがあったことがわかります。とはいえ，総じて土地や株式・貸金といったストックと，営業所得や給与・労賃，繭生産量などのフロー所得の把握が目指されており，世帯を単位として詳細に収入構造を明らかにすることができる点で，きわめて重要な情報源となるものです。また，ここに記載された所得額は控除前のものであるため，戸数割賦課額と異なり，扶養家族員数によるバイアスから自由であるという点も，利用上の大きなメリットの一つです。

2)　ここで利用した神領村の史料は神山町研究会での共同研究を通じて閲覧・撮影したものです。なお，五加村に関するすべての史料は千曲市歴史文化財センターに，神領村の史料は神山町郷土資料館に所蔵されています。

しかし，これを利用できる可能性は，残念ながら調査個票よりもずっと低いかもしれません。戸数割の専論としてはほとんど唯一の著作である水本（1998，18頁）さえ，『所得調査簿』を「喉から手が出る程欲しい」としながら，ついに発見することはできませんでした。筆者の限られた見聞に基づく限り，『所得調査簿』が残存していることが知られているのは，表1に掲げた五加村と神領村の他，広島県安芸郡温品村（現広島市）があるに過ぎません。このうち五加村は，1900年から39年までの40年分の『所得調査簿』がほぼ完璧に揃っており，大石・西田編著（1991）によって詳細に検討され，現在もその実証水準を乗り越えた成果はないといっても過言ではないほどです。神領村は1937～38年の一部の部落のものに過ぎず，温品村については『所得調査簿』が作成されない年も多かったとされています（佐藤 1992，230頁）。五加村のような『所得調査簿』の残り方は，きわめて珍しいものであることがわかります。

以上のように，『所得調査簿』は，各世帯の所得と資産の構成を細部にまで立ち入って検討することを可能にする，重要かつ貴重な史料です。もしこれを見つけることができれば，それは計り知れない僥倖によるものですから，ぜひ積極的に活用すると同時に，保存のための適切な措置をとることを強くお勧め／お願いします。また，現実的には「戸数割賦課額議決書」によって，世帯主の経済的階層を特定していく他ない場合が多いでしょうが，そうした場合にも，庶務史料や例規綴等を広く見渡すことで，戸数割賦課額の課税プロセスを可能な限り知る努力が必要です。

ただし，もし仮に『所得調査簿』が得られたとしても，所得控除の対象とはならない働き盛りの世代に属する家族員の構成は，残念ながら把握することができません。近年の農家経営にかかわる研究では，農林省や帝国農会が実施した『農家経済調査』等を利用して，世帯内の労働力配分に関する優れた研究成果が提出されつつあり，家族構成にかかわる情報は重要な論点となっています[3)]。しかし，公的機関による『農家経済調査』は基本的には自計式調査であるため，一定の筆記・計算程度の能力を持った優良な農家を対象としており，しばしば上方への偏りが指摘されてきました。そのため，『農

3）その代表的な成果として，藤栄・仙田（2016），Kusadokoro, Maru, and Takashima（2016）など。また，史料論としての検討は尾関（2015）を参照。

家経済調査』に基づく研究は，可能な限り在地の農村史料を利用した悉皆的な分析と突き合わせて検証される必要があり，そうした作業は今後の課題となっています。では，どうすれば農村の公文書を利用して各世帯の内部にまで立ち入った検討が可能になるのでしょうか。

2.3　戸籍にかかわる史料

その有力な手がかりとなるのが，戸籍にかかわる史料です。かつて戸籍は，歴史研究者にとって最も重要な調査史料の一つでした。たとえば，1954年から調査を開始した豊原村研究会編（1978）では，戸籍原簿から作成した家系図を手がかりにして，明治以降100年の山形県西置賜郡旧豊原村全戸の家族員約600名の職業変動を個人別に確定しています。

しかし，周知の通り戸籍の自由な閲覧は1976年に禁止され，以後は公文書のなかで最も秘匿性の高い史料として厳重に管理されるようになってしまいました。「戸数割賦課額議決書」等によって村民の経済階層が判明しても，戸籍の検討を通じて世帯間の本家分家関係や世帯内部の家族構成を悉皆的に明らかにすることには，現在のところほとんど不可能といってよいほどの困難が伴います。

とはいえ，戸籍そのものを閲覧することは許されないにしても，戸籍にかかわる事務を遂行する過程で作成された周辺史料は，現在でも利用可能な形で残されている場合があります。たとえば，長野県下伊那郡上郷村の『戸籍索引簿』[4]（上郷歴史民俗資料館蔵）には，一時点に限られますが一世帯ごとに家族員全員の名前が記載されており，これを使えば個別世帯の家族構成を復元することが可能です。また，長野県下伊那郡千代村の『戸籍受付簿』（飯田市千代自治振興センター蔵）には，出生・死亡・縁組・家督などといった手続きにかかわる概要が示されており，戸籍に異動を生じた年月日と本人・世帯主の氏名が判明します。同様に『加籍目録』・『除籍目録』や『（非）本籍人身分登記簿』，『出寄留簿』などからも戸籍の変動を知ることができ，たとえば五加村の『本籍人身分登記簿　婚姻之部』では，婚姻関係に入る当人だけでなく，その両親と「証人」となった者の住所と氏名も記載されてい

4)　この史料は表紙が欠けているため，タイトルは筆者が便宜的に付したものです。

ました。戸籍事務を遂行するなかで作成された史料からは，家族形成の過程や世帯間の関係性などを復元することができ，これらの史料を根気よく積み上げていけば，戸籍本体が見られずとも村内の世帯構成や世帯構成員の異動を詳細に把握することができるはずです。土方（1994）は，断片的な戸籍情報とともに，五加小学校に残された『学籍簿』や『学齢簿』を丹念に集計することで約5000人の子どもたちの履歴とその戸主を明らかにした労作であり，戸主以外の人々を含めた詳細なデータベースを構築するうえで，導きの糸となるでしょう。戸籍の閲覧が禁止されている現状のもとでも，戸籍事務にかかわる史料を駆使することで，自家労働力の完全燃焼を目指す農家の経営戦略や，ジェンダーの視点に基づく「イエ」研究を，さらに深化させていくことができると考えています。

2.4　衛生にかかわる史料

こうした農家世帯の研究との関連で重要なのが，衛生にかかわる史料です。速水融氏が1970年代に導入した歴史人口学は，近世期の『宗門人別改帳』を駆使することによって基礎的な統計情報を自ら集計し，目覚ましい成果を挙げました（斎藤 2010，36頁）。その影響は近現代史研究にも及び，現在も優れた研究を生み出しつつあります。しかし，近代以降になると政府や研究者集団による洗練された統計調査が多数登場するようになるため，これらの調査データを用いた研究が主流となり，公文書等の一次史料に基づく研究はようやく緒についた段階にあります。

そもそも幕末期のコレラの襲来以来，伝染病への対策は地方政府にとっても重要な課題となっており，衛生行政の実施は近代行政村の最も大切な事務の一つでした。大鎌（1994）は，部落を単位に組織された衛生組合の活動を行政村との関係で整理した数少ない実証研究の一つですが，この他に衛生にかかわる農村部の一次史料を本格的に利用した研究は，まだまだきわめて少ない状態にあります。しかし，行政村における衛生行政を遂行する過程で作成された史料を利用すれば，近現代の歴史人口学研究の水準は，大きく引き上げられるはずです。

たとえば，長野県の五加村には，『埋葬認許証下付願綴』という史料が残されています。そこには死亡者の氏名と戸主との続柄，死因，誕生・死亡年月日，埋葬の年月日と墓地の位置が記されており，この史料を使えば，死亡した当人の年齢，性別といった属性や死因とともに，戸主を介してその経済階層をも明らかにすることができます。大門（2006）は，農民的小商品生産の担い手となった中農層の女性には，他の階層と比べて流産・死産が多かったことを明らかにし，農家における「商品化の無理」が女性に集中していたことを主張しました。これに対し，友部（2007，52頁）はそのサンプル数が少ないことを批判しています。こうした批判に応えて労働強化と女性の健康状態との関連を検証するには，『埋葬認許証下付願綴』等を利用して，一村レベルで長期間にわたる分析を行うことが有効でしょう。

この他，徳島県の神領村に残された『伝染病患者名簿』には，伝染病に罹患した個人ごとに氏名とその戸主，発病・診療・転帰年月日，治死（治癒したか死亡したか）の別，住所，職業，年齢，種痘の有無，当療医の氏名が記録されています。この史料でも，戸主を介して伝染病罹患者の経済階層を知ることができるとともに，伝染病の蔓延状況に関する生々しいデータを得ることができます。さらに，個人情報として厳重な管理下に置かれていますが，小学校における身体検査の記録なども，史料公開が進めば有力なデータを提供してくれることでしょう[5]。

以上のように，農村部に残された公文書は，近代以降の統治技術の発達に伴い，世帯の所得や個人の身体などといったきわめてプラベートな領域にまで踏み込んだ記録を数多く含んでおり，まさに個人情報の宝庫というべき側面があります。当然ながらその利用には十分な注意を払う必要がありますが，これを丁寧に分析することによって開かれる可能性は，きわめて大きなものであると筆者は考えています。

3 私文書

ここでいう「私文書」とは，個人宅に伝来した「家文書」とも呼ばれる史料を念頭に置いています。不幸なことに，粗末な紙に鉛筆やペンで書かれた近代以降の文書は，なまじ判読が可能であるために無価値なものと断じられ，

5） 実際に，友部謙一氏と一橋大学経済研究所とが共同で中部地方の『学籍簿』の収集を進めているとのことです（友部 2005，28頁）。

所蔵者によって「ゴミ」として廃棄されてしまうような事態が多発しています。近年の過疎化・高齢化に伴って，旧来の家屋が土蔵とともにどんどん取り壊されつつあり，地域の文化財保護担当の職員が解体の現場に慌てて駆けつけて史料を救出した，などといった話は，随所で見聞するところです。個人宅に残された私文書の場合，「私有財産」としてその処分は所有者の自由に委ねられていますから，地方の人口減少が加速するなかで，ひょっとすると公文書よりもいっそう大きな廃棄と消滅の危機に瀕しているのかもしれません。

とはいえ，私文書の消滅は経済史家にとって間違いなく大きな損失です。私文書として各家に伝来する史料のうち，たとえば経営にかかわる帳簿に残された数値は，公文書における課税史料などと異なって過少申告の誘因がありませんから，取引の内実を復元するうえで最も信頼性の高い情報となり得ます。また，個人宅に残された新聞や公文書が，ほかには残されていない貴重な史料であったために，地域の歴史を知るための共有財産となった事例もあります。歴史研究者とアーキビストの分業関係が未成熟な日本では，もし廃棄の危機に瀕している史料を発見した場合，その適切な保全と整理のために最大限努力することが，研究者に対しても期待されます。以下では，ひょっとすると皆さんが行き会うかもしれない新出の個人所蔵史料をどのように整理するべきか，その原則を紹介し，筆者が現在携わっている長野県東御市の深井淑家文書を例として，史料整理の具体的な方法とその意義について解説します。

3.1　史料整理の原則

史料整理の原則は，農村であろうと都市部であろうと，そう大きく異なるものではありません。ここでは商家文書を対象としたものですが，中西（2010，193頁）の主張する史料整理の三原則をまずは紹介しておきます。

第一は，秩序尊重の原則です。仮にみなさんが初めて土蔵への立ち入りを許され，内部で史料を発見することができたとしましょう。一見するとそこには史料が無秩序に，かつ雑然と並んでいるように見えるかもしれません。しかし，史料の保存のされ方それ自体に，史料作成者ないし保管者の意図が反映されている可能性があります。また，史料の配列から年代の記載のない史料がいつ頃作成されたものなのかを比定できる場合もあります。原秩序は可能な限り尊重する必要があり，スケッチや写真などによって記録に残し，目録に番号を付する際にも原秩序と対応させなければなりません。これが秩序尊重の原則です。

第二は，所蔵者尊重の原則です。前述した通り，いかに重要な史料であっても私文書は基本的には所蔵者の「私有財産」です。にもかかわらず，縁もゆかりもない他人に対して史料の閲覧を許可された場合，それは所蔵者の完全な厚意によるものであり，そうした厚意には最大限の敬意を表さなければなりません。史料所蔵者の方からの信頼を裏切ることなく，史料の公開を許してくれた所蔵者に対しては，誠実に向き合うことが求められます。

第三は，目標貫徹の原則です。これは第二の原則とも深くかかわることですが，一度ある家の私文書にかかわると決断した場合には，整理は最後まで遂行しなければ，所蔵者の方の信頼を裏切ることにもなりかねません。やるからには最後までやる，というのは，ある意味では当たり前のことですが，重要な原則の一つです。

3.2　史料整理の実例

以下で取り上げるのは，長野県小県郡和村（現東御市）の深井淑家文書を整理した際の実例です。現当主である深井淑氏の祖父に当たる深井功（1874～1943年）は，1903年に和信用組合を設立し，長野県信用組合連合会会長や産業組合中央金庫監事といった組合金融の要職を歴任した人物で，郡議・県議・衆議院議員など，地方政治家としても活動していました。小作料・貸金利子・配当・繭販売などの収入によって生計を立てており，貸付耕地を田畑あわせて6，7町歩ほど所有する小規模な耕作地主です。

和村には，1970年代にすでに加瀬和俊氏が調査に入っており，2000年代に入って田中光氏がこれを引き継ぎ，地元のJAで産業組合の調査を開始しました。その際，初代組合長である深井功関係の史料が子孫に当たる深井淑氏宅に残されていることを知らされ，2015年7月から田中氏の呼びかけに応えて筆者を含む数人で調査・整理を開始，2017年9月に目録の第1集を刊行するに至りました（和村深井家文書調査会編 2017）。ここではその作業を実例として，史料整理の手順を説明します。

図 1　土蔵 1F 平面図

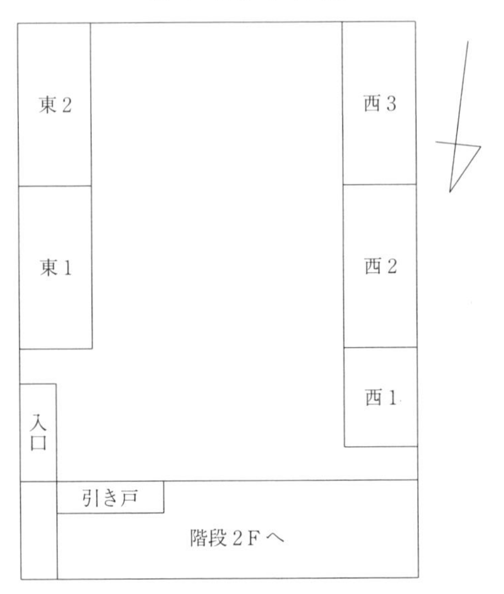

図 2　目録番号割付の一例

深井家の土蔵 1 階の内部には，東西の壁に沿って書棚が置かれており，蔵内に置かれた木箱等も含めれば，2000 点以上の史料が収められていました。まず，現状記録のための写真撮影やスケッチを進めながら，書棚に「東 1」，「西 2」などといった形で単位番号を割り振り，図 1 のような簡単な見取り図を作成します。

次に，書棚の段ごとに番号を割り振ります。東 1 の書棚の 1 段目であれば，「東 1-1」といった工合です。実際の書棚と単位番号との対応関係を，図 2 に示しました。「西 1」の書棚は，上下に分割可能であったため，「西 1-上」，「西 1-下」として区別し，上から順番に棚へ番号を割り振っています。

そして，いよいよ史料を 1 点ずつ取り出します。このとき，入り口に近い手前方向から順に取り出すこととし，元の配列がわかるように番号を振っていきます。東 1 の 1 段目の手前方向から，「東 1-1-1」，「東 1-1-2」というように，番号を付したうえで順次史料を取り出していきます。木箱等が書棚のなかにあった場合には，さらに孫番号（「東 1-1-3-1」など）を付し，備考欄に元の収納状況（「東 1-1-3 木箱入り」など）を書き込んでおきます。こうすることで，単位番号から史料の原秩序を復元することができるようになるわけです。

図3　本棚（西1，2，3）史料番号対応図

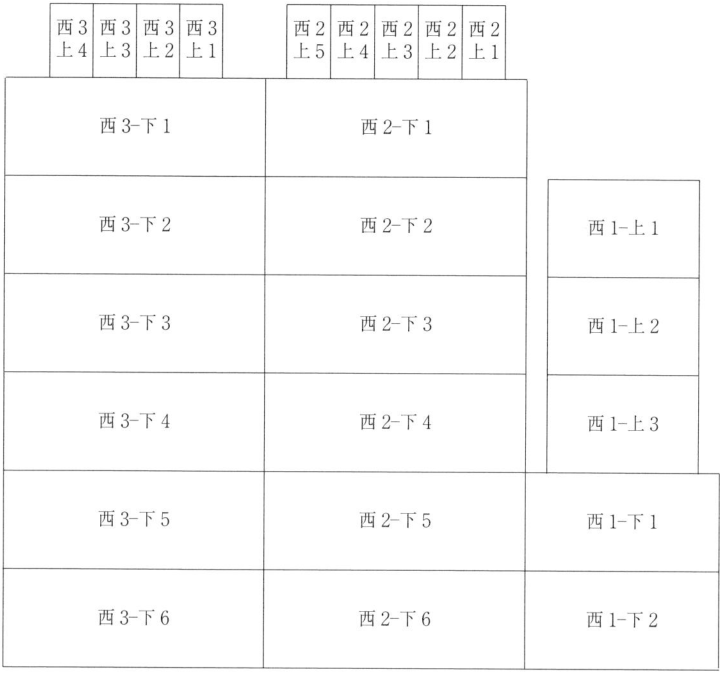

西3 上4　西3 上3　西3 上2　西3 上1　西2 上5　西2 上4　西2 上3　西2 上2　西2 上1

西3-下1　西2-下1

西3-下2　西2-下2　西1-上1

西3-下3　西2-下3　西1-上2

西3-下4　西2-下4　西1-上3

西3-下5　西2-下5　西1-下1

西3-下6　西2-下6　西1-下2

取り出した史料は，史料の劣化を防ぐために中性紙製の封筒に入れ，単位番号を封筒に記入し，目録には番号とタイトル・作成年月日・史料形態・発（受）信者等を記録します。以上のような手順で単位番号を割り振り，これを目録に記載していけば，整理に参加していない人にも史料の原秩序を伝えることができます。現在では表計算ソフトで目録を作成するのが一般的ですから，目録のデータさえ手元にあれば，容易に検索や並べ替えを行うことができます。原秩序を尊重することと，利用上の効率性の確保は，ほとんど矛盾なく両立し得るものとなっていますので，史料整理を行う機会があれば，秩序尊重の原則にはとくに留意するようにしてください。

なお，こうした史料整理には，いうまでもなく資金と人手がかかります。現地への交通費や宿泊費に加えて，とくに負担となるのが史料を収納する中性紙製の封筒・段ボールの調達です。前者は1枚当たり60円前後，後者は1箱当たり2500円ほどかかり，決して安価なものではありません。多くの場合，何らかの助成金を受けることが必要でしょう。ちなみに，約2000点

の史料を整理した深井淑家文書の場合，これまでに段ボールだけで少なくとも 90 箱分を費やし，封筒を 2000 枚以上使用して史料を収納しました。費用を概算する際の参考としてください。

3.3　利用の可能性

深井家の史料が田中氏をはじめとする研究者を引きつけた第一の理由は，深井功の個人的な履歴にあります。前述した通り，深井功は地方政界や産業組合界で重要な役職を歴任しており，関係した団体で入手した資料を丹念に綴り，几帳面に整理していました。そのなかには，現在どこにも残されていないような出版物やガリ版刷りの会議資料が含まれており，とくに産業組合関係の史料は私文書としては全国的に類を見ないほど充実しています。Ohno（2015）は，途上国の農村金融を考える際，ローカルな農村金融市場をいかにして全国的に結合させていくかが重要であると指摘していますが，県信連と中央金庫で要職を歴任した深井功の史料は，こうした点について実証的に分析するうえできわめて有用であると期待されます。戦前の地方名望家は，政治家や公共団体の長や委員としてかかわることが多かったため，私文書のなかにも公的な性格を持つ史料が含まれている場合が多々あります。深井功の場合，そのユニークな経歴ゆえに，そうした側面をより強く持っているといえるでしょう。

第二に，深井家の経営にかかわる史料が体系的に残されていた点も注目されます。とくに，時系列で深井家の収支を記録した『金銭出納帳』と，これを収支項目別に分類・集計した『金銭出納明細帳』という 2 系統の史料が，1890 年代から 1940 年代前半にかけてほぼ完璧に揃っており，貸金や小作地に関する帳簿もかなり残されていました。筆者は，共同研究のなかで深井家の経営分析を担当することになっていますので，この第二の点に関して，研究の一端を紹介してみたいと思います。

開発経済学では，インターリンケージ取引（interlinked transaction）に関する多数の研究が積み重ねられています。黒崎（2001，155-156 頁）によれば，かつて途上国の地主が小作人に土地とあわせて資金を高利で貸し付けることは，「搾取」の一環として捉えられてきました。しかし，1970 年代以降，地主と小作人との間で取り結ばれる異なる生産要素（土地と資金など）をインターリンクした複合契約が，債務不履行を防止するうえでは有効であり，地主からの貸付が信用制約に直面する小作人に資金調達の途を開き，異時点間資源配分を可能にすることで，パレート効率を改善するという見解が提示されています。地主と小作人の間の資金貸借を単なる「搾取」として片付けるのではなく，その合理性を内在的に説明しようとするインターリンケージ取引論は，地主制に対するイメージが大きく変わりつつある日本[6]においても，検証してみる価値のある興味深い議論であるといえます。

そこで，改めて深井淑家文書を見てみましょう。深井家には，1899年から1916年までの貸付を記録した『貸付金口座別帳』・『貸付金台帳』・『貸金明細帳』という3冊の帳簿が残されており，そこにはいつ誰にいくら資金を貸し付けたかが，その期間や利率，利払いと返済の履歴とあわせて記録されています。また，『小作料徴収原帳』が1903年から1922年まで残されているので，深井家の小作人一人ひとりの小作料の支払い履歴もわかります。つまり，この2種類の帳簿を組み合わせれば，債務者のうち深井家の小作人である者を特定することができ，その債務返済履歴を非小作人の債務者と比較することで，インターリンケージ取引が持つとされる債務不履行防止効果を検証することができるわけです。

筆者はすでにその検証を終えており，詳細は小島（2020）をご覧ください。小作帳簿や貸金台帳などは，ある程度の地主であれば大部分が作成していたものであり，深井家の史料の残存状況は，決して例外的なものではありません。すでに地主史料は膨大な数が発掘されていますが，使い方によってはまだまだ新たな知見を付け加えられる豊かな可能性が残されているように思われます。

6）たとえば，斎藤（2008，199-200頁）は，日本の農地賃貸借市場の存在が土地なし層を生むことなく小農を農業にとどめる役割を果たしたのであり，格差の拡大を抑止したと指摘しています。また，坂根（2011，164頁）も，日本の長期的に安定した地主小作関係が「足腰の強い農業経営」を支えたと主張しています。かつての地主制に対する否定的な評価は，現在大きく変わろうとしていますが，まだ仮説として提出されただけの段階にとどまっており，実証的にはなお検証の余地を残していると筆者は考えています。

4　おわりに

以上，本章では，農村に残された公文書と私文書の性格を概説し，とくにそこから得られる数量的な情報を用いた研究の展望について解説しました。あえて数量データに注目したのは，1980年代までに分厚く蓄積されてきた農業・農村史研究との差別化を図るうえで，1990年代以降に普及したコンピュータやデジタルカメラなどの技術が，大きな武器になると考えているからです。

たとえば，本章で何度か触れた五加村の共同研究は，18年分の『所得調査簿』に基づくデータベースの構築に，13人で合計7年を費やしたそうです。単純に計算すると，当時の技術水準のもとで所得調査簿のデータベースを独力で構築しようとすれば，91年というほとんど禁止的といってよいほどの時間がかかったことになります。この研究が主として進められていた1980年代は，手書きのカードを用いたデータ整理から電子的な方法による記録・集計へと移行する，ちょうど過渡期に当たる時期でした。2016年2月に旧五加村研究会のメンバーからお聞きしたところによると，大石・西田編著（1991）で使用されたコンピュータはFACOM M-760という大型機でしたが，調べてみるとその最大記憶容量は256MBに過ぎませんでした。1TB（＝100万MB）以上の記憶容量を持つノート型パソコンさえ珍しくない今日からすれば，まさに隔世の感があります。2020年代を生きる私たちが，1980年代まで隆盛を誇った農業・農村史研究の分厚い蓄積と対峙し，新しい知見を打ち出そうとするとき，コンピュータやデジタルカメラなどの技術進歩は，確実に大きなアドバンテージとなるはずです。実際，五加村には『小作料等ニ関スル報告書綴』という地主小作関係を復元するうえできわめて有用な史料が残されていましたが，その情報量が膨大だったためか，大石・西田編著（1991）ではまったく利用されていませんでした（小島 2016）。本章で数量的な処理に適合的な史料の紹介を中心に据えたのは，そうした経験もあってのことです。

しかし，コンピュータにデータの処理を委ねることで，研究者の視点からこぼれ落ちてしまうものがあるという可能性は，心に留めておくべきでしょう。旧五加村研究会でも，コンピュータ利用の可否をめぐって議論があり，慎重な姿勢を示したメンバーが少なからず存在したそうです（林 2000）。コンピュータと比較すれば，人間の情報処理能力には大きな限界があることはいうまでもありません。しかし，便利な道具を利用することによる視野の狭隘化は，研究者として警戒しなければならないことであると考えています。

そうした意味でいうと，ここでは詳しく展開できませんでしたが，必ずしも数値として処理することのできない記述史料の重要性も，無視することはできません。村報・時報や青年団報を丹念に分析した安田（1979）・鹿野（1973）や，数量データと記述史料を巧みに組み合わせた西田編著（1978）・大門（1994）などの成果からは，現在も多くを学ぶことができるでしょう。また，すでによく知られた『善治日誌』や『西山光一日記』の他に，『胡桃澤盛日記』なども新たに刊行されており，一次史料として信頼度の高い地主や農民の日記史料は，今後も新たな発見が続くことが期待されます。さらに，各地の図書館等に集められた古い地方新聞を読み込むことで視野が広がり，新たな課題が発見されることも少なくありません。

もはやコンピュータを利用しない研究活動は想像することさえ難しく，手書きのカードでデータを管理するなどという手間のかかる作業に後戻りすることは，ほとんど不可能ですし，その必要もないでしょう。しかし，コンピュータによる処理には不向きな史料が，技術の進歩によってかえって顧みられなくなるとすれば，それは大きな問題です。便利さに慣らされて研究者の視野が限定されたものになってはならないと，自戒を込めて考えています。

参考文献

大石嘉一郎・西田美昭編著（1991）『近代日本の行政村――長野県埴科郡五加村の研究』日本経済評論社。

大門正克（1994）『近代日本と農村社会――農民世界の変容と国家』日本経済評論社。

大門正克（2006）「農業労働の変化と農村女性――20世紀日本の事例」西田美昭＝アン・ワズオ編『20世紀日本の農民と農村』東京大学出版会，31-56頁。

大鎌邦雄（1994）『行政村の執行体制と集落――秋田県由利郡西目村の「形成」過程』日本経済評論社。

尾関学（2015）『戦前期農村の消費――概念と構造』御茶の水書房。

和村深井家文書調査会編（2017）『深井淑家文書史料目録　第1集』和村深井家文書調査会。

鹿野政直（1973）『大正デモクラシーの底流――“土俗”的精神への回帰』日本放送出

版協会。
黒崎卓（2001）『開発のミクロ経済学――理論と応用』岩波書店。
小島庸平（2016）「1930年代日本の養蚕型地帯における地主小作関係――長野県埴科郡五加村を事例として」CIRJE-J-275。
小島庸平（2020）『大恐慌期における日本農村社会の再編成――労働・金融・土地とセイフティネット』ナカニシヤ出版。
斎藤修（2008）『比較経済発展論――歴史的アプローチ』岩波書店。
斎藤修（2010）「歴史人口学と社会経済史」『三田評論』第1131号，34-40頁。
坂根嘉弘（2011）『日本伝統社会と経済発展――家と村』農山漁村文化協会。
佐藤正広（1992）「戸数割税務資料の特性と精度について――資料論的覚え書き」『経済研究』第43巻3号，225-236頁。
佐藤正広（1995）「戦前日本の統計編成業務と行政資料」『記録と史料』第6号，8-14頁。
瀬畑源（2011）『公文書をつかう――公文書管理制度と歴史研究』青弓社。
田中廣太郎（1929）『市町村税戸数割正義』良書普及会。
友部謙一（2005）「日本における生活水準の変化と生活危機への対応：1880年代-1980年代――危機管理研究からみた疾病史・疾病統計研究および計量体格史研究」『三田学会雑誌』第97巻4号，1-36頁。
友部謙一（2007）「近代日本における平均初潮年齢の変遷と身長増加速度の分析――計量体格史からみた戦間期日本の生活水準再考」『社会経済史学』第72巻6号，695-717頁。
豊原村研究会編（1978）『豊原村――人と土地の歴史』東京大学出版会。
中西聡（2010）「近代日本経済資料論3　民間資料　商家史料」石井寛治・原朗・武田晴人編『日本経済史　6　日本経済史研究入門』東京大学出版会，187-201頁。
西田美昭編著（1978）『昭和恐慌下の農村社会運動――養蚕地における展開と帰結』御茶の水書房。
沼尻晃伸（2010）「近代日本経済資料論2　公文書　府県庁資料」石井寛治・原朗・武田晴人編『日本経済史　6　日本経済史研究入門』東京大学出版会，173-186頁。
農林大臣官房統計課編（1941）『我が国農家の統計的分析――昭和十三年九月一日全国農家一斉調査報告』。
林宥一（2000）『銀輪』十月社（発売・制作）。
土方苑子（1994）『近代日本の学校と地域社会――村の子どもはどう生きたか』東京大学出版会。
藤栄剛・仙田徹志（2016）「戦前日本における農家家計の生産性と集計的ショック」『農業経済研究』第88巻2号，137-155頁。
水本忠武（1998）『戸数割税の成立と展開』御茶の水書房。
南亮進（1996）『日本の経済発展と所得分布』岩波書店。
宮間純一（2017）「千葉県文書館収蔵公文書の廃棄・移動をめぐる問題に関する報告」『アーカイブズ学研究』第26巻，53-69頁。
安田常雄（1979）『日本ファシズムと民衆運動――長野県農村における歴史的実態を通して』れんが書房新社。

Kusadokoro, Motoi, Takeshi Maru, and Masanori Takashima（2016）“Asset Accumulation in Rural Households during the Post-Showa Depression Reconstruction: A Panel Data Analysis”, *Asian Economic Journal*, 30（2）, pp. 221–246.

Ohno, Akihiko（2015）“Savings Groups and Rural Financial Markets: Japanese and Thai Experiences,” *Southeast Asian Studies*, 3, pp. 5–38.

Column 史料整理と市民社会

現在の日本では，公文書・私文書を問わず史料が捨てられ続けていることは，本文でも触れました。しかし，それは必ずしも史料を管理・所蔵する行政や個人の責任とばかりもいえません。経済史を含む歴史学の担い手たちが，これまで社会との信頼関係を築き損ねてきたがゆえに，史料が行き場を失っている側面があることも，私たち研究者は真摯に反省する必要があります。

かつて，史料そのものを学問的検討の対象とする「史料学」は，学界の「もっとも暗い一隅」といわれていました（石井 1976，4頁）。それは1970年代後半のことですから，そう古いことではありません。こうした史料そのものに対する自覚的な検討の少なさは，当時はまだ文字史料はまるで空気のように存在して当然であると考えられていたからかもしれません。そうした史料に対する意識の低さから，不幸にも史料所蔵者と研究者との間で少なくないトラブルが引き起こされています。

たとえば，網野（1999）は，敗戦から間もないころに東海区水産研究所（現・中央水産研究所）が借用した史料が長年未返却のままとなっており，その返却作業に当たった網野自身の経験をまとめたものです。この本には史料を貸し出した側のわだかまりと不信感が生々しく記録されており，史料の「喪失」がもたらす所蔵者の落胆が痛いほど伝わってきます。筆者の狭い見聞の範囲内でも，静岡県のある農村で史料の所在を尋ねた際，かつて豊富に存在した史料が，ある研究者によって借り出されたまま行方知れずになってしまったという話を聞きました。現在の歴史学は，史料の「収奪」のうえに積み重ねられてきたといわざるを得ない側面を持っています。

しかし，2004年に日本アーカイブズ学会が設立されるなど，史料整理をめぐる学問的状況には大きな前進も見られたことも事実です。近年では，2009年に成立した公文書管理法の成果を吹き飛ばすような特定秘密保護法が2013年に成立したことで，歴史研究者やアーキビストの間にも広汎な問題意識が醸成され，幸か不幸か史料の保存と公開に関する議論がさらに深められる契機となりました。また，1995年の阪神・淡路大震災をきっかけに組織された歴史資料ネットワークは，兵庫県以外でも府県を単位に次々と組織されつつあります（奥村編 2014）。災害や法制度の「改悪」といった厳しい現実に正面から向き合うことで，史料保存の意義とその具体的な方法について議論するアーカイブズ学は，歴史学の一領域としてしっかりと根を下ろしつつあります。

こうした蓄積を前提として，国文学研究資料館ではアーカイブズ・カレッジ（史料管理学研修会）が毎年開講されています。2021年度の場合，「大学院在学中または大学卒業以上の学歴を有する者」が対象ですので，学部生は参加できませんが，受講料は無料ですので，時間が許せば参加してみるとよいでしょう。また，各地の史料ネットがホームページ等で随時ボランティアを募集しています。そうした場に参加することは，社会に貢献しつつ資料整理の基本的な技術を学ぶ貴重な機会となるはずです。

また，史料を整理しながら調査を行うスタイルの共同研究は，全国の至るところで行われており，参加を許されればOJTの場として有用でしょう。ここでは，筆者の実際の経験に基づき，二つの事例を紹介したいと思います。

第一は，「清内路歴史と文化」研究会による活動です。同研究会は，近世史が専門の吉田伸之氏が組織したもので，もう15年以上にわたって長野県下伊那郡の清内路（現・阿智村）に通い続けています。この会では，地元の方々との交流を非常に大切にしており，調査時には毎回のように民泊をさせていただき，公民館等で開かれる公開の勉強会には地元の方々も積極的に参加してくださっています。筆者もそこで報告したことがありますが，地域に暮らす方々の実際の経験と記憶に基づくコメントは，灰色の史料の世界にぱっと色彩を施してくれるような，鮮やかなイメージを与えてくれるものでした。調査・研究の成果は，ニュースレターや会誌『清内路　歴史と文化』を配布することで，住民の方々に随時お知らせしています。こうした活動の結果，地元との信頼関係は徐々に強くなっており，いまでは調査のたびに自宅に残された史料を解読してほしいと，史料が持ち込まれるようになっています。

第二は，鳥取県西伯郡伯耆町の矢田貝家文書をめぐる共同研究です。矢田貝家は経済史の研究者である二階堂行宣氏の母方の実家に当たり，同氏の呼びかけで2011年から整理が開始されました。その後，島根大学の板垣貴志氏の参加によって地域との連携が急速に本格化し，2017年からは地元の「古文書を読む会」の会員の方々と島根大学の学生たちが定期的に集まり，ともに史料を音読しながら翻刻に当たっています。地元の方々だからこそ持っている記憶と知識が，日記の読解を深めるうえではきわめて有用で，研究者が教えられることも少なくありません。こうした試みから，地域社会と協働する新たな歴史学が切り拓かれるものと期待しています。

知る権利を積極的に擁護・行使し，史料を研究に利用しつつ適切な形で後世に残すことは，歴史学に携わる者の社会的な責務です。現実の社会のなかで我々が地道かつ誠実に調査を積み重ね，それを地域の人々に開かれたものとすることは，研究上の成果を直ちに生むことにはつながらないかもしれません。しかし，長い目で見れば，そうした歴史学の実践は健全で民主的な市民社会を形成する一助となるはずです。さらに，地域社会に生きる人々によって蓄積された固有の知識と記憶から受ける学問的刺激はきわめて大きく，有益なものです。経済史研究を志す若い方々には，仮に専門領域と直接に結びつくことはなくとも，史料整理の現場で生の文書を手にとって勉強する経験を持つことを，最後に強くお勧めしたいと思います。

参考文献

網野善彦（1999）『古文書返却の旅――戦後史学史の一齣』中央公論新社。
石井進（1976）「『史料論』まえがき」朝尾直弘ほか編『岩波講座日本歴史　25　別巻2　日本史研究の方法』岩波書店，1-8頁。
奥村弘編（2014）『歴史文化を大災害から守る――地域歴史資料学の構築』東京大学出版会。

第10章

海外の企業史料

小野塚 知二

キーワード
文書館，史料調査，事前調査，調査設計，現地調査，政府文書，議会文書，企業文書室，公文書館

本章では，海外の企業史料の保存・収集状況，種類と，それらの利用法について，簡単に案内します。企業史料には，個々の企業が作成した文書のほかに，経営者団体や業界団体の文書，また労働組合との交渉・協約記録なども広義には含みます。おもにヨーロッパでの企業史料調査を日本における同種の調査と比較しながら，その特徴と留意点を述べます。

はじめに

本章では，海外の企業史料の保存・収集状況，種類と，それらの利用法について，簡単に案内しましょう。企業史料には，個々の企業が作成し，残した文書のほかに，経営者団体や業界団体の文書，また労働組合との交渉・協約記録なども広義には含みます。

筆者がアジアで史料調査をした経験は，日本・台湾・韓国以外にはありません。アメリカについてもそれほど多くはなく，この35年ほどにわたって調査してきたのはほとんどがイギリスとヨーロッパ諸国（アイルランド，フランス，スイス，ドイツ，オーストリア，クロアチア，イタリア）です。本章ではおもにヨーロッパでの企業史料調査を日本における同種の調査と比較しながら，その特徴と留意点を述べることにしましょう。

1　史料と文書館

1.1　史料調査

歴史研究と刑事司法手続きは，証拠による仮説立証という点でまったく同型の作業です。歴史研究は概して第一審（まったく先行研究のない初めての研究）よりは控訴審・上告審（何らかの先行研究を批判的に継承しながら新たな知見を付け加える作業）であることが多いでしょう。したがって既出証拠の読み直しと新証拠の発見・提示の両方が重要となります[1]。

史料調査は，刑事司法において証言してくれそうな人を探し出す作業に相当します。警察・検察の捜査資料，被告人調書と，早期に名乗り出た自称証人や初発から目立っていた関係者の証言だけでは第二審以降は維持しがたいですから，新たな証人を見つけて，既出証言の「裏をとり」，また新しい証言を聞き出す必要があるのです[2]。既知の史料から自分の研究にとって必要な情報を読み出す作業は，証人から証言を聴取するのと同じことです。

証言可能な程度に事件について知り，また証言する意思のある潜在的な証人はたくさんいるはずですが，実際に見つけ出すのは難しいものです。史料調査も同様です[3]。しかも，新証人を見つけて証言を聴取してみると，検察側証人が被告人に有利な証言をしたり（あるいはその逆），検察・被告人のどちら側も思っても見なかった驚天動地の証言をして，芥川龍之介の『藪の

1）　これに対して初動捜査から立件・送検・第一審にいたる過程は，未知の新しい史料に依拠する歴史研究と似ています。

2）　新しく立件する場合は，警察・検察の捜査資料，被告人調書，一通りの関係者の証言とで，事件をとりあえず描けますが，外国史の，特に若手研究者の場合，こうした第一審的研究ができる可能性は大きくありません。長期留学して現地の指導教員から新発見・未使用の一群の史料を渡される幸運な場合はありますが，そこにはしばしば構造的な陥穽（かんせい）（駆け出しの検事が検事総長や世論の誘導に乗せられ，自覚せぬままに事件をある方向で構成してしまう危険性）があります。

3）　新たな史料を探し出す仕方も犯罪捜査と基本的に同じです。まず，①現場百回（対象に関係の深い場所，殊に文書館を徹底的に調べる），②調書を読み直す（既存史料と先行研究を徹底的に読み直す），ついで③知人を総当たりする（関係がなさそうでも同業者や文書館関係者にともかく相談してみる），④情報に精通する者を利用する（昔はどの文書館にも一人くらいは，アーキビストと同程度に史料の消息に通じた利用者がいました），これら4点です。

中』（映画『羅生門』）のように，審理を根底からひっくり返してしまうかもしれません。歴史研究でも新史料の発見や既存史料の読み直しによって，当初の仮説が崩れることがありますが，そうした史料を無視してはいけません。法廷で証人尋問や証拠調べをするのと違って[4]，これは歴史研究者の倫理の問題です[5]。仮説が予想しなかったことが史料からわかったら，もう一度，頭を柔軟にして史料を読み直し，その出所や記録意図を確かめてみましょう。それでも史料が仮説を支持しないのならば，仮説の方を修正するなり放棄するなりしなければならないでしょう。

1.2　史料の収集・保存状況——文書館の存在

ヨーロッパは概して日本よりも史料の保存状況が良好です。日本も非ヨーロッパ地域の中では例外的に史料がよく残っており，古代から近代まで，中世は比較的薄いものの，史料が存在し，またいまでも新たな発見があります。しかし，その日本でもヨーロッパと決定的に異なるのは，さまざまな文書を保管・整理して閲覧に供する文書館（史料館，檔案館，archive, archivio, Archiv, архив）があまり存在せず，その機能も弱いところです。

場所によっては，図書館に文書室が併設されていたり，図書館の建物の中に文書館が同居していることもありますが，図書館と文書館というのは基本的に異なる機能を果たす施設です。図書館は利用者の要望に応えて，また要望を予想して，本を収集・所蔵し，閲覧利用に供しますが，文書館は利用者の要望に応えて文書を収集するわけではありません。個人であれ，政府，団体，企業であれ，ある一連の古い文書が当面不要になった（＝現用文書ではなくなった）場合に，それを移管する場所として文書館は存在しているのです[6]。

4）法廷にはさまざまな役割が予め設定されているため，駆け引きを演ずるという面がありますが，歴史研究は一人ですべての役割をこなさなければならないから，都合のいい弁論で事を進めてはいけません。

5）神としての歴史研究者は，あったことをなかったことにしたり，なかったことをあったことにしたりする誘惑に常に駆られるかもしれません。少なくとも，その程度には自らが創造したい世界のイメージを明瞭に持っている必要はあります。ただし，歴史研究者は本当の神ではありませんから，そのイメージは常に修正可能でなければなりません。ひとたび創造したイメージを修正できない神の方がよほど辛いのです。

文書移管の仕方には，所有権移転を伴うものと，所有権は元の個人・機関が保持したままで文書を文書館に寄託（deposit）ないし配置換えするものとがありますが，いずれの場合も文書の保管，整理，閲覧・複写等の業務は文書館が担当します。また，元の所有者や寄託者の意向に基づいて，文書の利用に制限や条件が（学術目的の閲覧のみに限る〔複製不可〕など）設けられていることもあり，図書館のように利用者本位とはいかないこともあります。

日本には文書館はそれほど根付いていないし，認知されていないので，ある文書が現用から外れた場合，個人であれ機関であれ，選択肢は往々にして保存し続けるか，廃棄するかの二者択一になってしまい，文書館に移管するという望ましい選択肢がなかなか活かされません。個人蔵文書は，その当人が存命中はまだしも，逝去後は遺族が文書を一括して廃棄ないし焼却してしまうということが起き，後でそれを知った研究者を悔しがらせることが後を絶ちません。政府機関や企業・団体の場合だと，機関としての継続性はあるとしても，担当者が変わると古い文書を捨ててしまったりすることがありますし，収納場所や保存費用の観点からも古い文書は廃棄されるのが通例になってしまいます[7]。文書は，地方の旧家などで充分な収納場所をもっている場合のみ，それも近世ないし近代までの文書は残っている可能性がありますが，それ以外は機関でも個人でも文書は意外に残りにくいのが日本の近現代の史料保存状況です。むろん日本の近現代史料でも例外はありますが，それは社会的に認知され，組織的に継続した取り組みで文書が残っているというよりは，個人的な営為で残されていることが多いように思います。しかし，そうした貴重な文書類ですら，それを保管・整理し，閲覧に供することので

6）ヨーロッパでも外務省や軍など文書管理の特例が認められている場合は，それぞれが独自の文書館を有します。

7）最近は情報公開法が，文書廃棄の原因となっています。国および地方の機関は開示請求があった場合，原則的に公開が義務づけられたため，できる限り文書を残さず廃棄する方針が加速化されてしまいました。文書を疎かにする習慣が，この法によって，保身のための廃棄原則にまで高められてしまったのです。日米核密約についてアメリカ側で発見されたのに対応する文書が日本側では「探しても何も出てこない」という外務省の文書管理の態様は，外交交渉以前に記録という点で負けていることを意味します。また，近年は諸種のスキャンダルで露呈しているように，意図的な公文書廃棄・隠蔽や文書改竄までなされており，将来，21 世紀初頭の日本史を研究する歴史家は大いに苦労するでしょう。

きる文書館は非常に少ないのです[8]。

史料の収集・保存状況と文書館の普及・定着度の因果関係は，文書館があるから古い文書が残りやすいのと，古い文書を残す習慣があるからそれに対応して文書館があるのと，相互規定的です。いずれであれ，古い史料を廃棄した後に出現するのは，新しく立派で綺麗なものですが，企業や自治体の歴史に即していうなら，それは正史としての社史・市史です。多くの企業や自治体が社史・市町村史の編纂を終えると，それに用いた一次史料を廃棄してしまうことがあります。ひとたび正史（「正しく綺麗な歴史」）が物語られたのなら，それに用いた史料も，そこでは無視された都合の悪い史料もお役御免にされてしまうのです。

ヨーロッパでは都合の悪い文書も含めて，すべてを一定期間（通常は現用文書を外れて30年以上）経過したら，文書館に移管するという慣行が広く守られています。過去の失敗や醜聞も一定期間を経たら後世の評価に委ねるのが，政府機関や企業・団体の社会的責任（CSR）[9]です。このように，史料の存在には，史料を書き記した者の意図や目的だけでなく，それを積極的に残し，保管し，閲覧に供そうとしてきた者たちの意図も関与しています。しかも，残し，公開することが原則となっているなら，政府機関・企業・団体が史料を残していなかったり，公開しなかったりすると，そうした不作為自体が，たとえば何らかの後ろめたいことを隠蔽するなど，ある意図を物語ることになります[10]。

8）東京大学経済学部資料室は，こうした日本の史料保存状況と文書館の定着状況の中では，例外的に本格的な文書館として知られ，そのスタッフも日本には珍しい専門的な文書専門家（アーキビスト，archivist）として内外で注目されています。そこに持ち込まれている文書の多くは，何らかの仕方で個人的な営為が関与したものです。こうした事情は，法政大学大原社会問題研究所や，同所と東京大学社会科学研究所図書室や経済学部資料室などが中心になって運営している社会・労働関係資料センター連絡協議会が処理する文書に関しても同様です。今後，読者諸賢が，企業・団体でも，家族・親戚でも，何か一群の残された文書の始末に困った場合は，絶対に廃棄せずに，どこか持ち込めるところを探してください。また，経済史・経営史の教員なら，そうしたことには適切に対応するはずです。

9）Corporate Social Responsibility を通常は「企業の社会的責任」と訳しますが，corporation は企業に限定されません。

10）ナチス体制の成立と維持に協力したダイムラー・ベンツ社や，戦時のナチス高官の資産国外逃避の抜け道となったと噂されるBIS（国際決済銀行）が，積極的に史料

1.3　史料の保存・収集状況と研究方法

以上のように，ヨーロッパでは諸機関や個人が文書を残し，それが一定期間経過後は公開されるのが原則になっています。したがって，公開されて利用可能な文書は誰にとっても知りうる情報源であり，まったく新しい未知の文書が出現する機会は限られています[11]。こうした状況では，すでに知られた膨大な史料を読み直し，また組み合わせることが史料を歴史研究のために利用する主たる方法となります。新史料による処女地開拓の可能性がそれほど多くないのなら，歴史研究者は既存史料を読み直す視点の切れ味や，組み合わせ直す着想で勝負せざるをえなくなり，単なる史料依存的な「実証」ではなくて，歴史研究と叙述の方法論や歴史の哲学的基礎に研究者たちの関心は向かうことになります。

これに対して日本では，史料保存も新史料の「発見」も相変わらず個人的・個別的な努力と運に依存する面が大きいように思われます。したがって，歴史研究はそうした個人的・個別的にたまたま残された史料を探し，手繰り寄せる方向に進化します。

日本の歴史学の水準は国際的にみて相当高いのですが，方法論の点ではかつてのマルクス主義史学にせよ，その後の数量史学，社会史・民衆史・女性史などの試みも，さらにそこからの脱皮を図ろうとした言語論的転回（linguistic turn）も新しい文化史的展開（cultural turn）も，すべて欧米起源の方法の後追いか借用です。歴史の哲学的基礎にいたっては，そもそもそうした議論がほとんど存在していない（＝歴史はなぜ，どのように読者に読まれ，いかなる有用性を主張しうるのかの哲学的な根拠を自覚していない）ありさまです。ヨーロッパにおける史料の収集・保存状況は，史料の探索・収集・保存のための個人的な努力から歴史研究者を解放して，歴史の方法論や哲学的基礎を育成する方向に作用してきましたが，日本では新史料の発掘や独占に向かう

を公開し，社史を編纂したのは，「史料を隠蔽・改竄・廃棄しているのではないか」という負の評価を避けるためでした。むろん，公開にいたる過程で何らかの「洗浄」が施された可能性はありますが，それでも史料公開によって当事者の意図を超えて，いろいろな事実が明らかにされるのです。

11）　とはいえ，まだ出てくるのかと溜息をつきたくなるほど，新史料は毎年夥（おびただ）しく出現します。文書保存の裾野がそれほど厚いからですが，外国人研究者もまじめに継続的に史料調査を行えば，新史料を発見する幸運に恵まれるでしょう。

エネルギーが多すぎるのではないでしょうか。

1.4　史料調査

史料調査というと現地の史料館・文書館で，文書を閲覧することばかり想像するかもしれませんが，それは史料調査の全過程の一部にすぎません。刑事司法でやみくもに歩き回っても証人が見つからないのと同様に，史料調査も設計と下準備が肝要です。

⑴　事前調査と調査設計

まず，自分の研究の目的を達成するのに必要そうな史料があるかどうか，どこにありそうかを調べます。そこで最初になすべきなのは，教師や先輩に尋ねることです。そこから史料調査は始まります。

最初に調べなければならないのは，①先行研究が依拠した主要史料，②その領域の政府文書・議会文書，③同時代の統計書，④同時代の新聞・雑誌・パンフレット類，および，⑤後の研究者によって編纂された史料集です。これらを，ここでは基礎史料と呼ぶことにしましょう。これら基礎史料の多くは印刷されて同じ物が世界に複数存在します。このうち政府文書・議会文書は，ヨーロッパ近現代史，殊に議会制民主主義の発達した国・時代を対象にする際，絶対に無視できず，避けて通れない一級の史料で，政府文書・議会文書だけで相当な実証水準の研究がいまでも可能です。こうした基礎資料を丹念に読まずにただちに未公刊史料を読むのは無謀であり，また無駄です。

次に，基礎史料類の国内所蔵を確かめなければいけません。日本国内，とくに近辺の大学および国立国会図書館などに所蔵されているものがどれくらいあるか確かめるのです。このためにはCiNiiなどでの検索が有効です。海外へ行って，現地の文書館で苦労して複写した史料の現物が，日本に帰ってから，国内のどこかの図書館に入っていることが判明したりすることはよくあります。現在では，海外調査は100年前，50年前だけでなく，20年前と比べてもはるかに容易に安価に可能となりましたが，だからといって足元で利用できるものをわざわざ海外に探しに行くのは時間・金・労力の無駄でしかありません。それらの資源はほかの史料を探すことに振り向けられるべきだったのであって，無駄はすべて事前調査を疎かにした当人の責めに帰せられます。こうした無駄は一度くらい経験して反省する機会になるならばいいのですが，何度も繰り返すことではありません。

基礎史料類はできるだけ日本で揃え，国内所蔵がないものもオンライン版や外国への発注でただちに入手できるものが多いので，それらは予め用意して，読んでおきましょう。現地で調査をしなければならないのは，多くの場合その先の史料，つまり未公刊の一次史料です。そうした史料の所在を調査する方法は多様で，一般的な方針は立てがたいのですが，近年ではインターネットが有用です。ことに，イギリスの国立文書館（The National Archives; 国立公文書館〔Public Record Office〕と歴史文書委員会〔Historical Manuscripts Commission〕が2003年に統合して形成された，公文書と私文書双方を管理する文書館）の文書館間横断検索システムはかなり便利です。むろん漏れもあるし，ヒットしても利用できない文書もありますが，一つの検索サイトで中央の国立文書館だけでなく全国各地に分散する2500以上の諸種の文書館の所蔵資料を1回で検索できるのは利用者にはたいへんありがたいことです。こうした横断検索サイトがなくても，文書館ごとのホームページに文書の簡易検索があるなら，それを使えば，史料の存否のあらましは実地の史料調査に赴く前にわかります。横断検索サイトも文書館ごとの検索システムのいずれもない場合は，メールでアーキビストに問い合わせることになります。つい二十年前までは，それらはすべてなく，郵便で照会して返事が戻ってくるのを何週間も何カ月も待つしかなかったのですが，近年は予備調査の手間は大幅に楽になっています。

ここで，重要そうな史料が見つからなければ，キーワードなどいろいろ変えて調査し直すことになります。論文や図書の検索でも同じことですが，関連しそうなキーワードをどれほど思いつけるかが要点となります。いくらキーワードを変えても何も出てこないのなら，研究の方法や，場合によっては目的そのものを見直さなければなりません。青い鳥を探し求めて一生終わるわけにはいかないからです。繰り返しになりますが，史料・統計は後代の歴史研究者のために作成され残されてきたのではなく，それを作成し，残した当時の人・組織の意図や目的に依存しているのです。

(2)　事前照会

史料の所在が判明したからといって，突然現地の文書館を訪問してはいけません。ほとんどの文書館がそうした不意の訪問には対応していません[12]。

どこも人手不足・予算不足で開館時間や提供サービスに制限があり，ある文書の閲覧希望を出してから，その文書が閲覧室に来るまでに半日ないし1日かかるところも珍しくはないからです。必ず，事前にアーキビスト宛に，どのような研究目的で，何を見に，いつ頃訪れたい旨を伝え，あわせてその他に関連史料があれば教えてほしいと依頼するようにしましょう。文書所有者の寄託条件で閲覧の事前許可が必要なこともあります。通常は学術目的なら制限はないか少ないのですが，事前許可を取得する必要のある史料もあるので，いかなる研究のために何を見たい，学術目的以外は利用しないなど一筆したためて，それも予め確かめましょう。これらの返事を待って，渡航日や滞在日数，滞在場所等具体的な旅程を決めることになります[13]。

2　海外の企業史料調査

2.1　企業史料と政府文書・議会文書との相異

企業史料（経営者団体，業界団体，労働組合等の非政府団体文書を含む）と政府文書・議会文書との間には，やはり，大きな相違があります。ひとことでいうなら，政府文書や議会文書の方が，説明責任が（組織外の利害関係者〔政府なら議会，議会なら国民，企業なら株主や監督官庁〕への説明責任だけでなく，組織内部での上級に対する説明責任も）明晰であり，それゆえ文書の開示責任も明瞭だということです。こうした説明責任と開示責任とに対応して，ヨーロッパ諸国では中央と地方に諸種の公文書館が整備されているのです。しかし，ヨーロッパでも企業には，国民に対する説明責任と開示責任――逆に国民の側からいうなら，民主的統制（democratic control）[14] の権利――が明瞭にあるわけではありません。

12）　突然訪問しても何とかなる可能性があるのは首都の国立公文書館くらいですが，そこにも諸種の制限はあります。

13）　実地の史料調査の留意点については章末の Column を参照してください。

14）「民主的統制」とは元来は外交を外務省・外交官任せにしておくと，秘密外交の結果，戦争の危険を国民が受け止めざるをえなくなるという，外交に対するそれとして提起された概念ですが，それにとどまらず，軍事，核兵器・原子力，その他の科学技術の社会的課題，および EU 加盟国では欧州議会や EU 官僚の決定権などについても適用されるようになっています。

したがって，公文書館等（中央の公文書館，地方公文書館のほかに，国立・公立の図書館や大学図書館の文書室部門なども含む）の保存義務と保存体制も，まずは，政府文書・行政文書や議会文書を念頭において設計されていることが多く，企業史料に関しては，後で述べるようにさまざまな制約や不備があることもしばしばです。

なお，すでに企業外に出ている文書（企業の発した書簡，取引先等に手交した契約書・目論見書・年報など）は，企業の作成した文書ではありますが，保存や利用について当該企業から注文が付くということはまずありません。したがって，それらは，保管している公文書館等の利用規則が適用されます。企業が作成したのではなくて，企業の経営者など個人が作成し発出した文書（経営者の書簡，日記，個人的メモ，個人的に保持していた文書）も，同様にして，文書館の利用規則が適用されることがほとんどですが，当該個人ないし遺族が，利用について条件を定めていることはあります。

2.2　現存企業ともはや存在していない企業

企業史料（上述の，すでに企業の外に出ている文書と個人文書を除いた，企業が元来保持していた文書）を調査する際に，大きな問題となるのが，当該企業が現在も存在しているか，あるいは，すでに存在していないかということです。また，すでに存在していない企業でも，単純に解散や倒産によって消滅した場合と，その企業の経営権・営業権の一部ないし全部を他の企業が承継した場合とでは大きな相違があります。承継されている場合は，企業史料も承継企業の管理下に移るからです。それらを場合分けすると以下のようになります。上ほど，一般に利用への制約は少ないです。

A　もはや存在していない企業

(1)全文書が公文書館等に移管された場合

①まとまって，公文書館等に移管された場合

②本社文書，各事業所文書が分散して，さまざまな公文書館等に移管された場合

(2)一部ないし全部の文書を承継企業が保持している場合⇒B(2)と同じ扱い

B　現存企業と承継企業

⑴非現用文書のすべて，ないしは一部を，公文書館等に寄託ないし寄贈している場合
①文書館の規則以外に制約なく利用できる場合
②文書館の規則以外に，企業側の事前承諾が必要であり，また利用条件に制限がある場合
⑵非現用文書も企業が保持している場合
①企業文書室（company archive）を公開している場合
②企業文書室が原則的に非公開の場合

2.3　企業文書室と公文書館

企業史料がどこに収集・保存されているかも，利用者にとっては大きな相違です。公文書館等に保存されている場合は，公文書館は原則としてすべての文書を公開するから，利用には特段の制限はないことが多いです。しかし，保存しているのが企業の文書室の場合には，事情は大きく異なります。

ここでも，大別して二つの場合があります。第一は，企業が文書室を外部の研究者等に公開している場合で，第二は，文書室が非公開の場合です。企業文書室が公開されている場合は，事前に利用目的と利用したい史料を明記して連絡しておけば，ほとんどの場合は，それほど大きな支障なく利用できるでしょう。ただし，企業や諸団体では，史料の保存と公開のための人員や予算は大きく制約されているのが通例ですから，1日当たりの閲覧者数や，複写や論文への引用など利用に制限が設けられていることもしばしばです。また，企業文書室の保持するすべての文書が公開とは限りません。企業であれ，経営者団体や労働組合であれ，本業は別にあって，文書室を公開しているといっても，それはあくまでも副業として行っているということを，利用する際には決して忘れてはいけません。ある研究者が企業等の文書室に過大な負担をかけたため，以後，非公開となってしまった文書は多くあります。

企業文書室が非公開の場合でも，丁寧な利用請求の書状ないしメールを送り，また関係者や有力者に紹介してもらうことで，非公開の文書室の門が開かれることがないわけではありませんが，概して望み薄であることは覚悟しておいた方がよいでしょう。筆者の経験では，返事がくればよい方で，それでもほとんどの場合は門前払いとなります。日本の企業や諸団体の史料だと，

真剣に研究する気のある研究者で，しかも先方から信用された場合は，史料整理を託されるといったことがありえますが，海外の企業等の史料では，日本で活動している研究者に史料整理が委託されることはまずありえないので，史料整理を通じて，その史料の最初の利用者となる可能性も非常に低いことになります。

筆者の経験では，海外のある保険会社の非公開の文書室で，非常に寛大にさまざまな史料を閲覧させてくれただけでなく，複写も無料で迅速にしてくれたところがありますが，それは非常に幸運な事例でしょう。

3　海外企業史料の若干の事例

上で述べたことを，筆者が経験した事例のいくつかに即して，具体的に説明しましょう。

3.1　アームストロング社とヴィッカーズ社

アームストロング社は19世紀後半から20世紀前半にかけて世界有数の総合的な兵器・造船企業として名を馳せ，殊に日本との結びつきの深かった企業です。創業者のアームストロング（William George Armstrong, 1810–1900）はグラマースクール卒業後は，事務弁護士（solicitor）の徒弟修行を経て，イングランド北東部の港湾都市ニューカスルで事務弁護士を務めていた人物ですが，技術への関心やみがたく，1847年には自らの機械工場を創設して，水圧機で駆動する起重機を開発しました。その後，クリミア戦争で不具合が露呈した野砲の改善に取り組み，さらに，大口径の艦載砲と砲架，装甲鈑，軍艦・商船，水雷などの総合兵器・重機企業に発展し，20世紀初頭には自動車，航空機，内燃機関の新分野にも進出し，国内に多数の事業所と子会社を持っただけでなく，イタリア，オーストリア＝ハンガリー帝国，日本にも直接投資して製造・販売の拠点を確保し，資本額でも従業員数でも英国有数の大企業でした。19世紀末には20％という高配当率を叩き出し，以後，短期間の例外を除いて12.5～15.0％の高配当企業で，第一次世界大戦期には毎年百万ポンドを超える未曾有の巨利をあげました。

ヴィッカーズ社は1867年にT. E. ヴィッカーズ（Thomas Edward Vickers,

1833-1915）が始めた鉄鋼企業で，1880年代後半には業績不振から，兵器・装甲鈑・艦艇建造に進出を図りました。兵器・艦艇分野への進出では，アームストロング社が開発した中南米および日本市場に食い込み，アームストロング社の砲・砲架の設計を共有し，さらに，限られた海外受注を分担するために，アームストロング社などと結託協定を結び，アームストロング社と協調しながら競合し，その市場を奪う戦略を第一次世界大戦まで追求しました。

両社とも，第一次世界大戦後の軍縮と海運・造船不況の中で本業の業績が急速に悪化しただけでなく，大戦後の軍縮と民生転換への対応で苦労しました。アームストロング社は大戦中に進出した電機部門，戦後の民生化・多角化のために試みられた土木事業・製紙事業とそれに伴うカナダ進出で大きな損失を出し，1925年以降は赤字に転落し，無配となります。同社はイングランド銀行ニューカスル支店を主取引銀行としてきましたが，アームストロング社の窮状にノーマン総裁みずからが救済に乗り出すこととなりました。それによって1925～26年の危機は乗り切れたのですが，その後も業績は好転せず，1927年にはヴィッカーズ社との間で合併交渉が始まり，翌年初に新会社ヴィッカーズ・アームストロングズ社が成立し，アームストロング社の兵器部門をすべて吸収しました。

ヴィッカーズ社は英国の他の兵器企業と比べて相対的に損失が軽微であったため，アームストロング社を吸収する形で1920年代の危機を乗り切りました。持株会社としてのアームストロング社は，残された商船建造と砲弾製造部門も1930年代には失い，またヴィッカーズ・アームストロングズ社の持分もヴィッカーズ社に売却したため，同社は消滅しました。こうして，第二次世界大戦前にアームストロング社は第2節で整理した「A　もはや存在していない企業」となりましたが，本社取締役会議事録など一部の文書はヴィッカーズ社に承継され，その他多くの文書は同社事業の中心地だったニューカスルに残されています。

これに対して，ヴィッカーズ社は再軍備から戦後の核戦力時代までの1930～60年代には海軍・空軍向けに膨大な兵器・艦艇・航空機を供給して，ヨーロッパを代表する総合兵器企業として1世紀を生き延びましたから，80年で廃業したアームストロング社より若干長命の企業でした。1960年代には航空機部門が他社と合併してBACを形成し，さらに1970年代には兵器・艦艇・鉄鋼部門の株式が国有化されてヴィッカーズ公開有限会社（plc.）に再編され，さらに紆余曲折を経て，現在はBAEシステムズに買収されています。英国海軍の潜水艦や空母などの艦艇のほとんどは現在も，同社のバロウ事業所で建造されていますが，それは，元来はヴィッカーズ社が1897年に買収した軍艦専業の造船・造機企業でした。

ヴィッカーズ社は航空機部門を手放す1960年前後に社史編纂のために所有する経営・財務文書や業務書翰類のほとんどをケンブリッジ大学のJ. D. スコットに委ね，それらはスコットによって整理され，現在まで，アームストロング社取締役会議事録なども含めて，ケンブリッジ大学図書館の手稿・マイクロフィルム閲覧室に保管されており，利用可能です。スコットによる社史は1962年に刊行されています。ただし技術文書や1960年前後に現用中の経営文書・契約書等はスコットには委ねられず，最終的にBAEシステムズに承継され，英国国立文書館の横断検索でも同社文書室蔵とされていましたが，2001年9月に筆者が同社バロウ事業所広報室を通じて調査した際は，「1995年に前身がGE社に買収された際に紛失した」との理由で，閲覧できませんでした。文書自体はバロウ事業所からどこかに移管された形跡はないので，現在もBAEシステムズが保有しているはずですが，2000年代半ば以降は横断検索上でも存在そのものが消し去られています。

ヴィッカーズ社のバロウ事業所（造船・造機）関係の文書の大半は現地の地方公文書館（Cumbria Archive Service, Barrow in Furness）が保管しており，閲覧可能です。同様にアームストロング社の各種事業所関係の文書のほとんども現地の公文書館（Tyne and Wear Archives）に保管されています。同館にはアームストロング本人や同社取締役であったノウブル父子，レンデル兄弟，フォークナ（ノウブル家の家庭教師から同社取締役になった経営者兼詩人）などの個人書翰類も所蔵されているため，第一次世界大戦前の同社上級経営陣内部の意思疎通や齟齬・対立の過程などを緻密に追うことも可能となっています。

3.2　ホワイトヘッド社

第一次世界大戦前の兵器産業を代表したのがアームストロング社とヴィッカーズ社だとするなら，それ以降の兵器体系（魚雷とミサイル）の技術的基礎を第一次世界大戦前に開拓していたのがホワイトヘッド社です。ホワイトヘッド（Robert Whitehead, 1823–1905）は，W. G. アームストロングより13年遅く，ヴィッカーズ社初代会長のT. E. ヴィッカーズより10年早く，イングランド北部ランカシャの綿業・機械産業都市ボウルトンに生まれ，十代後半に機械工の徒弟修行を経験しました。彼らはいずれも1850年代以降の鋼の時代の初期に，それぞれ大砲，製鋼，舶用機関（造機）で頭角を現した，現場出身の独学の技術者でした。

ホワイトヘッドは徒弟修行の後，フランスはトゥーロンのP. テイラー造船所で職工として働き始めました。テイラーはフランスやイタリア語圏で初期の舶用機関製造と汽帆船建造を確立した英国人で，ホワイトヘッドはその後，テイラーの大陸での広い人脈（フンボルトやJ.-B. セーとも交際がありました）を頼って，オーストリア支配下のミラーノで顧問技師（consulting engineer）を開業し，さらに，オーストリア帝国の新しい海港として発展しつつあったトリエステに移ります。ここで名を上げたホワイトヘッドは1856年には同帝国のもう一つの海港フィウメの鋳造所に参加し，その名称をフィウメ鉄工所（Stabilimento Tecnico di Fiume）に改めます。同社はオーストリア帝国海軍向けに舶用機関と軍艦を製造しました。その一隻「フェルディナント・マックス大公」（スクリュー推進の汽帆船甲鉄艦）は，1866年の普墺戦争時の第三次イタリア独立戦争のリッサ海戦に，テーゲットフ提督率いるオーストリア帝国海軍の旗艦として参戦し，新生イタリア王国海軍旗艦の「イタリア国王」（アメリカ製汽帆船甲鉄艦）を衝角攻撃で撃沈しました。

オーストリア帝国での信用を高めたホワイトヘッドは同国海軍士官ルーピスから自走水雷開発の相談を持ち掛けられます。ホワイトヘッドはフィウメ鉄工所の職人や幼い息子とも相談しながら，爆装した帆装小艇を陸上からロープで遠隔操作して敵艦に当てるというルーピスの発想を放棄し，水中を自律航走する魚雷を1866年に開発しました。魚雷内部に収めた圧縮空気の断熱膨張で駆動する三気筒機関でスクリューを回し，深度を一定に保つための自律制御機構を備えており，現在まで続く魚雷の基礎がここに確立し，巨砲と装甲を備えた大艦を無力化させる戦術が登場して，世界の海戦のあり方を革命的に変えました[15)]。また，圧縮空気技術は，オーストリア＝ハンガリー帝国の哲学者マッハ（Ernst W. J. W. Mach）が予想した超音速気流中の衝撃波の写真撮影を可能にし，自律制御の技術ものちのミサイルに継承され，いずれも1940年代以降のジェット機とミサイルの時代の基盤を開拓することになります。

フィウメ鉄工所が倒産した後，ホワイトヘッドは自分の名を冠した魚雷製造所（Torpedo Fabrik von Robert Whitehead）[16]を1875年に始め，魚雷，発射管，および圧縮空気技術の専業企業として繁栄します。オーストリア＝ハンガリー帝国は魚雷の技術を独占しようとせず，英独仏露日など各国海軍に自由に提供したのが，同社に有利に作用したのでした。日露戦争中には両国の海軍士官が，ほぼ同時に魚雷の買い付けにフィウメを訪れたほどです。1905年11月にホワイトヘッドが没すると，その相続権を有する娘アリーツェがオーストリア＝ハンガリー帝国のホヨス伯爵と結婚していたため，戦略的に重要な企業が外国人所有となるのを恐れた英国外務省の差し金で，同社の株式の過半はアームストロング社とヴィッカーズ社に買収され，両社の事実上の子会社となります。しかし，第一次世界大戦の英墺開戦で外交関係が途絶すると，同社はオーストリア＝ハンガリー帝国の支配下に置かれるようになります。さらに，1914年末（イタリア参戦以前）には，ナポリ近郊バーヤにイタリア・ホワイトヘッド社（Società Anonima Italiana Whitehead）が設立され，これは墺伊開戦後（1915年5月以降）はイタリア支配下に入ります。1918年11月に独墺同盟国側の敗戦で大戦が終わると，フィウメやトリエステの帰属をめぐって，南スラブ系諸民族（ユーゴスラビア王国）とイタリア王国との間で対立が発生し，イタリアの愛国詩人ダヌンツィオの軍事的冒険なども関わって，混乱しますが，結局，1924年ローマ条約でフィウメはイタリアに帰属することとなり，元の会社はイタリア法下のフィウメ・ホワイトヘッド魚雷製造会社（Silurificio Whitehead di Fiume S.A.）となります。

戦間期にも同社はイタリア海軍だけでなく，スペイン，アルゼンチン，オランダ，ユーゴスラビア，トルコ，フィンランド，ソ連などに魚雷とその技術を提供し続け，世界の海軍の実質的な主力を大艦巨砲（戦艦・巡洋艦）から，魚雷を搭載した駆逐艦・潜水艦へと転換させます。また，同社は1937

15）魚雷の戦史上の意味については，小野塚（2014）を参照してください。

16）フィウメはハンガリー王国の都市であったため，登記上の正式名称はハンガリー語であったと推測されます。

年にはトスカーナ州の海港リヴォルノ郊外にモト・フィデス社を設立して，再軍備期に急増した需要に対応して魚雷の部品製造を始めます。第二次世界大戦が始まり，独伊枢軸国によるユーゴスラビア侵攻が始まると，フィウメの会社は民間動員令に基づき，主要な設備と従業員はリヴォルノに移り，残りはフィウメの内陸部に疎開します。1943年のイタリアの戦線離脱後は，フィウメはドイツ軍に占領され，英米軍の空襲・砲撃を受けるなどして，魚雷の製造能力はほとんど失われます。フィウメは，1945年5月3日には，チトー率いるユーゴスラビア・パルチザン軍の支配下に入ったため，同市のホワイトヘッド社はリヴォルノのモト・フィデス社に吸収されて，ホワイトヘッドの名も同社に継承されて，ホワイトヘッド・モト・フィデス社となり，フィアットの傘下に入ります。1995年にはイタリアの航空機統合企業アレニア社と合併してホワイトヘッド・アレニア水中兵器システム株式会社（Whitehead Alenia Sistemi Subacquei S.p.A., WASS）となり，ヨーロッパで最大規模の総合兵器・航空・宇宙・重機企業のフィンメッカーニカ（現レオナルド）グループの傘下に入りました。

筆者はこの直後から，ホワイトヘッド社の史料調査を開始しましたが，フィウメ（現在はクロアチア共和国リエカ市）には，工場と魚雷試験設備の廃墟があるほかは若干の断片的な文書しか残されておらず，ユーゴスラビア共和国成立とともに，文書類はベオグラードに，あるいはザーダール，スプリットなどに持ち去られたなどのさまざまな信憑性の乏しい噂を耳にするだけでした。ヴィーンの旧オーストリア＝ハンガリー帝国期の文書館にも，同社の文書はまとまった形では残されておらず，同帝国海軍部や外務省文書の中に若干の関連文書しかありませんでした。1906年に同社株式を取得したアームストロング，ヴィッカーズ両社の文書にも資本関係の記録が残るのみで，営業や技術関係の文書は含まれていません。その後，さまざまな調査を重ねた結果，同社の文書のほとんどは第二次世界大戦期から終戦直後にかけてリヴォルノに移管されたことが判明し，2000年代初頭からWASSに接触して，資料閲覧を要請しましたが，同社の技術担当取締役を長く務めたベニート・ペトルッチ氏が社史編纂のために用いているため，閲覧は許可できないとの返答を得，その後，2009年1月に同氏より大型本2冊の社史が贈呈されました（Petrucci 2008）。2013年の滞伊中にホワイトヘッド社文書がリヴォルノ国立文書館（Archivio di Stato di Livorno）に移管されたことがわかりました。ペトルッチ氏が退職後の社史編纂過程で作成した暫定目録を2014年に文書館の公式目録に再編して，閲覧可能となったので，2016年1月にリヴォルノに赴き，史料調査を実施しました。大半は1924年以降のイタリア企業期の文書でしたが，それ以前のフィウメ期の文書も含まれていることを確認し，およそ1200コマの写真に収めました[17]。取締役会議事録，受注簿，顧客との書翰などは残されておらず，フィウメ期の史料の多くは魚雷の試験や運用に関する技術的文書でした。おそらく，ヴィッカーズ社の場合と同様に，文書を一括して文書館に移管して公開したとはいうものの，WASS文書室がいまも保有して公開していない文書があるようで，上述の社史にも，リヴォルノ国立文書館のホワイトヘッド文書に含まれていないものが多数用いられています。

3.3　使用者団体・業界団体・労働組合

19世紀から20世紀にかけて団体的労使関係が主流であった時代には，企業側は企業外の労働組合に対応して使用者団体を結成し，また，後発国ではしばしば議会・政府への圧力団体としての業界団体を組織しました。

イギリスの機械産業・造船業で最も古い使用者団体は，1830年代前半にグラスゴウ（クライド河下流域）に存在していた雇主組合で，それは，1866年に結成されたクライド造船業者・機械製造業者協会（Clyde Shipbuilders' and Engineers' Association）の前身となります（小野塚 2001，第5章参照）。1871年にイングランド北東部（タインおよびウィア両河下流域）の造船機械産業中心地であったニューカスルで9時間争議が発生した際に，同地でアームストロングを領袖とする使用者団体が結成され，それはクライド協会とともに全国組織の結成に着手しますが，奇妙なことに，この全国組織（鉄工業使用者協会，Iron Trades Employers' Association）は完成時には，クライドもニューカスルも参加せず，ロンドンとランカシャの使用者たちが中核となっ

17）　1990年代以降の魚雷の引き合いなどに関する，明らかに軍事機密に関わる現用文書と思われるものもリヴォルノ国立文書館に移管されていたので，WASSから文書館への移管は，組織的にチェックされたというよりは，ペトルッチ氏の退職後の個人作業としてなされたようです。

ていました（小野塚 1993）。クライドとニューカスルの使用者団体は，その後それぞれの地域の造船機械産業が衰退・空洞化したため，20世紀後半には自然消滅し，その文書類は，それぞれの地方文書館に保管され閲覧可能です。鉄工業使用者協会は団体的労使関係の担い手となる機能はほとんど持たず，記録もわずかしか残していませんが，それらは，同協会が汽罐爆発事故の労災補償のために生み出した保険協会（Iron Trades Employers' Insurance Association）の後進企業の文書室に保管されています。

イギリスでは19世紀末にようやく機械産業使用者の全国組織（機械産業使用者連盟〔Engineering Employers' Federation，現在はMakeUK〕の前身）が結成され，1897～98年の8時間争議の際に威力を発揮します。同連盟は現在も英国最大の使用者団体の一つで，さまざまな産業を広く組織しています。古い文書のほとんどはウォリック大学近現代資料センター（Modern Records Centre, University of Warwick）に寄託されており，利用条件は以前より緩和されました。

イギリスの諸労働組合も全国本部には文書室がありますが，古い文書はいずれもウォリック大学近現代資料センター，労働史料研究センター（Labour History Archive & Study Centre, Manchester），労働者階級運動図書館（Working Class Movement Library, Salford）などに，また地方支部の文書はそれぞれの地方文書館に保管され，閲覧可能です。労働組合の残した文書類には多種多様で膨大な情報が記載されており，さまざまな利用価値があります。共済機能も有していたため，たとえば，組合員とその妻の死因や死亡時平均年齢などもわかりますし，景況に応じた地方ごとの失業状態などもわかります。

19世紀前半からさまざまな技術者団体が結成されたのもイギリスの特徴で，その文書は経済史・経営史研究にも有用です。機械技師協会（Institution of Mechanical Engineers）は，1847年の創立以降の諸記録や入会申込書など膨大な記録を保有しており，ロンドンの同協会文書室で閲覧・写真撮影が可能です。

ドイツなどヨーロッパ諸国にも造船機械産業の地方別使用者団体が存在した例はありますが，造船業がほぼ消滅し，重機・兵器産業は国策で統合・国有化されたため，いまは同種の団体はほとんど存在していません。古い文書のほとんどは地方文書館等に保管されています。たとえば，ハンブルク造船業協会（Hamburg Schiffbauverein）の年報はハンブルク証券取引所文書室で閲覧可能ですが，議事録などは残されていません。戦災で消失したり，占領軍に奪われたりした可能性があります。

4　海外企業史料を用いた研究の例

以上述べてきたように，イギリスおよびヨーロッパ諸国ではさまざまな企業史料が利用可能ですから，それを用いた研究の例も膨大に存在します。以下では，そのうち，すでに知られた複数の史料群を突き合わせることで，従来知られていなかったことを解明した事例を紹介しましょう。それは，奈倉・横井・小野塚（2003）『日英兵器産業とジーメンス事件――武器移転の国際経済史』（日本経済評論社）です。

第3節で見たようにイギリスの造船・機械・兵器企業と日本の間には幕末以来第一次世界大戦期まで非常に濃密な関係がありました。単純化するなら，アームストロング社が日本市場を開拓し，それを後発のヴィッカーズ社が蚕食したのですが，従来は，両社の間には熾烈な競争関係があり，その過程で一隻の装甲巡洋艦（後の巡洋戦艦金剛Ⅱ）の指名入札（1910年6月25日通告）の際にも，ヴィッカーズ社が受注のために旺盛な営業活動を展開する中で，日本海軍要路に贈賄したのがジーメンス事件（のうち，ヴィッカーズ・金剛事件）の本質であると理解されてきました。

しかし，第3節で紹介した両社の諸文書を渉猟し，また日本側に残された文書（殊に国立国会図書館憲政資料室に所蔵された斎藤実関係文書中の書翰および日記，さらに斎藤の下で海軍次官を務めた財部彪日記，当時の新聞など）と突き合わせることで，以下のような新たな事実が次々と明らかになりました。

第一に，ヴィッカーズ社は単にアームストロング社を追いかけて競争しただけでなく，砲・砲架の設計をアームストロング社と共有・交換することで，実質的に後者の先進技術を獲得しました。第二に，外国政府からの2隻同時発注の際に，ヴィッカーズ社はアームストロング社との間で入札価格を調整することによって，後者の開発した市場（殊にペルーと日本）に参入しました。単純な競争関係ではなかったのです。また，1903年の日本向け戦艦1隻入札（後の鹿島と香取の2隻）の際は，ヴィッカーズ社はアームストロング社と入札価格をほとんど同額にしただけでなく，その裏で，ヴィッカーズ社の保守・統一党人脈を活かして[18]，当時の外相ランヅダウンに働きかけ，外相が日本政府に対してヴィッカーズ社に発注するよう工作するという，当時の英国では非常に珍しい政治との癒着関係まで展開しました。この件ではさすがにアームストロング社も不快感を隠さず，外相に正式に抗議するとともに，ヴィッカーズ社に対しても不信感を抱くようになります。

しかし，第三に，両社は1903年の日本政府の戦艦1隻入札以降，海外の入札・発注に関しては，入札価格を調整し，1隻の受注でも建造作業を分割して両社で分担し，また，海外受注から発生する利潤も可能な限り両者間で均等に分割するなどの結託関係を深めていきます。当初それはヴィッカーズ社がアームストロング社を追い，その利益を分与させる性格の関係でしたが，ド級期から超ド級期への急速な変化の過程で，アームストロング社は12インチを超える大口径砲の開発に遅れ，1909年末から1910年にかけて日本側で装甲巡洋艦1隻発注が実現する過程で，すでに13.5インチ砲と砲架の開発実績のあるヴィッカーズ社に対して劣位に立たされるようになっていました。この状況で，ヴィッカーズ社は，アームストロング社に対して，1910年7月30日の入札・設計案提出の前日に，詳細な結託協定を持ち掛け，後者は8月5日にこれを了承して，両者間に従来以上に濃密な結託関係が構築されます。しかし，ここにもヴィッカーズ社の仕掛けた罠が仕込まれており，日本政府が反対しない限り結託協定通りに作業分割を行う（つまり，日本政府が反対すれば作業分割しない）との文言が含まれていたのです。

実際に，この入札の際に，ヴィッカーズ社は，通常の代理店—相手国建艦責任者（この場合は三井物産—日本海軍艦政本部長松本和（やわら））ルートでの贈賄だけでなく，バロウ事業所長マッケクニが強く主張して，「死の商人」の象徴的人物とされるザハーロフが秘密に関与して，藤井光（てる）五郎（海軍機関大佐，入札審査官）にも贈賄し，さらに，ヴィッカーズ社の入札には何も関与して

18)　ヴィッカーズ社取締役のV.ケイラードは保守・統一党の庶民院議員で，帝国派の中心的な論客でもあり，ランヅダウン外相と政治的に近いところに位置していました。これは，アームストロング社が，アームストロング本人が自由党支持者であっただけでなく，取締役のS.レンデルが自由党の庶民院議員であり，政治との癒着に距離を保つ政治的雰囲気にあったのと対照的でした。

いない日本製鋼所からの手数料要求をいったんは拒否しながら，最終的には三井物産―松本ルートと同額の受注額の 2.5% の手数料を支払うこととなりました。通常の営業活動以外のルートでも贈賄がなされていたのです。

従来もこうした複数の贈収賄ルートがあったことは知られてはいたものの，なぜ，ヴィッカーズ社本社の営業責任者や日本代理店だけでなく，現場の事業所長が贈賄を主張したのかまでは解明されず，事件発覚後の海軍軍法会議でも藤井の収賄理由は明らかにされていませんでした。上記図書を執筆した奈倉，横井，小野塚の 3 名は永年の共同研究で世界各地に散在する関連史料を読み直し，また新史料も多数発掘して，この事件の再構成を試みて，競争下の結託と結託下の裏切りの構図を明らかにすることに成功しました。

しかも，結託下でヴィッカーズ社がアームストロング社を裏切ることに日本海軍の有力者たちも加担していたのです。そこには，日本海軍の大艦巨砲への強い憧れ，殊に 14 インチ砲への執念が作用しており，この事件には松本和艦政本部長，藤井光五郎大佐など有罪免官となった人物だけでなく，斎藤実海相，財部彪次官，加藤寛治駐英武官なども関与していた疑いが濃厚に示されています。ヴィッカーズ社への発注決定と 14 インチ砲への転換決定ののち，財部次官は海相とも相談し，松本艦政本部長の了解も得て，加藤武官に 2000 円という巨額を内密に支給することを決めていますし，藤井光五郎は発注決定直後に財部に何度も「贈り物」をしています。さらに，この事件から 30 年後に刊行された『加藤寛治大将伝』では，明らかに事実とは異なる記述がなされており，加藤の事件への関与を隠蔽しようとすらしています。

むすびにかえて

史料さえ残っているなら，百年経っても，上で述べたような新事実を総体として明らかにすることは可能であり，それが歴史研究の醍醐味でもあります。近代（19 世紀）と現代（20 世紀）は，世界のほとんどの経済活動が，一国一地域に閉じることなく，世界の他の国・地域との密接な関係の中でなされた時代です。それゆえ，さまざまな国々に残された史料を組み合わせて用いることで，従来は知られていなかった，あるいは意図的に隠蔽されてきたことを明らかにする可能性が，まだたくさん残されています。日本，中国，イギリスというように国別に物事を見るのではなく，国際関係の中に経済・経営現象を位置づけてとらえ，また，国際比較することによって，ますます研究が進展することを祈ってやみません。

参考文献

小野塚知二（1993）「使用者団体の再編と地域――1870年代イギリス機械産業に即して」秋元英一・廣田功・藤井隆至編『市場と地域――歴史の視点から』日本経済評論社，172–200頁。

小野塚知二（2001）『クラフト的規制の起源――19世紀イギリス機械産業』有斐閣。

小野塚知二（2014）「戦間期海軍軍縮の戦術的前提――魚雷に注目して」横井勝彦編著『軍縮と武器移転の世界史――「軍縮下の軍拡」はなぜ起きたのか』日本経済評論社，167–201頁。

奈倉文二・横井勝彦・小野塚知二（2003）『日英兵器産業とジーメンス事件――武器移転の国際経済史』日本経済評論社。

Petrucci, Benito（2008）*WASS 133 Years of History: At the Service of the World Navies: Passion and Advanced Technologies*, 2 vols., Roma: Ciuffa Editore.

Column 実地の史料調査の留意点

事前照会をしたら，それで目当ての史料に対面できると思ったら大間違いです。どこの国でもアーキビストには共通の習性があります。世界に一つしかない貴重な文書をやたらに見せないために，閲覧希望者がそれを読んで使える者かどうかを試験するのです。多くの場合，文書の問い合わせに対して，「あなたのご関心については以下の書物があるので，それをご覧になってください」という返事が来るでしょう。そのリストのうち読んだことのないものがあったら，事前調査の準備不足という以前に勉強不足ですから，素直に脱帽してその分野の勉強をやり直す必要があります。それら論文・図書を全部読んで，理解できているのなら，それらはすべて読んだので自分に必要なのは何々の文書であると要求すれば，文書館の門は開かれるでしょう。ただ，閲覧室で目当ての史料が出てきても，手書き文書（manuscript, handwritings）が読めなかったりすると，「これで練習して来年また来てください」などと手書き文書読解の教科書を渡されたりすることもあるでしょう。

近現代史研究でも手書き文書は欠かせません。少なくとも読めると読めないとでは研究遂行の可能性に大きな差が出ます。厄介なのは近現代史研究で役に立つ手書き文書は概して読みやすくないということです。一番読みやすいのは専門家の書いた定型的文書です。代書屋が浄書した諸種の契約文書や督促状，書記（secretary）が書いた裁判の召喚状とか，業務用の定型書翰（かん）（たとえば注文書とか紹介状）などは，書字訓練を受けた者が書くので，字が綺麗だし，文体は決まっているから，固有名詞を除けばすぐに読めるようになるでしょう。二番目に読みやすいのは，専門家の書いた非定型的文書，たとえば書記が書いた議事録や複雑な契約書，紛争処理のための非定型的な書翰などで，字は綺麗でも内容が込み入っているし，理解するのはやや難しくなります。一番手を焼くのが，非専門家の書いた非定型的文書です。たとえば，有給書記を雇えない団体の議事録（成員が輪番で書くので字の上手下手がもろに出るし，綴りや文法の誤り〔ないしは文字表記上の訛り〕も頻出します），自筆の個人書翰，覚え書きや日記などで，書字訓練を受けていない者は教育程度に関わりなく，読みにくい文書を書きます。

タイプライターが普及する20世紀初頭以前の多くの文書は手書きですし，それ以降でも個人的な覚え書きや書翰は手書きがほとんどですから，近現代の企業史料を使おうとしたら，手書き文書を避けて通ることはできません。英語・フランス語・イタリア語などの手書きローマ字はほぼ同じ書き方をしますので，その言語と，文書に関する背景的な知識さえあれば（そのためにも先行研究を消化しておくことは絶対的に必要ですが），必ず読めるようになります。最初は文字に見えないものでも，それらも必ず意図・目的にしたがって，何か意味のあることを表現しているのですから，解読のための鍵となる綴り方の癖や，重要な固有名詞などがわかれば，必ず解読できます。

現地の文書館で突然，手書き文書を出されると，大概の場合，まったく読めません。したがって，事前に手書き文書の勉強会などに参加するか，手書き文書を読みこなしている教員・先輩に教えてもらいましょう。ドイツ語独特の筆記体は英語等とは異なり，予め練習しなければ，まず読めません。

実際に現地を訪れて，目当ての史料を見たら，予想と違って，自分の研究にはまったく使い道がないということはしばしばあります。この場合，その文書館で3日間予定していたとすると3日間遊んで暮らすことになってしまいます。したがって，優先順位の高い文書が不発だった場合に，閲覧すべき第二順位，第三順位の文書も予め考えておきましょう。それでも時間が余ったら，それは儲けものですから，産業遺跡を見学したり，博物館を訪れても誰も文句は言わないでしょう。

現地調査で気を付けるべきことはほかにもあります。そのほとんどは万国共通ですが，初めての際に面食らうのは，インクを用いた筆記用具や消しゴムは閲覧室では利用できないということでしょう。むろん，文書の汚損防止のためです。ノートへの記録は鉛筆（かシャーペン〔シャープペンシル〕）のみが許されます。文書館側が利用者の用いることのできる鉛筆と用箋を用意してあって，それしか用いることができないというところもあります。ボールペンとセットになったシャーペンは使わない方がいいでしょう。

次に，アーキビストやその助手への心遣いを忘れないようにすることが大切です。彼らはさまざまな業務の中で訪問者に対応しています。何度も文書を出したり入れたりしてもらったり，読めない場所について尋ねたりするのは構いませんが，彼らの時間を奪っていることになるので，帰り際に必ず礼を述べ，簡単な土産物など手渡すとよいでしょう。

デジカメ（デジタルカメラ）での写真撮影を許可している文書館も多くなってきたので，調査対象の史料の全体像がある程度見えてきたら，写真に収めましょう。日本国内の史料調査では，フルサイズの撮像素子の一眼レフを下向き雲台付きの三脚に固定して，ノートパソコンと繋いで，コンピュータ上で撮影画面を確認しながら，撮影を進めることができますが，海外史料調査の場合は，巨大な一眼レフとレンズ，三脚などを持参するだけで，相当な重さになり，飛行機の手荷物の制限を超えてしまう可能性があります。したがって，海外での調査では，重量が400g程度までのコンパクト・デジカメを持参して，手でカメラを下向きに構えて撮ることになります。手持ちでの史料撮影用のデジカメに求められる性能は以下の4点です。①絞り優先モードを備えている（解放よりも2ないし3段階ほど絞って被写界深度を深くして，新聞など大判の文書をワンショットで，中心も四隅も焦点の合った写真が撮れる）こと。②広角側の焦点距離は28mm［35mmフィルム換算］より広い（＝焦点距離の数字が小さい）こと。③望遠側の焦点距離は少なくとも100mm程度以上であること（ただし文書撮影に限定するなら140mmあれば充分）。④レンズが明るく，解放より絞った場合で，薄暗い閲覧室でもシャッター速度が1/30秒より遅くならない（手撮りで手ぶれしない）こと。望遠側でも解放F値が2.8より小さいのが望ましいです。こうした条件を満たすコンデジ（コンパクト・デジカメ）を探すと，おのずと数機種に絞られてきます。史料調査の前に適切なカメラを入手して，さまざまな条件で，いろいろな文書を撮る練習を積んでおきましょう。

もう一つ現地調査で大切なのは，自分の身の安全と健康です。無理な日程を組んだり，暴飲暴食したり，危険な場所に好んで立ち入ってはいけません。史料調査は観光旅行ではありません。目的はあくまで史料を収集して，持ち帰り，研究に役立てることです。

無事，史料調査から帰国したら，事前調査・調査設計から現地調査完了までの成果と反省点を教員に報告し，助言を仰ぎましょう。これで，とりあえず任務完了となりますが，補足調査が必要になることもあります。史料調査はほとんどの場合1回では終わりません。研究の進展に応じて，当初は見落としていた史料が重要であったことに気付いたり，新たに移管されて利用可能な文書が出てきたりしますから，文書館との関係は維持しておかなければなりません。わたし自身は，ヨーロッパのほとんどの文書館を最低でも2回，多い場合には30回以上訪れています。「現場百回」が重要なのも刑事司法と似ています。

第**11**章

オーラル・ヒストリー

中村 尚史

キーワード
ライフ・ヒストリー，
エリート・オーラル，
ライフ・ヒストリー・カレンダー，
エゴドキュメント，史料批判

オーラル・ヒストリーは，文字を持たない人々の歴史，主体の内面や内部情報への接近を得意とします。文字史料と合わせることで史実への多面的な接近が可能になります。本章では，そのオーラル・ヒストリーの方法と具体的な手順を簡便な形で紹介します。

1 はじめに：いま，なぜ，オーラル・ヒストリーか

「文字史料をしっかり読み込んで批判的に解釈する。これが歴史学の基本であり，それ以外の史料は，補助的なものである。」研究者として駆け出しの頃，そう考えていました。しかし，30代も半ばにさしかかる頃，さまざまなきっかけでオーラル・ヒストリーの重要性に気がつき[1]，一念発起してその手法を学びはじめました。2000年代初頭のことです。

当時，戦後史への関心の高まりに随伴して，歴史学界全体でオーラル・ヒストリーが注目を集めていました。戦後史を研究する場合，大きな問題となるのが一次史料へのアクセスの困難性です。時代が新しくなればなるほど，

1） その一つは，祖父の死という個人的な出来事，もう一つは佐賀県鳥栖市の市誌編纂事業の過程における鉄道史資料収集でした。詳細は，鳥栖市誌編纂委員会・中村編（2006）および中村（2013）を参照してください。

企業秘密やプライバシーの問題で開示されない史資料が多くなります。さらに戦時期から戦後初期については，酸性紙問題による文字史料自体の崩壊という問題も生じます。このように，史料が残りにくく，仮に残存していても使いづらいという状況のもとでは，直接，関係者の話を聞くという研究手法が非常に重要になるわけです。ところが，冷静に考えてみると，1950年に30歳だった方は現在（2017年時点）97歳，1970年に30歳の方は同じく77歳です。後述するように，オーラル・ヒストリーの適齢期が70代であることを考えると，戦後復興期の聞き取りは事実上難しく，高度経済成長期でさえ困難になりつつある状況です。そのため，戦後史，とくに高度経済成長期以降を研究しようとする人は，いまオーラル・ヒストリーに取り組まざるを得ません。文字史料の残存状況や公開状況が劣悪な環境のもとでこの機を逸すると，戦後史の立体的な研究は不可能になるでしょう。

このような問題意識に基づき，この15年間，細々とオーラル・ヒストリーを続けてきました。しかし，もはや時間がありません。なるべく多くの方にその手法を学んでいただき，同時多発的にオーラル・ヒストリーを進める必要があると痛感しています。この点をふまえ，本章ではオーラル・ヒストリーの方法と具体的な手順を簡便な形で紹介し，経済史・経営史研究への広範な適用を期待したいと思います[2)]。

2　オーラル・ヒストリー（口述史）とは何か

「オーラル・ヒストリー」というと，何か特別な方法のような気がしますが，要は聞き取りです。聞き取りは社会科学における最も基本的な調査方法で，いくつかのタイプがあります。社会科学諸分野で最もよく見かけるその方法は，仮説検証型といわれるものです。これは労働調査や経営学の調査で用いられますが，基本的には調査者側が何か仮説を持っていて，その是非を検証するために行う聞き取り調査です（小池 2000）。

2）オーラル・ヒストリーの本格的なテキストとしては，Thompson（2000，邦訳2002），御厨（2002），御厨編（2007）があります。いずれも，きわめて包括的かつ実践的な入門書です。本章におけるオーラル・ヒストリーの方法に関する議論は，多くをこれらの文献に依拠しています。

また社会学や人類学でみられるライフストーリーというタイプの聞き取り調査もあります。これは，多くの対象者一人ひとりの人生を聞き取りによって再構成し，その時代の社会構造を考えるという方法です（桜井 2012；ベルトー 2003)。

これに対してオーラル・ヒストリーは，主として歴史学における歴史的事実の再構成の手段です。日本の歴史学における聞き取りの歴史は長く，その成果は豊富です。古くは『古事記』にはじまり，明治以降にも「史談」といわれる談話筆記が数多く蓄積されました。しかしその一方，明治期には近代実証史学がドイツから導入され，歴史学が文字史料至上主義に傾斜していきます。厳密な史料批判を通して，史実を再構成するところに近代実証史学の真髄があります。そのため，実証史学の精緻化が進んだ戦後には，文字史料こそが歴史学的な史料の中心であり，口述筆記は，あくまでその補完的な存在と位置づけられるようになりました。

ところが，1980年代以降，口述史＝オーラル・ヒストリーの復権がはじまりました。そのきっかけは，欧米の研究動向にあります。ヨーロッパやアメリカではこの時代，とくにアメリカを中心に文字史料が残りにくい人たちの歴史をどう書くかが大きな課題になりました。たとえば奴隷や移民，先住民，そして女性の歴史をどう書くかという点に研究の光が当たるようになるにつれて，オーラル・ヒストリーという方法が注目され始めたのです。その過程で，口述史料の，文字史料とは異なる価値に注目が集まり，前者は後者の補完物ではなく，それぞれが違った価値を持つ史料であるという位置づけがなされるようになってきました。とくに個人や主体の簒奪をもたらした構造主義的な言語論的転回への反発から，「個人の語り（パーソナル・ナラティブ)」への注目が高まっている社会史の分野では，オーラル・ヒストリーが現代史の中心的な方法になりつつあります（長谷川 2016)。

オーラル・ヒストリーが盛んになるにつれ，いくつかのタイプが出てきました。そのなかでも，筆者はライフ・ヒストリーとエリート・オーラルという二つのタイプに注目しています。このうち前者，ライフ・ヒストリー型のオーラル・ヒストリーは，基本的に文字史料を残しにくい人々を対象とした調査です。普通の労働者や女性，マイノリティーなどの人生を聞き取り，それを数多く集めるという形で歴史を再構成するという方法です。筆者にとって最初のオーラル・ヒストリー作品である『汽笛の記憶――鉄道員のオーラル・ヒストリー』(鳥栖市誌編纂委員会・中村編 2006) は，こうしたライフ・ヒストリーのタイプでした。その後，新日鐵釜石製鐵所の労働者のオーラル・ヒストリー (中村・青木・梅崎・仁田編 2011a, b) や，東日本大震災直後における『震災の記憶オーラル・ヒストリー』(東京大学社会科学研究所希望学プロジェクト編 2013) などで，この手法を用いています。筆者にとってライフ・ヒストリーの手法は，総合地域調査の際の歴史分析の手法として，不可欠のものになっています (東大社研・玄田・中村編 2009；東大社研・中村・玄田編 2014)。

一方，1990年代以降，日本で注目されるようになったのは，エリート・オーラルというタイプです。そのきっかけは，政治史における政治家や官僚の研究でした。御厨貴氏[3]による「公人の，専門家による，万人のための口述記録」という，リンカーンをもじったキャッチフレーズが，その研究意義を象徴的に示しています (御厨 2002)。御厨氏が想定した，対象者 (政治家や高級官僚，経営者) は，能弁な場合が多く，自らの経験をさまざまな媒体で語ったり，書いたりすることがよくあります。なかには自伝まで書いてしまう人もいるほどです。しかし，一人語りである自叙伝では，自分に都合の良いことしか書かない。都合が悪いことが山ほどあるのに，意識的か，無意識のうちかは別にして，記憶にふたをする。こうした問題は，第三者がそこに介入しないから起こる場合が多いといえます。そのため専門家である歴史家が，濃密なインタビューの過程で，閉じている記憶のふたをこじあけていく。そのことによって，万人のために有益な口述記録を作っていくべきだというのが，御厨氏の意見です。これは「記憶を記録にする」というオーラル・ヒストリーの本義を考えるうえでも，重要な点だと思います。

エリート・オーラルは，政策研究大学院大学による大規模な研究プロジェクトによって，1990年代後半から2000年代にかけて膨大な数のオーラル・ヒストリーを生み出しました。このプロジェクトは，政治学・政治史だけで

3)　東京大学先端科学研究センター名誉教授で，日本政治史研究者。日本におけるエリート・オーラルの第一人者。東京都立大学在勤時からオーラル・ヒストリーをはじめ，政策研究大学院大学の大規模プロジェクトの代表者を務め，その後，東大先端研に移籍し，同研究センターでもオーラル・ヒストリーのプロジェクトを継続しています。

なく，経済学や経済史の若手研究者をも大量に巻き込みつつ，組織的に展開したため，オーラル・ヒストリーの手法を普及させる意味でも，とても重要な役割を果たしました。当時，駆け出しの研究者の一員であった筆者も，このプロジェクトに少しだけ参加させていただき，オーラル・ヒストリーの方法について，いろいろと勉強をさせてもらいました（武田・森・中村編 2005）。またこの手法の第一人者である御厨氏とは，ダイエーの創業者・中内㓛氏のオーラル・ヒストリーでご一緒し，エリート・オーラルの神髄を学ばせていただきました（中内・御厨編著 2009）。その後，エリート・オーラルの手法を用いて，旧国鉄の幹部職員（二階堂・中村編 2011）や，セーレン（株）という総合繊維メーカーの現役経営者（中村・青木・中島編 2011）のオーラル・ヒストリーを積み重ねています。

さらにエリート・オーラルを応用したテーマ別のオーラル・ヒストリーという形態もあります。たとえば，内閣府が行った「バブル／デフレ期の日本経済と経済政策」という研究プロジェクトでは，バブルの発生から崩壊に至る経緯について，広範な関係者の証言を集めることでアプローチしようとしました（松島・竹中編 2011）。対象者は政治家，官僚，企業経営者といった典型的なエリートです。しかし前述したエリート・オーラルが一人の対象者に対して1回2時間で10回近いロングインタビューを行うのに対して，こちらは一人当たり1，2回ずつで，なるべく多くの関係者の聞き取りを行っています。また日本経済新聞社の関係団体である日本経済研究センターの歴史を，関係したエコノミストたちの証言で綴った小峰・岡崎・寺西・松島・中村・中林・日本経済研究センター50年史編纂委員会編（2013）も，ある種のテーマ・オーラルといえます。ただ後者は，日本経済研究センターという職場に焦点を当てて，その機能の時代的な変遷を明らかにしようとした点で，職場のオーラル・ヒストリーにも通じるところがあります。このように，ライフ・ヒストリー型とエリート・オーラル型は，厳密に峻別できるものではなく，大まかなタイプの違いといえるでしょう。

3　オーラル・ヒストリーの方法

3.1　エリート・オーラル

次に，オーラル・ヒストリーの方法について，エリート・オーラルとライフ・ヒストリーの二つに分けて説明します。この両者は，基本的な部分は共通しているのですが，対象者の数や性格によって，アプローチ方法が若干，異なっています。

まずエリート・オーラルですが，その具体的な方法については御厨氏が的確な解説を加えていますので，是非参照してください（御厨 2002；御厨編 2007）。そのエッセンスをまとめると，以下のような手順となります。

①対象者の選定

②対象者からの合意獲得（時間・回数，テープ録音・公表についての合意獲得）

③事前準備（事前調査・質問項目の整理・質問票の作成）

④聞き取りの実施（1回2時間，回数は10〜12回）

⑤テープ起こし

⑥原稿の訂正・編集（対象者による原稿の校閲）

⑦テキストの完成・公表

エリート・オーラルの場合，ポイントの第一点は，インタビュー回数の多さにあります（④）。「公人」であるエリートを対象とするこのタイプのオーラル・ヒストリーでは，時間をかけて，じっくり話を聞くことで，対象者との信頼関係を構築し，真実に迫ることを目指しています。そのため，1回2時間程度のインタビューを1カ月間隔で10回以上，つまり1年間かけて実施する息の長い聞き取り調査です。回数を重ねれば，当然，聞き出せる情報量も増え，重層的に証言をとることで史実をあぶり出すことが可能になります。ただ現実には，相手に時間的な余裕がない場合も多く，6回程度で我慢せざるを得ないケースもあります。

またテキストの作成・公表にこだわる点も，このオーラルの特徴です。「公人の，専門家による，万人のための口述記録」をめざすエリート・オーラルにとって，それは譲れない一線となります。テキスト作成の第一歩はテープ起こしですが，この作業が案外，大変です。そもそも話し言葉（談話）と書き言葉（文章）は異なりますから，音声をそのまま文字に転換することは不可能です。さらに話し言葉は，話している状況に大きく依存するため，発言をそのまま原稿化することが，必ずしも談話内容を反映しないこともあります。そのため，オーラル・ヒストリーでは録音した原音声が，最も重要な原史料となります[4)]。この点を前提にして，素起こし（一次原稿）から無意味な口癖などの不要語（ケバ）を適宜削除し，場合によってはニュアンスや身振り手振りと行ったノンバーバルな表現を［ ］などで挿入して，テキスト（二次原稿）を作成します（⑤）。この二次原稿を，インタビュー対象者に校閲してもらい，間違いや不適切な表現を修正します（⑥）。この過程で，時として話し手がテキストの修正を求めてくることがあります。そのようなときには，基本的に本人の意思を尊重しますが，その程度があまりにもひどい場合には，復活交渉を行います。筆者の経験だと，仮にこの手のトラブルが発生しても，聞き手と話し手とのやりとりのなかで，最大公約数の部分が残ることが多いようです。こうして，ようやくテキスト（三次原稿）が完成しますが，最終版は必ず話し手本人の承認をうける必要があります。そしてその際，公開の時期と方法について，本人の最終的な意思確認を行います（⑦）。ところが，この段階に来て公開の時期について対象者の要請で引き延ばされることもあります。しかし，将来的な公表を前提とした延期であれば，史実を次世代に残すというオーラル・ヒストリーの長期的な目的は達成されたことになりますので，良しとしましょう。

3.2　ライフ・ヒストリー

次にライフ・ヒストリーの手法を用いた職場のオーラル・ヒストリーについて説明します。一般人である労働者の場合，しゃべり慣れた「公人」と違い，自分の言葉を見つけるのに時間と労力がかかります。しかも現役から離れて時間が経っていればいるほど，記憶が断片的になっています。そのため，この種のオーラル・ヒストリーを実施する場合，まず記憶を呼び覚ますための工夫が必要になります。この点をふまえつつ，その具体的な手順を見てみ

4)　この点は，録音媒体が無かった時代の速記との大きな違いですが，それゆえに，後述するように原音声をどのようにして保存するかが，きわめて重要な課題になります。

ましょう。

①関係者を集めた座談会の開催（職場や世代ごとの実施）

②調査対象者の絞り込みと合意獲得

③事前準備（質問票・作業年表とライフ・ヒストリー・カレンダーの作成）

④ライフ・ヒストリー・カレンダーを用いた予備調査の実施

⑤個別の聞き取り調査の実施（1回2時間程度，1〜3回）

⑥テープ起こし

⑦原稿の訂正と編集（調査対象者による校閲と編集作業）

⑧テキストの作成

先ほどのエリート・オーラルと比較すると，①の座談会と④のライフ・ヒストリー・カレンダーが新たに付け加わっていることに気がつきます。

まず座談会は，こちらの問題意識を説明し，対象者の記憶を呼び覚ます機会です。余裕があれば，2種類の座談会をやります。最初は職場の関係者を一同に集めた座談会，次に世代を分けた座談会です。前者はそれぞれの職場に共通する記憶を呼び覚ますための，後者はある時代をともに生きた人に固有の記憶を呼び覚ます効果をねらった座談会です。座談会ですから，基本的にはざっくばらんに語り合ってもらうのですが，その過程で論点のあぶり出しや個別聞き取りの対象候補者捜しを行います。

座談会で論点と対象者を絞り込んだら，つぎにライフ・ヒストリー・カレンダーという質問票を用いた予備調査を行います（表1参照）。これは一種の自分史年表なのですが，履歴書などをもとに，カレンダーを作るという作業を通して，当時の記憶を呼び覚ましてもらうのです。この手の調査票の記入に慣れていない人々を対象とする場合，直接話を聞きながら，一緒にカレンダーを作成することもあります。いずれにしても，こうした事前準備を入念に行ったうえで，質問票を作成し，ようやくオーラル・ヒストリーを実施することになります。

質問票の作成に際しても一工夫が必要です。エリート・オーラルの場合，そもそも質問票を用意するかどうか自体が，ケースバイケースです。著名人の場合，公開情報が多いので質問票は作りやすいのですが，こちらから事前に質問することによって，相手の話を枠にはめてしまう恐れがあります。そのため相手から求められた場合にのみ，最低限の質問票を事前に提出するという方法がとられます[5]。しかしライフ・ヒストリー型のオーラル・ヒストリーの場合，対象者が話し慣れていないため，質問票がないと何を話せばよいか不安になるようです。そこで筆者は，必ず1回につきA4用紙で1枚程度の質問票を用意するようにしています。ただその内容は，趣旨説明に加え，その回に取り上げようとしているテーマを3，4点ほど挙げるにとどめます。これ以上の分量だと，相手は読んでくれませんし，あまり細かい質問をすると，話を枠にはめてしまいます。

さらに1人に対する聞き取りの回数についても，エリート・オーラルに比べて圧倒的に少なく，1回から3回程度になります。準備作業に時間をかけることもありますが，仕事や職場の中身を知りたいこの手のオーラルでは，人を変えてどんどん続けていくほうが，得られる情報量が多いと思います。

最後に，話し手からの合意獲得の点でも，エリート・オーラル以上に慎重に行う必要があります。「公人」である政治家や高級官僚，企業経営者などは，プライバシーを人目に晒すことに比較的慣れています。しかし「一般人」であるライフ・ヒストリーの対象者は，この点に非常に敏感であり，最初に録音，テキスト作成・公表について合意していても，公表直前になって取りやめたいと仰ることがあります。本来，オーラル・ヒストリーをはじめる前に契約書を交わし，テキスト作成や公開の時期，方法，著作権などについて書面で約束しておくのが正しい手順なのですが，「一般人」にこれを迫るとかなりの確率でインタビュー自体がキャンセルになります。そのため，合意形成の段階（②），聞き取りのあと（⑤），そして校閲の際（⑦）と，小まめに念を押し，テキストの公開について理解を得る必要があります。この手続きで曖昧な点を残すと，テキストが公表できなくなるだけでなく，そのオーラル・ヒストリーの利用自体が不可能になる危険性が高まります。事実，筆者自身，いくつもお蔵入りしたオーラル・ヒストリーがあり，いったん，公表した成果を回収・差し替えるという手痛い失敗の経験もあります。

3.3 環境整備

ところで，二つのタイプのオーラル・ヒストリーに共通するのですが，聞

5）「最低限」とは，その回に対象とする時期，テーマのみを予告するという意味です。

表 1　ライフ・ヒストリー・カレンダーの例（釜石製鉄所 OB 調査票）

調査票記入日　2006 年　月　日，調査対象者：氏名

年度 西暦	和暦	教育歴 ※入学年／卒業年に学校名を記入。小学校以降。社内教育を含む。	職業歴 ※入職／退職の年に従業先名を記入。入職前も含む。	昇進・昇任の経験 ※昇格の年に職名を記入。	転勤・出向の経験 ※転勤の年に配属先（部署）を記入。組合を含む。
1921	T10				
1922	T11				
1923	T12				
1924	T13				
1925	T14				
1926	S1				
1927	S2				
1928	S3				
1929	S4				
1930	S5				
1931	S6				
1932	S7				
1933	S8				
1934	S9				
1935	S10				
1936	S11				
1937	S12				
1938	S13				
1939	S14				
1940	S15				
1941	S16				
1942	S17				
1943	S18				
1944	S19				
1945	S20				
1946	S21				
1947	S22				
1948	S23				
1949	S24				
1950	S25				
1951	S26				
1952	S27				
1953	S28				
1954	S29				
1955	S30				
1956	S31				
1957	S32				
1958	S33				
1959	S34				
1960	S35				

(勤務職場　　　　　　　　)

生年月日：(昭和　年)　月　日　生まれ

居住歴 ※転居の年に市町村名を記入。転勤による転居も含む。	ライフイベント 実家から独立	結婚	子供	自宅取得	釜石製鉄所関係年表
					釜石鉱山・製鉄所が三井鉱山に帰属
					三陸大津波。釜石の死者・行方不明者37人。釜石商業学校開校
					日本製鐵（株）釜石製鉄所発足。
					釜石市制施行。人口40,388人。
					日鉄鉱業（株）釜石鉱山発足，釜石駅開業（山田線全通）
					県立釜石中学開校
					艦砲射撃により施設大破。操業停止。
					第10高炉（第1高炉）火入れ。操業再開。
					レール圧延開始
					富士製鐵（株）釜石製鉄所発足。プルオーバー（薄板圧延機）を八幡製鉄所より移設。第8高炉（第2高炉）火入れ。釜石線全通。
					自家発電装置稼動。
					1市4村合併で新釜石市発足。人口81,072人。
					釜石製鉄所ストライキ。
					第1コークス炉稼動。橋上市場完成。
					釜石製鉄所ストライキ。
					チリ地震津波

き手の数は2〜3人が最適です。1対1で話を聞くと，お互いにとても疲れますし，聞き手側に考える余裕がなくなります。そのため，メイン・インタビューアーが司会をしつつ，全体の流れをつくり，サブ・インタビューアーが機を見て流れを変えたり，事実関係の確認をとったりするという役割分担が効果的です。慣れた人同士であれば，2人でこの役割分担をすればよいですし，そうでない場合はメイン1，サブ2という陣容でのぞむとよいと思います。ただし，聞き手の人数がこれ以上に増えると，話の流れが錯綜したり，話し手側に無駄なストレスをあたえたりします。オーラル・ヒストリーで最も重要な点は，聞き手と話し手との間での信頼関係ですから，その構築を難しくするという意味でも，無駄に聞き手側の人数を増やすのは得策ではありません。同様に話し手に近い第三者の陪席も，極力，避けたいものです。微妙な話であればあるほど，話し手は関係者の目を気にします。一見，話をスムーズにするように見える陪席者の存在が，話の本質をはぐらかす要因になった経験は，枚挙にいとまがありません。

また話を聞く場所は，喫茶店やラウンジのような公開の空間ではなく，会議室や研究室のような閉鎖的な空間のほうが望ましいといえます。これは会話の録音に雑音が入るという，テクニカルな問題だけでなく，話し手が周りの目や耳を気にすることなく，話に集中するためにも必要です。閉鎖的な空間が確保できるのであれば，会場は話し手側の事務所でも，聞き手側の会議室や研究室でも構いません。相手の都合にあわせ，話し手がリラックスして話をする環境を整えましょう。

3.4　聴くコツ

オーラル・ヒストリーが聞き取り調査の一種である以上，対象者に話をしてもらわない限り，何もはじまりません。相手から話を聞き出すためのノウハウは，人によってさまざまですが，筆者の場合，御厨氏や中村圭介氏[6]といった先人の教えに従い，以下のような点に気をつけています。

---

6)　東京大学社会科学研究所名誉教授で，労働経済論や労使関係論の研究者。現法政大学教授。筆者は東京大学社会科学研究所の全所的プロジェクト研究・希望の社会科学的研究（通称・希望学）の釜石調査で，中村圭介氏から労働調査をベースとしたヒアリング調査の薫陶を受けました。

一つめは，相手が話しているときに口を挟まない。人の話の流れを途中で切らないということです。話の流れをとめるとそこで記憶が寸断されます。一連の記憶を連続的に引き出したいオーラル・ヒストリーでは，とにかくひたすら聞くことが重要になります。仮に途中で，相手の話が違ってると思っても，その場では言わない。とにかく最後までいったん，聞いてしまうことが必要です。

二つめは，議論をしない。話し手が明らかに事実と違うことを述べたり，聞き手と意見が異なったりしても，「いやそれは……」と，途中で反論してはいけません。仮にそれが事実と異なっていても，その人の記憶のなかに一連の物語として埋め込まれている可能性があるからです。その場合，なぜそうなっているのかを考えるところが重要になります。またエリート・オーラルの場合は，回数を重ねますので誤解を訂正する機会が絶対出てきます。そこで，とにかく1回は全部相手の言っていることを受けとめることが必要です。

三つめは，話し手があまりしゃべり過ぎないようにすることです。私たちは，相手の話を引き出そうとして，ああですか，こうですかと，ついつい話しかけてしまいます。筆者自身，経験が浅い頃に行ったインタビューの記録を読み返すと，無駄に沢山，しゃべっています。しかし聞き手があまりしゃべり過ぎると，話し手は黙ってしまいますし，場合によっては誘導尋問になる可能性さえあります。聞き手にとってはとても辛いのですが，やはり我慢が必要です。とくにライフ・ヒストリー型のオーラル・ヒストリーの場合，相手が無口な場合も多いので，沈黙が長く続くこともあります。この沈黙にどっちが先にしびれを切らすか。聞き手が先にしびれを切らすと大体誘導尋問になります。こちらがぐっと我慢していると，話し手はさすがに間が悪くなって口を開かれるということがあります。そのため，ベテランのオーラル・ヒストリアンは，自らの発言を最小限の質問にとどめ，とにかく相手にしゃべらせるように仕向けるのです。

以上の3点は，単にオーラル・ヒストリーに限らず，人の話を聞くときのコツなのかもしれません。ただその会得は案外難しく，筆者自身，この2，3年，ようやくこの三つのコツを肝に銘じて人の話を聞くということができるようになりました。一番新しい私のオーラル・ヒストリーのテープを聞いていると，筆者の発言の機会と量は結構少なくなっています。逆に10年前はしゃべり過ぎていたことがわかります。オーラル・ヒストリーは自分の意見を開陳するためにやっているわけではありませんから，無駄が非常に多かったということになります。

4　オーラル・ヒストリーの効用と注意点

4.1　オーラル・ヒストリーの効用

次にオーラル・ヒストリーの効用を考えてみたいと思います。

オーラル・ヒストリーの一番大きな利点は，何といっても内部情報の獲得にあります。オーラル・ヒストリーは，基本的には未知の人から話を聞く行為であるため，最初はどうしても緊張します。互いに警戒して，ぎこちない空気が流れます。しかし，インタビューを2回，3回と重ねるうちに，互いを隔てていた壁が低くなり，聞き手と話し手との間にある種の信頼関係が生まれてきます。そうなれば，しめたものです。話の情報量が急に増え，スムーズに会話ができるようになります。その結果，時として話し手本人しか知り得ない内部情報を引き出すことが可能になります。もちろんそれが正確であるかどうかは，後述するように様々な方法で検証する必要があるのですが，絶対に文字史料には残り得ない情報を聞き出せたときの達成感は何ともいえません。

さらに，当事者の主観に接近できるという点も，大きなメリットの一つです。ただ，回顧法のインタビュー調査であるオーラル・ヒストリーの場合，それがどの時点のものかという点には十分，注意をする必要があります。文字史料であっても，手紙や日記といったエゴドキュメントを用いる場合，そこに記載されている事項が正確かどうか，いわゆる裏を取るという作業を行います。この作業が口述史料の場合，より重要になります。カウンターを当てるといいますが，少し立場の違う別な人に話を聞いたり，同時代の文献史料に当たったりするなどの方法で，話の信憑性や客観性を丁寧に確かめることが必要です。

またオーラル・ヒストリーがきっかけとなり文字史料が出てくることが，しばしばあります。これもオーラル・ヒストリーの効用の一つです。インタビューの途中で，関係史料を持参されることはよくありますし，インタビューの最後に日記や手帳を見せていただくこともあります。あるとき，給与明細の長期データが出てきてびっくりしたことがありました。その方の奥さんは，結婚してから定年するまでの給与明細を全部保管されており，インタビューの最後に「これを先生になら見せるよ」といって持ってきてくれたのです。おかげで本給のみならず，手当やボーナスといった成果給の長期データが判明し，その方のオーラル・ヒストリーの内容を数値で跡づけることができました（中村・二階堂編 2009；中村 2010）。このようにオーラル・ヒストリーは，文字史料にアプローチするための一つの重要な契機になるのです。

4.2　オーラル・ヒストリーの注意点

オーラル・ヒストリーはいいことばかりかというと，決してそうではありません。史料論的には，エゴドキュメントとしてのバイアスの問題が，常に付きまといます。先に口述史料は文字史料とは異なる，独自の価値を持っていると述べましたが，その価値を高めるためにも，慎重な史料批判が必要です。また記憶の混濁や事後的創造[7]など回顧法が持つ，固有の問題点にも十分，注意する必要があります。さらにより深刻なのは，主体と客体の関係性についての問題です。インタビューを繰り返すうちに，聞き手と話し手の関係が密になり，ある種の共振現象が生じる場合があります。その結果，聞き手が話し手に感情移入してしまい，客観的に史実を見極められなくなる危険性があるのです。このような，歴史家にとってきわめて深刻な事態が生じ得ることを常に頭の片隅に置きつつ，聞き取りを続ける必要があります。

一方，話し手側にも大きな危険性があります。それはオーラル・ヒストリーの適齢期と関係しています。筆者の経験から見ても，オーラル・ヒストリーを行うと，対象者は例外なく元気になります。最初は無表情で，ほとんどしゃべらなかった人が，若い頃の記憶を呼び覚ましていくうちに，次第に熱くなってくる。表情が生き生きし，目に力が宿り，積極的に話してくださるようになります。その意味で，オーラル・ヒストリーには，明らかに癒しの効果があるといえます。ところが高齢者にとって，それは一面で大きな危険

7）　記憶は無意識のうちに，整合的な形に創造されることがよくあります。

を伴っています。たとえば頭に血が上り過ぎて脳出血を起こしたり，血圧が上がり過ぎたりする。逆に苦しい時期の話をする際に，過去の辛い記憶がフラッシュバックして，精神状態が不安定になる。そういった心身の危険を伴うのです。したがって，オーラル・ヒストリーを行う場合，聞き手だけでなく，話し手も，大いに体力を消耗します。冒頭でオーラル・ヒストリーの適齢期を70代と言ったのは，80歳をこえると体力がそれに耐えられない場合が多いと考えられるからです。これはあくまで経験則なので，80代でも例外的に元気な方はいらっしゃいます。しかし，一歩間違えると健康を害しかねないということを考えると，どうしても慎重になります。

そのため筆者は，オーラル・ヒストリー対象者に，原則80歳以下という定年をもうけています。ところが，時としてそれを破らざるを得ないことがあります。どうしてもその人の話を聞かないと，史実が確定できない場合などです。その場合は，聞き取りに時間制限をもうけます。相手の様子を見つつ，1回1時間と時間を決めて，これ以上は絶対にやらない。時間が来たら，上手に話をまとめて，あとは次回に廻します。また精神的なダメージを受けている可能性がある場合，聞き取りの最後，必ず記憶にふたをします。別に特別な呪文を唱えるわけではなく，相手に向かって「はい，これで今日はお仕舞いにします」と一言，はっきり伝えるのです。臨床心理学の専門家によると，その一言で，話し手は記憶にふたをすることが可能になり，ダメージを家に持ち帰らずにすむそうです[8)]。

5　おわりに

むすびにあたって，オーラル・ヒストリーの今後の課題についてふれておきます。

まず，口述史料と文字史料を統合した，新しい近現代史料論の構築が必要だと思います。筆者自身，文字史料をベースとする文献史学から出発していますので，いまだにオーラル・ヒストリーが万能だとは思っていません。オーラル・ヒストリーの限界を正確に認識しつつ，積極的に活用するためにも，

8）　元東京大学学生相談所長の倉光修放送大学教授からのご教示によります。

文字史料との上手な併用が不可欠です。オーラル・ヒストリーが最も得意とする分野は，一つは文字を持たない人々の歴史であり，もう一つは主体の内面，内部情報への接近です。一方，事実の確定という面においてはやや不安なところがあります。この点を上手に文字史料で補うことで，史実への多面的な接近が可能になります。オーラル・ヒストリーで明らかになる部分と，文字史料で明らかになる部分，この両方をあわせることで歴史を立体的に理解できるのです。今後，この点に留意した現代経済史・経営史の方法論を考えていく必要があるでしょう。

次に，オーラル・ヒストリーに関する史料保存の問題を考える必要があります。オーラル・ヒストリーが社会科学分野のほかの聞き取り調査と大きく異なる点は，テキストを公開することで，再現可能性に開かれた研究を目指す点にあります。ところが，テキストの公開は，話し手個人のプライバシー保護や，周辺への影響といったさまざまな要因で困難な場合もあります。その結果，お蔵入りしたオーラル・ヒストリーのテキストは，現状では個々の研究者の手元に人知れず保管されています。またオーラル・ヒストリーにおける一次史料である原音声データに至っては，ほぼすべてが死蔵されている状態です。こうした史料保存の現状を打開し，将来的な再現可能性を担保するためには，オーラル・ヒストリーの音声データやテキストを収蔵するアーカイブが必要です。しかし，残念ながら日本には，現在，こうしたオーラル・ヒストリー・アーカイブが存在していません。今後，是非とも関係者に働きかけていくべきです。

一方，実践的な課題としては，会社史や地方史にもっとオーラル・ヒストリーを取り入れるといいと思っています。史料が断片的な地域や企業の現代史をやろうとすると，どうしても新聞雑誌や有価証券報告書のような公表データに頼りがちになります。その結果，平板な歴史記述が多くなってしまうのです。これに対して，当事者の生の声を伝えるオーラル・ヒストリーは，表現力が豊かであり，より立体的な歴史が描けるようになります。さらにオーラル・ヒストリー集を，研究成果として刊行することによって，後世に残る貴重な史料を作ることが可能になるでしょう。

最後にもう一度強調しておきたい点は，オーラル・ヒストリーは一期一会であるという点です。高齢者を相手とすることが多いオーラル・ヒストリーは，一度，機会を逃すと次はないかもしれない。どのような経緯で，誰を対象にするにせよ，オーラル・ヒストリーを行い，そのテキストを残すことは，今を生きる歴史家としての義務だと思います。

参考文献

小池和男（2000）『聞きとりの作法』東洋経済新報社。
小峰隆夫・岡崎哲二・寺西重郎・松島茂・中村尚史・中林真幸・日本経済研究センター50年史編纂委員会編（2013）『エコノミストの戦後史』日本経済新聞出版社。
桜井厚（2012）『ライフストーリー論』弘文堂。
武田知己・森直子・中村尚史編（2005）『菅原操（海外鉄道技術協力協会最高技術顧問）オーラルヒストリー』政策研究大学院大学。
東京大学社会科学研究所希望学プロジェクト編（2013）『震災の記憶オーラル・ヒストリー』東京大学社会科学研究所。
東大社研・玄田有史・中村尚史編（2009）『希望学　2　希望の再生――釜石の歴史と産業が語るもの』東京大学出版会。
東大社研・中村尚史・玄田有史編（2014）『〈持ち場〉の希望学――釜石と震災，もう一つの記憶』東京大学出版会。
鳥栖市誌編纂委員会・中村尚史編（2006）『汽笛の記憶――鉄道員のオーラル・ヒストリー』鳥栖市。
中内潤・御厨貴編著（2009）『中内㓛――生涯を流通革命に献げた男』千倉書房。
中村尚史（2010）「戦後釜石製鉄所における熟練の再編――保全職場の事例」『社会科学研究』第61巻5・6合併号，3-26頁。
中村尚史（2013）「記憶を記録に――オーラル・ヒストリーの射程」『福井県文書館研究紀要』第10号，1-21頁。
中村尚史・青木宏之・梅崎修・仁田道夫編（2011a）『炎の記憶――釜石製鉄所労働者のオーラル・ヒストリーⅠ　製銑・製鋼・東海転出者編』東京大学社会科学研究所シリーズ43号。
中村尚史・青木宏之・梅崎修・仁田道夫編（2011b）『炎の記憶――釜石製鉄所労働者のオーラル・ヒストリーⅡ　圧延・設備編』東京大学社会科学研究所シリーズ44号。
中村尚史・青木宏之・中島裕喜編（2011）『川田達男オーラル・ヒストリー』東京大学社会科学研究所 Discussion Paper J-196。
中村尚史・二階堂行宣編（2009）『中村英樹オーラル・ヒストリー』東京大学社会科学研究所 Discussion Paper J-181。
二階堂行宣・中村尚史編（2011）『矢田貝淑朗オーラル・ヒストリー』東京大学社会科学研究所 Discussion Paper J-195。
長谷川貴彦（2016）『現代歴史学への展望――言語論的転回を超えて』岩波書店。
松島茂・竹中治堅編（2011）『バブル／デフレ期の日本経済と経済政策　歴史編　第3巻　日本経済の記録――時代証言集（オーラル・ヒストリー）』内閣府経済社会総合研究所。
御厨貴（2002）『オーラル・ヒストリー――現代史のための口述記録』中央公論新社。

御厨貴編（2007）『オーラル・ヒストリー入門』岩波書店。

Bertaux, Daniel（1997）*Les Récits De Vie: Perspective Ethnosociologique*, Paris: Nathan.（小林多寿子訳『ライフストーリー――エスノ社会学的パースペクティブ』ミネルヴァ書房，2003年。）

Thompson, Paul（2000）*The Voice of the Past: Oral History*, 3rd edition, Oxford: Oxford University Press.（酒井順子訳『記憶から歴史へ――オーラル・ヒストリーの世界』青木書店，2002年。）

Column 中内㓛オーラル・ヒストリーの経験から学んだこと

これまで数多くのオーラル・ヒストリー（以下，オーラルと略）を経験してきました。その全てが私にとって貴重な財産になっているのですが，とくに印象深い事例として，ダイエーの創業者・中内㓛氏のオーラルを紹介します。

中内オーラルは，2005年4月，御厨貴氏（当時・東京大学），松島茂氏（当時・法政大学）と私の3人が聞き手となってはじまりました。このオーラルは，もともと中内氏側から御厨氏のもとに持ち込まれたものだったのですが，その発足は波乱含みでした。流通科学大学・東京オフィスで行われた顔合わせに際して，中内氏は無表情で，無口で，目も合わせてくれないのです。中内氏が自らの体験を語りたがっておられるとばかり思っていた私たちは，頭を抱えました。オーラルは，聞き手と話し手とのキャッチボールであり，話し手側が頑なに口を閉じてしまうと成り立たないからです。しかし乗りかかった船を降りるわけにも行かず，その場で1回2時間全10回のオーラルを実施することに双方が合意しました。

手強そうな相手をどう攻略するか，私たちは顔合わせの直後にオフィス1階の喫茶店で作戦会議を開きました。この道の第一人者である御厨氏はさすがに経験豊富で，このような場合の対処法について，いろいろとご教示をいただきました。とにかく最初は幼少時の話や学生時代の話をふってウォーミング・アップを行うこと。いきなり核心に迫るのではなく，時間をかけて外堀からじわじわと攻めること。私たちは，こうした方針を立てて，中内オーラルに取りかかりました。しかし，初回の中内氏は無表情のままでした。いくら幼少時や学生時代の話を聞いても堅い表情は崩れず，目は笑っていません。私たちはオーラル直後に喫茶店で反省会を開いて，どうすれば心を開いてくれるか，話が聞き出せるのか，相談しました。

この状況が変化しはじめたのは，戦争経験について語っていただいた回からです。まず御厨氏が口火を切り，松島氏や私が具体的な質問を行っていったのですが，満州やフィリピンでの経験を語っていくうちに，目に力が宿り，みるみる表情が豊かになってきました。戦争の悲惨さと空しさを熱く語る中内氏は，前回までと別人のようでした。この回を境に，中内氏の発言の量は一気に増え，こちらの質問に的確に応えてくれるようになりました。時として，ホワイトボードを持ち出して図示するなど，こちらが口を挟む余裕がなくなったほどです。

6月にはじまった中内オーラルは，夏になり，いよいよ佳境に差しかかりました。私たちは毎回，オーラル直後に反省会を行って次回の質問項目を決め，事前に中内氏側に渡しました。すると中内氏は，手元の資料だけでなく，当時，流通科学大学に保管されていた過去のスケジュール帳やメモ類を自ら調査し，オーラルに備えてくれました。ダイエーの創業から総合スーパー（GMS）化，そして全国展開と，順調に話が進んでいきます。企業家・中内㓛の原体験に対する新たな知見や，高度経済成長期の流通業界の実像，組織なき巨大企業・ダイエーの形成過程といった興味深い論点も浮かび上がってきました。私自身，中内氏のオーラルが俄然，面白くなってきました。

当時，御厨氏をはじめ聞き手は全員，現役の大学教員で，学期中は授業や会議のため日程を調整するのが容易ではありませんでした。そこで夏休みの期間を利用して，少しペースを上げようという話になりました。それまで 1 カ月に 1 回のペースだった聞き取りの間隔を，短くしようというのです。そこで 2005 年 8 月 5 日に通常のオーラルを実施した後，同月 15 日，16 日，17 日と 3 回の連続オーラルを実施しました。集中的なオーラルは，呼び覚ました記憶が持続するため，効率性という点では話し手と聞き手双方にとって有益です。実際にこのときの集中オーラルは，きわめて充実した内容でした。夏の集中ヒアリングが一段落した後，次回の聞き取りを 9 月中旬に設定し，私たちは別れました。

話がいよいよダイエーの蹉跌に向かう時期に差しかかったこともあり，私たちはその後の展開に強い期待を寄せていました。しかし，7 回目のオーラルを実施する機会は永遠に訪れませんでした。中内㓛氏が 8 月 26 日，神戸市内の病院で定期検診中に脳梗塞で倒れられ，9 月 19 日に逝去されたのです。83 歳でした。後で聞いたのですが，中内氏は倒れられる直前，流通科学大学の自らの文庫に立ち寄り，次回オーラルのための下調べをされていたそうです。中内氏は，これまで語ってこなかったダイエーの蹉跌から消滅に至る経緯を，私たちに全部，話すつもりだったのだと思います。本当に残念です。

このオーラルから，私は多くのことを学びました。御厨氏や松島氏のような当代一流のオーラル・ヒストリアンからオーラルの極意を学ばせていただいただけでなく，インタビュー対象者に向き合う姿勢の重要性をあらためて認識しました。とくに対象者がご高齢の場合，神経質なほどに相手の体調に配慮することが重要だと痛感しました。饒舌＝体調良好ではないのです。本文で述べたように，私はオーラルに 80 歳という定年を設けていますが，それはこうした事情を考慮しているためです。オーラルは，歴史研究にとって重要なツールであると同時に，ある種の危険性を秘めていることを決して忘れてはいけません。

第12章

マイクロ・データの利用

岡崎 哲二

キーワード
マイクロ・データ，経済史，工場，
都市化，大恐慌

マイクロ・データの利用は，経済史・経営史研究の視野を広げ，その説得力を高めるうえで大きな有効性持っています。本章では，マイクロ・データを利用して経済史研究の発展に貢献した三つの論文，Sokoloff (1984)，Kim (2005)，Bresnahan and Raff (1991) を取り上げて，経済史研究におけるマイクロ・データの有用性とその利用の仕方を説明します。

1 はじめに

今日，日本を含む各国の政府が公表している統計のほとんどは，国・県・市町村等の地域別，あるは繊維・金属・機械等の産業別に表示されています。しかし，これらの統計を作成するにあたっては，企業・工場・個人等のマイクロな主体ごとにデータが収集されており，公表される統計はそれらのデータを集計した結果です。こうした集計プロセスを経ない企業・工場・個人等の主体別のデータをマイクロ・データといいます。

たとえば，ある産業の生産額が100万円であるという場合，それは100社の企業が均等に1万円ずつ生産した結果かもしれないし，1社が80万円，他の1社が15万円，他の1社が5万円生産した結果かもしれません。仮に100万円の生産額が実際に後者のように分布していたとして，その分布を示すデータは，単に産業の生産額合計が100万円という情報より正確で豊かです。

この簡単な例からわかるように，マイクロ・データは集計されたデータよりはるかに多くの情報を含んでいます。したがって経済現象の理解にあたっても，マイクロ・データは集計されたデータより高い有用性を持っています。近年，各国で政府統計のもとになっているマイクロ・データ（個票データ）が一定の条件のもとで研究者に広く利用可能となり，そのことが経済研究の発展を支えているのです。

経済史研究においては，政府が古い統計の個票データを電子化された形で保有し，それを提供するケースは限られていますが，紙媒体の資料からデータを電子化する等，研究者の努力によってマイクロ・データを用いた研究が進められてきました。本章では，そのいくつかを紹介することを通じて，経済史研究におけるマイクロ・データの有用性と利用方法を例証することにします。

2　マイクロな歴史事象を理解する：工場の生産性効果

経済史あるいはより広く歴史研究者は，古くからマイクロな現象に関心を持ち続けてきました。特定の個人や特定の企業の属性や活動に関する史料を詳細に調査し，そこから得られた情報を独自に構成することによって，さまざまな知見・洞察を得ることは経済史研究の本質的かつ普遍的な営みです。そして今日の経済史研究はこうして蓄積された膨大な知見・洞察のうえに成り立っています。

このように，歴史上の特定の個人や企業に焦点を当てて深くそれを研究することは，経済史研究にとって本質的な重要性を持っています。一方で，こうした研究に対してしばしば提起される懸念に，得られた結果をどの程度一般化できるかというものがあります。経済史研究者の多くは，学会発表でのコメントや学術誌に論文を投稿した際の査読者のコメントのなかで，こうした懸念を提起されたことがあるでしょう。そしてこれはもっともな懸念といえます。こうした懸念を解消するためにはどのようにしたらよいのでしょうか。その有力な手段となるのが，広いサンプルをカバーしたマイクロ・データに基づいて，個別的な対象の深い観察から得られた結論を統計的に検証することです。そのような検証を行った古典的な研究の一つとして，アメリカの経済史研究者 Kenneth Sokoloff 論文をとりあげましょう（Sokoloff 1984）。

19世紀に欧米で生じた「産業革命」は経済史上で最もよく知られた出来事の一つであり，長く経済史研究の主要なテーマとされてきました。産業革命の過程で，多数の独立した職人たちによって担われていた工業生産は，機械化された大規模な工場のなかで，多数の労働者が経営者の管理のもとで行う生産に代替されました。

この出来事に関する論点の一つに，機械化と切り離して，多数の労働者が経営者の管理下で働くという生産の組織の仕方そのものが生産性を引き上げる効果があったのか，それとも機械化こそが工場の生産性にとって本質的な条件であったのかという問題があります。経済史研究者の多くは後者の見方をとってきましたが，前者の見方も無視できない影響力を持っています。

前者の立場の代表例として，経済学の古典であるアダム・スミスの『国富論』を挙げることができます（スミス 2020［1776］）。スミスは分業論のなかで，作業プロセスを分割して個々の労働者を特定の作業に専門化させるという，機械化と直接にかかわらない作業組織の編成の仕方が高い生産性をもたらすと論じています。また前者の見方に立ちつつスミスに批判的な見解として，工場の中で経営者が労働者を規律・監督することが労働者の労働強度を上げ，1人一定時間当たりの生産量という意味での生産性を引き上げたという，ラディカル派経済学の旗手，Stephen Marglin の議論もあります（Marglin 1974）。

それぞれの立場とも相手を説得する体系的な論拠を提示することができず，研究が膠着状態にあったときに，Sokoloff（1984）は19世紀アメリカの工業統計の個票，すなわちマイクロ・データを用いてこの問題にアプローチしました。すなわち，1820年と1850年に関するアメリカの工業統計（センサス）の個票からサンプリングした事業所レベルのデータを使用して次のような分析を行いました。

19世紀前半のアメリカでは綿工業，羊毛工業，鉄工業はすでに機械化が進んでいましたが，酒造，金属製品，製粉等のその他の産業は依然として「非機械化産業」でした。そこで，上のマイクロ・データを用いてそれら非機械化産業の生産関数を推定し，それに基づいて規模の経済性の程度を検証

しました。コブ・ダグラス型の生産関数

$$Y = AK^{\alpha}L^{\beta}$$

を想定します。Yは産出量（付加価値），Aは技術水準，Kは資本ストック，Lは労働力です。ここで，2つの生産要素KとLを同時にλ倍すると，産出量（付加価値）は$A(\lambda K)^{\alpha}(\lambda L)^{\beta}=AK^{\alpha}L^{\beta}\lambda^{\alpha+\beta}$，すなわち$\lambda^{\alpha+\beta}$倍になります。したがって$\alpha+\beta>1$なら，算出は$\lambda$倍以上になるため規模に対して収穫逓増となります。そして$\alpha+\beta=1$なら規模に対して収穫一定，$\alpha+\beta<1$なら規模に対して収穫逓減となります。Sokoloffは上記の生産関数の両辺をLで除して労働者1人当たりの形，

$$\frac{Y}{L}=A\left(\frac{K}{L}\right)^{\alpha}L^{\alpha+\beta-1}$$

としたうえで両辺の対数をとり，

$$\log\left(\frac{Y}{L}\right)=\log(A)+\alpha\log\left(\frac{K}{L}\right)+(\alpha+\beta-1)\log(L)$$

と変形し，この式を推定しました。

表1は推定結果の一部を紹介しています。式（1）で$\log(L)$の係数は正で統計的に有意であり，これは機械化されていない工場にも規模の経済性が存在したことを示しています。式(2)では，規模の経済性の程度に規模による不連続性があるかどうかを，従業員が5人を超える工場については1，そうでない工場には0となるダミー変数を加えてテストしています。従業員5人超を示すダミー変数の係数は正で有意となっていることから，従業員が5人を超えると不連続に労働生産性が上昇したことになります。一方で，式（2）にはもうひとつの変数が加えられています。それは従業員5人超を示すダミー変数と$\log(L)$を掛けた項（交差項）です。この変数はそれを構成する2つの変数の相互作用をとらえています。交差項の係数は負で統計的にも有意であり，興味深いことにその絶対値は$\log(L)$の係数の絶対値とほぼ同じ大きさとなっています。これは，従業員数が5人を超えて生産性がジャンプした後は，それ以上従業員数が多くなっても，それに伴って労働生産性が上昇しないことを意味しています。これを表1の式(2)に基づき，工場規模と労働生産性の関係だけを取り出して模式的に示すと図1のようになります。

表 1　工場制の生産性効果

被説明変数：log (Y/L)	(1)		(2)	
切片	3.309	(19.14)	3.181	(17.62)
log (K/L)	0.362	(17.52)	0.359	(17.34)
log (L)	0.097	(2.67)	0.236	(3.10)
log (郡の農業就業者比率)	−0.108	(−4.05)	−0.102	(−3.81)
ニューイングランド	−0.046	(−0.78)	−0.063	(−1.06)
従業員5人超			0.402	(2.11)
従業員5人超 ×log (L)			−0.240	(−2.41)
酒造	−0.420	(−0.34)	−0.038	(−0.29)
金属製品	−0.064	(−0.42)	−0.050	(−0.32)
製粉	−0.051	(−0.35)	−0.048	(−0.32)
皮革	−0.287	(−2.22)	−0.290	(−2.17)
雑工業	0.033	(0.27)	0.031	(0.25)
R^2	0.497		0.503	

（出所）　Sokoloff（1984）, p. 364.

図 1　工場規模と労働生産性（1 人当たり付加価値）の関係（模式図）

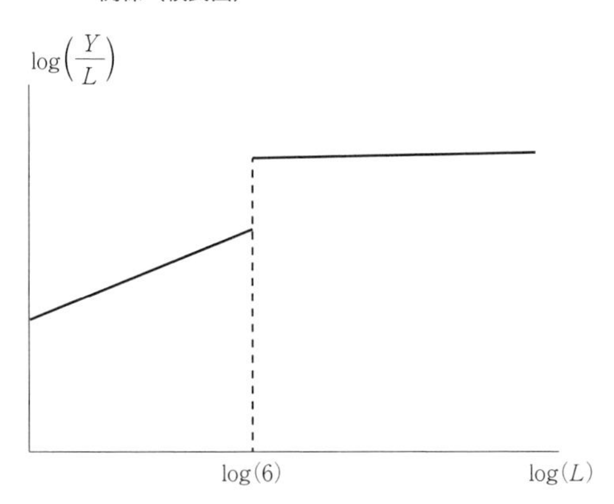

（出所）　本章表 1 の式(2)（元データは Sokoloff 1984 の表 5）より作成。

これらの推定結果に基づいてSokoloffは，機械化を伴わなくても労働者を工場に集めて管理すること自体が生産性を引き上げた，ただしこうした規模効果は比較的狭い範囲に限定されたという結論を引き出しました。前述の論争との関係では，Sokoloffは，前者の見方をマイクロ・データの分析によってサポートし，あわせてそれには限定が必要であることも明らかにしたことになります。

3　マクロの歴史事象を理解する

3.1　工業化と都市化

マイクロな事象を理解するためにマイクロ・データが有用なことはある意味で当然といえますが，マイクロ・データはマクロ的な事象の理解にも寄与し得ます。その例として，アメリカにおける工業化と都市化の関係に関するSukkoo Kim の論文（Kim 2005）を取り上げましょう。

19 世紀後半にアメリカでは工業化と都市化が並行して進んでいました。すなわち，1850 年から 80 年の間に労働力に占める工業労働力の比率は 10% から 20% に倍増し，この間に都市人口の比率も 15% から 30% に上昇しました。これら 2 つのマクロ的な変化の間にはどのような関係があったのでしょうか。Kim（2005）は，この問題に Sokoloff（1984）が用いた 19 世紀の工業センサスのマイクロ・データを用いて取り組んでいます。

興味深いことに，その際，Kim は労働者が集まって働く工場という作業組織を機械化と独立の概念としてとらえるという Sokoloff（1984）の視点を継承しています。すなわち彼は，蒸気機関の使用と工場制度を別々にとらえたうえで，それぞれが工業立地の都市化に与えたインパクトを定量的に評価することを試みました。

Kim は 1850，60，70，80 年の 4 年分の工業統計のマイクロ・データを使用しています。これによると，都市で雇用される工業労働者の比率は 1850 年の 40.4% から 1880 年の 71.0% に上昇しています。この間に変動はあるものの，傾向としては工業立地の都市化が進行したことになります。

上記のデータを用いて，Kim は次のような事業所の立地選択に関するモデルを推定しました。

$$
\begin{aligned}
\ln\left(\frac{P_i}{1-P_i}\right) = {} & \beta_0 + \beta_1 \mathrm{Factory}_i + \beta_2 \mathrm{Steam}_i + \beta_3 \mathrm{Water}_i + \beta_4 \mathrm{Steam}_i \\
& \times \mathrm{Factory}_i + \beta_5 \mathrm{Water}_i \times \mathrm{Factory}_i + \beta_6 \mathrm{Women}_i \\
& + \beta_7 \mathrm{Children}_i + u_i
\end{aligned}
$$

P_i は事業所 i が都市に立地する確率で，それを都市以外（地方）に立地する確率（$1-P_i$）で除した値はオッズ比，その対数値はロジット（logit）と呼ばれています。このロジットが右辺のいくつかの変数の線形の関数になっていることが想定されています。このモデルはロジット・モデルと呼ばれ，二つの選択肢の間の選択の決定要因を分析する場合にしばしば用いられています。右辺の変数 $\mathrm{Factory}_i$ は事業所 i が15人を超える労働者を雇用している場合，すなわちKimの用語法ではその事業所が工場である場合に1となるダミー変数，Steam_i は事業所 i が蒸気機関を動力としている場合に1となるダミー変数，Water_i は事業所 i が水力を動力としている場合に1をとるダミー変数です。動力に関しては蒸気機関，水力以外の馬力，人力等の動力を用いる工場が基準となっています。Women_i と $\mathrm{Children}_i$ は，それぞれ労働者のなかの女性比率と児童比率，u_i は誤差項です。推定にあたっては他に各郡を示すダミー変数，各産業を示すダミー変数が加えられています。

推定結果は表2の通りです。表の中の数字は，自然対数の底 e を推定された係数でべき乗してオッズ比に対する効果に変換したものです。たとえば，Factoryの係数 β_1 の場合，e^{β_1} です。したがって説明変数がダミー変数の場合，表のなかの数字が1を超えていれば，その変数が基準となっているケース，Factoryの場合であれば工場以外の小規模な事業所のケースに比べて，事業所の都市への立地確率を高めたことになります。Factoryに関する値は一貫して2～3という大きい値となっています。工場，すなわち規模の大きな事業所は，小規模な事業所に比べて都市への立地確率が格段に高かったことになります。たとえば，1850年の値2.132は，工場が都市に立地するオッズ比が小規模事業所のそれの2.132倍であったことを示しています。一方で，Steamに関する値は0.664と1より小さくなっています。すなわち蒸気機関を使用する事業所は，動力を使用しない事業所に比べて都市に立地する確率がむしろ低かったということになります。

この結果は，蒸気機関の普及による工業の動力化が都市化を進めたとはいえないことを示唆しています。他方で，SteamとFactoryの交差項に関するオッズ比はほぼ一貫して1より大きな値となっています。これは蒸気機関が工場で使用される場合には，工場の都市への立地確率を高めたことを示しています。しかしこの効果を考慮しても，蒸気機関が事業所の都市立地を促進したという効果は認められません。

工業化と都市化はいずれも経済のマクロ的な変化ですが，それらは個々の

表 2　事業所の都市立地の決定要因

	1850 年		1860 年		1870 年		1880 年	
Factory	2.132	(24.6)	2.02	(25.3)	3.296	(36.7)	1.732	(20.7)
Steam	0.664	(−7.1)	0.581	(−12.5)	0.659	(−8.4)	0.29	(−33.4)
Water	0.076	(−38.8)	0.167	(−35.4)	0.122	(−21.1)	0.074	(−39.5)
Steam × Factory	0.635	(−6.8)	1.662	(9.6)	1.189	(3.1)	3.533	(29.6)
Water × Factory	2.826	(14.1)	1.163	(2.5)	2.196	(7.5)	3.643	(16.3)
Women	0.993	(−0.2)	2.606	(21.7)	1.314	(5.7)	9.59	(47.9)
Children							0.931	(−0.8)
County dummies	Yes		Yes		Yes		Yes	
Industry dummies	Yes		Yes		Yes		Yes	
Pseudo R^2	0.13		0.11		0.08		0.15	
Obs.	4351		4679		3833		5535	

（注）　本文参照。
　　　（　）内は z 値。
（出所）　Kim（2005), p. 592.

事業所の選択の結果でもあります。Kim（2005）はこの点に着目して，マイクロ・データを用いて両者の関係にアプローチし，蒸気機関の普及は工業立地の都市化を促進しなかったという，直感とは異なる結論を導きました。

3.2　大恐慌と工場のダイナミクス

Kim（2005）が使用した 10 年ごとの工業統計はそれぞれ異なる事業所のグループをとらえています。すなわちその間に多数の事業所の退出と参入があったはずです。しかし，Kim（2005）はこうした事業所の入れ替わりについては考慮していません。経済史研究の文脈で，マクロ的事象の背後にある事業所や企業の退出・参入に着目した，先駆的な研究として Bresnahan and Raff（1991）があります。アメリカの大恐慌が実体経済を大きく縮小させたことはよく知られています。1929 年から 1933 年にかけて実質 GDP は 27%[1]，実質工業生産は 41% 減少しました（Bresnahan and Raff 1991, p. 320)。一方で，この時期のアメリカでは，大量生産の発達等によって個々の産業の内部構造が大きく変化したことが知られています。すなわち個々の産業のなかで新しい大量生産技術を用いる大規模な企業・工場の構成比が上昇したのです。すなわち，Bresnahan と Raff は個々の産業内部の企業・工場の異質

1）　Historical Statistics of the United States online.

表 3　大恐慌期のアメリカ自動車工業における工場のダイナミクス

		1929年	1933年
工場数	存続工場	106	106
	閉鎖工場	105	0
	参入工場	0	16
労働者数（人）	存続工場	2,183,494	1,116,710
	閉鎖工場	517,755	0
	参入工場	0	57,376
1工場当たり労働者数（人）	存続工場	20,599	10,535
	閉鎖工場	4,931	0
	参入工場	0	3,586
1工場当たり生産台数（台）	存続工場	36,564	16,465
	閉鎖工場	13,173	0
	参入工場	0	6,128
1工場当たり実質販売収入（1929年価格，100万ドル）	存続工場	27.24	13.22
	閉鎖工場	7.83	0.00
	参入工場	0.00	4.32
労働者1人当たり実質販売収入（1929年価格，ドル）	存続工場	1,806	1,424
	閉鎖工場	1,244	
	参入工場		1,055

（出所）　Bresnahan and Raff（1991），p. 326 より作成。

性に着目し，こうした異質性とマクロの生産縮小との関係に着目しました。

より具体的には，彼らは，自動車工業の工場別データを用いて，大恐慌が異質な工場群の間で閉鎖と生産の変化にどのように異なる影響を与えたか，そしてそうした影響が自動車工業の構造変化にどのような意味を持ったかを分析しました。この目的のためには，単に工場別のデータというだけでなく，個々の工場のデータが異時点間で接続されていること，いいかえればパネル・データであることが必要とされます。彼らは工業統計の個票を用いて，1929，31，33，35年の4時点の工場別パネル・データを作成しました。

表3は彼らの分析結果の一部を示しています。大恐慌の出発点である1929年にはアメリカに211の自動車工場が存在していました。そのうち約半数に当たる105の工場が1933年までに閉鎖されました。これは1929年と1933年の間で操業している工場の顔ぶれが大きく異なっていたこと，大恐慌期の自動車生産の縮小が工場の大きな構成変化を伴っていたことを示しています。そして，閉鎖工場の労働者数51万7755人は存続工場の労働者数減

少106万6784人の48.5%にのぼりました。この数字は工場閉鎖のインパクトの大きさを示しています。

表3は，同時に存続工場と閉鎖工場の間に明確な属性の差違があったことを示しています。明確なのは規模の差です。1929年の1工場当たりの平均労働者数を見ると，存続プラントは2万599人，閉鎖プラントは4931人で，存続プラントの方が4倍以上大規模でした。1工場当たりの実質販売収入で見ても，存続プラントが27.24百万ドル，閉鎖工場が7.83百万ドルと，存続工場の方が格段に大きいのです。このことは，大恐慌期の多数の工場閉鎖が平均的な工場規模を大きく引き上げたことを示しています。

次にBresnahanとRaffは，存続した工場のなかで構成変化が生じたか否かを，簡単な回帰分析によって調べています。すなわち彼らは，工場退出によるサンプル・セレクションの影響を補正したうえで，1933年の各存続工場の規模（対数）を1929年の同じ工場の規模（対数）に回帰して，後者の変数の係数がおおよそ1になるという結果を得ました。労働者，販売収入，生産台数のいずれを規模の指標として用いた場合も結果は同様でした。この結果は，1929年から1933年にかけての存続工場の規模変化率は期首の規模に依存しなかったことを示しています。彼らはこの結果から，存続工場のなかでの構成変化の影響はほとんどなかったと結論づけています。このほか，存続工場と閉鎖工場の間に生産性の差違があった点も重要です。すなわち，1929年における労働者1人当たり実質販売収入は，存続工場が1806ドルであったのに対して閉鎖工場は1244ドルでした。このことは，大恐慌期の大規模な工場閉鎖では，相対的に生産性の低い工場が淘汰され，その結果，自動車工業全体の平均的な生産性が上昇したことを示しています。

マクロ的な事象の背後にある企業や工場の異質性は，1990年代以降，経済学のさまざまな分野で理論的にも実証的にも注目され，非常に多くの研究が行われてきました（Dunne, Jensen and Roberts eds. 2001; Melitz 2003等を参照）。BresnahanとRaffの歴史研究はその先駆けとなった論文の一つです。

4　おわりに

本章では，経済史研究におけるマイクロ・データの有用性とその利用の仕方を，三つの先駆的研究の内容を紹介することを通じて説明しました。上述のように，マイクロ・データは集計されたデータよりはるかに多くの情報を含んでおり，経済史に関する論点を分析し，検証するうえで有力な手段となります。いうまでもなく，マイクロ・データの利用可能性自体が経済史研究の質を保証するわけではありません。個々のマイクロ・データが含む情報に合わせて有意義な問題を設定し，適切な分析方法を考えられるかが重要であり，この点に関しても本章で紹介した三つの論文から学ぶべきことは多いといえます。

参考文献

スミス，アダム，高哲男訳（2020［原著 1776］）『国富論　上・下』講談社。

Bresnahan, Timothy F. and Daniel M. G. Raff (1991) "Intra-Industry Heterogeneity and the Great Depression: The American Motor Vehicles Industry, 1929–1935," *Journal of Economic History*, 51 (2), pp. 317–331.

Dunne, Timothy, J. Bradford Jensen, and Mark J. Roberts eds. (2001) *Producer Dynamics: New Evidence from Micro Data*, Chicago: The University of Chicago Press.

Kim, Sukkoo (2005) "Industrialization and Urbanization: Did the Steam Engine Contribute to the Growth of Cities in the United States?" *Explorations in Economic History*, 42 (4), pp. 586–598.

Marglin, Stephen A. (1974) "What Do Bosses Do?: The Origins and Functions of Hierarchy in Capitalist Production, *Review of Radical Political Economics*, 6, pp. 60–112.

Melitz, Mark J. (2003) "The Impact of Intra-Industry Reallocations and Aggregate Industry Productivity," *Econometrica*, 71 (6), pp. 1695–1725.

Sokoloff, Kenneth L. (1984) "Was the Transition from the Artisanal Shop to the Non-mechanized Factory Associated with Gains in Efficiency?: Evidence from the U.S. Manufacturing Censuses of 1820 and 1850," *Explorations in Economic History*, 21 (4), pp. 351–382.

索　引

事項・組織名索引

アルファベット

A～G

H～N

O～Z

50音順

あ　行

か　行

さ　行

ま　行

や　行

ら　行

人名索引

アルファベット

A～G

H～N

O～U

V～Z

50音

あ 行

か　行

さ　行

た　行

な　行

は　行

ま 行

や 行

ら・わ行

◆ 編・著者紹介

編者　岡崎　哲二（東京大学大学院経済学研究科教授）

著者（執筆順）
中林　真幸（東京大学社会科学研究所教授）
城山　智子（東京大学大学院経済学研究科教授）
山本　浩司（東京大学大学院経済学研究科准教授）
松島　　斉（東京大学大学院経済学研究科教授）
青木　浩介（東京大学大学院経済学研究科教授）
市村　英彦（アリゾナ大学経済学部教授，東京大学大学院経済学研究科教授）
粕谷　　誠（東京大学大学院経済学研究科教授）
谷本　雅之（東京大学大学院経済学研究科教授）
小島　庸平（東京大学大学院経済学研究科准教授）
小野塚 知二（東京大学大学院経済学研究科教授，東京大学特命教授）
中村　尚史（東京大学社会科学研究所教授）

経済史・経営史研究 入門
基本文献，理論的枠組みと史料調査・データ分析の方法
Research Methods for Economic History and Business History

2022年3月25日　初版第1刷発行

編　者　岡　崎　哲　二
発行者　江　草　貞　治
発行所　株式会社　有　斐　閣
郵便番号 101-0051
東京都千代田区神田神保町 2-17
http://www.yuhikaku.co.jp/

印刷・株式会社理想社／製本・大口製本印刷株式会社
©2022, OKAZAKI, Tetsuji. Printed in Japan
落丁・乱丁本はお取替えいたします。
★定価はカバーに表示してあります。
ISBN 978-4-641-16584-7

JCOPY 本書の無断複写（コピー）は，著作権法上での例外を除き，禁じられています。複写される場合は，そのつど事前に（一社）出版者著作権管理機構（電話03-5244-5088，FAX03-5244-5089，e-mail:info@jcopy.or.jp）の許諾を得てください。